KB064914

목판본 〈피난행록〉의 누락 부문, 초서본 〈용사일기〉를 통해 확인
보물 제494-3호 초서본 〈용사일기〉와 이본 대조
광해군의 분조 활동을 보좌한 宰臣의 기록

약포 정탁 피난행록

藥圃 鄭琢 避難行錄

鄭琢 원저 · 申海鎭 역주

머리말

이 책은 약포(藥圃) 정탁(鄭琢, 1526~1605)이 임진왜란 당시 왕을 호종하고 6월 14일 이후로 왕세자를 호종하여 왕세자의 분조 활동을 보좌하며 겪었던 전란의 상황 등을 1592년 9월 1일부터 1593년 1월 28일까지 기록한 일기를 번역하였다. 이 일기는 정탁의 문집 《약포선생문집(藥圃先生文集)》의 권5에 묶어져 있는 〈피난행록(避難行錄)〉(하)이다. 날짜로는 146일간이지만 내용이 없거나 날씨만 기록된 것을 제외하면 123일간 기록한 것이다.

정탁의 본관은 청주(淸州), 자는 자정(子精), 호는 약포이다. 현감 정원로(鄭元老, 생몰년 미상)의 증손자, 생원 정교(鄭僑, 생몰년 미상)의 손자이다. 부친 정이충(鄭以忠, ?~1546)과 모친 한종걸(韓終傑)의 딸 평산한씨(平山韓氏, ?~1534) 사이에서 둘째 아들로 태어났다. 1552년 사마시에 합격하여 생원이 되고, 1558년 식년 문과에 급제하여 교서관 정자가 되어 벼슬길에 들어섰다. 그 뒤로 이조정랑·홍문관 수찬·예조정랑·사헌부장령·이조 좌랑·동부승지·도승지·대사성·강원도 관찰사·대사헌, 공조·예조·형조·이조·병조의 판서, 우찬성 등을 역임했다. 또한 1582년 진하사(進賀使)로서, 1589년 사은사(謝恩使)로서 2차례 명나라를 다녀오기도 하였다.

1592년 임진왜란 당시 약방(藥房) 부제조(副提調)로 왕을 호종하였고, 6월 14일 영변(寧邊)에 이르러 세자이사(世子貳師)로 세자를 따라 이천(伊川)으로 호종한 후에 좌찬성(左贊成)이 되었다. 이 시기에 왕과 세자를 호종하며 보고 들은 것을 기록한 일기가 바로 〈피난행록〉이다. 이후의 전란 중에도 대신으로서 언론 활동을 펼쳤으니, 1595년 1월에는 기축옥사(己丑獄事)의 억울함을 논하였고 4월에는 황정욱(黃廷彧, 1532~1607)의 옥사를 구하려 했으며, 1596년 2월에 김덕령(金德齡, 1567~1596)이 죄가 없음을 밝혀 구원하기 위해 노력했으며, 1597년 3월에는 상소로 투옥된 이순신(李舜臣, 1545~1598)의 목숨을 구하여 백의종군할 수 있도록 하였다. 그리하여 호성공신(扈聖功臣)과 위성공신(衛聖功臣)에 녹훈되고 서원부원군(西原府院君)에 봉해졌다. 1599년 예천(醴泉)으로 낙향하여 1605년 80세로 졸하였다.

〈피난행록〉은 《약포선생문집》의 권4와 권5에 수록되어 있는데, 이 문집은 정탁 사후 150여 년이 지난 후에 간행된 목판본이다. 정탁의 5세손 정옥(鄭玉, 1694~1760)이 황해도 관찰사로 재직 중 1760년 해주에서 간행하였으니, 원집(原集) 7권 4책이다. 이어서 속집(續集)이 1818년 도정서원(道正書院)에서 목판으로 간행되었으니, 정탁의 후손 정광익(鄭光翊)·정필규(鄭必奎) 등이 원집에서 누락된 원고를 수집하여 간행한 4권 2책이다. 이 책에서는 초간본으로 서울대학교 규장각한국학연구원에 소장된 목판본《약포선생문집》의 〈피난행록〉을 텍스트로 삼아 번역하였다.

〈피난행록〉은 1592년 임진왜란 당시 선조(宣祖)와 왕세자 광해군(光海君)을 호종하면서 쓴 일기로, 1592년 4월 30일 대가(大駕: 선조)

가 궁을 나와 도성을 떠나 의주로 피난 가던 시기부터 1593년 1월 20일 분조(分朝)했던 왕세자가 대가와 합류한 직후까지의 일들이 기록되어 있다. 상편은 1592년 4월 30일부터 8월 29일까지의 일기인데, 날짜로는 118일간이지만 내용이 없거나 날씨만 기록된 것을 제외하면 101일간 기록한 것이다. 또한 하편은 1592년 9월 1일부터 1593년 1월 28일까지의 일기인데, 날짜로는 146일간이지만 내용이 없거나 날씨만 기록된 것을 제외하면 123일간 기록한 것이다. 따라서 〈피난행록〉은 224일간의 일기인 셈이다.

정탁이 선조(宣祖)를 호종한 행로는 4월 30일 돈화문을 나온 뒤 벽제→임진→개성→평산→봉산→황주→평양→숙천→안주→영변 등을 지나갔다. 선조는 분조한 뒤에 의주(義州)로 향하고 왕세자는 강계(江界)로 향했는데, 정탁이 왕세자를 호종한 행로는 성천→숙천→안주→영유→증산→용강(산성)→증산→영유→안주→영변 등지이다. 이러한 행로 가운데 정탁의 시선으로 본 전쟁의 실상과 왕실의 생활, 백성들이 삶의 매우 간략하게 기록되었지만, 분조에서 이루어진 관리의 임명 및 체직과 전직, 행재소와 분조 사이에 주고받은 문서와 정탁이 썼던 보고서, 의병들의 격문 등이 원문 그대로 갈무리해 놓았다는 점에서 무엇보다 광해군의 분조 활동을 연구하는 데에 중요한 역사적 자료이다.

한편, 보물 제494-3으로 지정된 정탁의 초서본 〈용사일기(龍蛇日記)〉가 있다. 현전 〈용사일기〉는 앞부분과 뒷부분의 일부가 떨어져 나간 채로 1592년 7월 18일 후반부터 1593년 1월 12일까지 약 170일간의 기록만 남아있는 이본이다. 청주정씨 고평 종중에서 소장하고 있던 자료라 한다. 상편은 119면이고 하편은 111면이어서 합계 230면의 필사본이다. 단, 상편이 1592년 9월 29일까지 묶여 있는데, 피난행록의 상편이 8월 29일까지 묶인 것과는 다른 체제이다.

필사의 서체가 처음에는 해서체로 시작하여 뒤에서는 초서체로 쓰여 있는데, 전쟁 중에 계속 이동하면서 썼기 때문이었을 것이라 한다. 이러한 추론은 정탁의 친필 수고본(手稿本)이라고 전제하는 것인데, 이 책에서 이본 대조를 한 결과로 보면 목판본을 간행하기 위한 '정리본'이었을 가능성이 농후하다. 1592년 7월 28일과 8월 9일의 내용 가운데 394자가 일치하고 있는바, 이는 아마도 정탁의 친필 기록본을 옮기는 과정에서 나온 실수일 것이기 때문이다. 초서의 탈초는 한국국학진흥원에서 제공하는 학술 DB를 활용하였는데, 나로서는 알 수 없는 분의 공 덕분으로 이렇게 대조할 수 있었으니 고마운 마음을 표한다. 목판본에서는 초서 정리본의 내용을 변개한 곳은 없이 글자의 대체나 어순의 변화 정도의 출입만 있었으며, 초서 정리본의 많은 곳에서 있던 것을 누락시키고 있었다는 점이다. 따라서 초서 정리본은 적어도 1760년 목판본 간행 시에 존재했었음을 확인할 수 있었다.

실상이 이러하다면 초서 정리본도 정탁의 '친필 기록본'에서 누락시키고 정리되었을 가능성이 농후하다. 하여 작가론을 비롯해 당대의 실상을 논할 때 상당히 조심스럽게 접근해야 함을 알 수 있다.

한결같이 하는 말이지만 나름대로 최선을 다하고자 했다. 그러함에도 불구하고 여전히 부족할 터이니 대방가의 질정을 청한다. 이 책과 같은 실기 문헌은 인물과 시간, 그리고 장소에 대해 정밀하게 주석 작업을 해야 하는데 아직도 채우지 못한 곳이 많아 아쉽기만 하다. 끝으로 편집을 맡아 수고해 주신 보고사 가족들의 노고와 따뜻한 마음에 심심한 고마움을 표한다.

2022년 11월 빛고을 용봉골에서
무등산을 바라보며 신해진

차례

만력 임진년(1592)

알림 : 일기가 없는 날짜에 *표를 붙임.

계사년(1593)

일러두기

이 책은 다음과 같은 요령으로 엮었다.

01. 번역은 직역을 원칙으로 하되, 가급적 원전의 뜻을 해치지 않는 범위 내에서 호흡을 간결하게 하고, 더러는 의역을 통해 자연스럽게 풀고자 했다. 다음의 자료가 참고되었다.
   - 「피난행록」(상·하), 『약포집』 02, 황만기·이기훈 역, 안동대학교 퇴계학연구소, 성심출판사, 2013.
02. 원문은 저본을 충실히 옮기는 것을 위주로 하였으나, 활자로 옮길 수 없는 古體字는 今體字로 바꾸었다.
03. 원문표기는 띄어쓰기를 하고 句讀를 달되, 그 구두에는 쉼표, 마침표, 느낌표, 물음표, 작은따옴표, 큰따옴표, 가운뎃점 등을 사용했다.
04. 주석은 원문에 번호를 붙이고 하단에 각주함을 원칙으로 했다. 독자들이 사전을 찾지 않고도 읽을 수 있도록 비교적 상세한 註를 달았다.
05. 주석 작업을 하면서 많은 문헌과 자료들을 참고하였으나 지면관계상 일일이 밝히지 않음을 양해바라며, 관계된 기관과 여러분께 진심으로 감사드린다.
06. 이 책에 사용한 주요 부호는 다음과 같다.
   - ( ) : 同音同義 한자를 표기함.
   - [ ] : 異音同義, 出典, 교정 등을 표기함.
   - " " : 직접적인 대화를 나타냄.
   - ' ' : 간단한 인용이나 재인용, 또는 강조나 간접화법을 나타냄.
   - 〈 〉 : 편명, 작품명, 누락 부분의 보충 등을 나타냄.
   - 「 」 : 시, 제문, 서간, 관문, 논문명 등을 나타냄.
   - 《 》 : 문집, 작품집 등을 나타냄.
   - 『 』 : 단행본, 논문집 등을 나타냄.
   - ◇ : 초서본에는 있으나 목판본에는 없을 때.
07. 이 책과 관련된 안내 사항과 논문은 다음과 같다.
   - 서울대학교 규장각한국학연구원 소장 1760년 간행 목판본 〈피난행록〉을 주텍스트로 하되, 한국국학진흥원 소장 보물 제494-3호 초서본 〈용사일기〉와 대조하여 문헌 변주 양상을 밝혀두었다.
   - 특히, 〈용사일기〉의 초서 탈초는 한국국학진흥원에서 제공하는 학술 DB를 활용한바, 그 공로에 고마움을 표한다.

|번역과 원문|

피난행록 하

避難行錄 下

온성
경원
종성
경흥
회령
부령
무산
자성
후창
경성
삼수
갑산
위원
명천
초산
강계
장진
길주
벽동
단천
창성
북청
이원
의주
삭주
희천
운산
용천
구성
태천
영변
영원
함흥
홍원
선천
철산
박천
덕천
정평
곽산
가산
안주
개천
맹산
영흥
정주
숙천
순천
고원
영유
자산
은산
문천
증산
순안
성천
양덕
흡곡
함종
평양
강동
덕원
통천
강서
삼동
안변
상원
곡산
고성
삼화
용강
중화
서흥
수안
이천
회양
황주
평강
장련
봉산
신계
토산
금성
간성
은율
안악
평산
신천
금천
안협
문화
송화
김화
풍천
장연
해주
재령
배천
삭녕
철원
양구
양양
낭천
인제
옹진
연안
장단
연천
영평
춘천
강령
풍덕
마전
적성
포천
강릉
홍천
가평
교동
파주
교하
고양
양주
양근
횡성
통진
김포
양천
지평
평창
정선
삼척
부평
시흥
과천
양지
원주
이천
인천
안산
용인
여주
영월
남양
진위
음죽
죽산
양성
안성
울진
평해

관서 · 해서 · 관북 · 경기 · 강원

만력 임진년
(1592)

9월 1일(정사)

九月初一日(丁巳)。

9월 2일(무오)

또 장계 1통을 봉하여 행재소(行在所)에 올렸다.

○영의정(領議政) 최흥원(崔興源)이 들어갈 때 이미 장계(狀啓)를 올렸습니다만, 지금 전하의 옥체가 어떠한지 알지 못하여 몹시 염려하는 마음을 견딜 수 없습니다. 신들은 동궁을 모시고 지금 성천(成川)에 머물러 있습니다.

앞서 본 도원수(都元帥) 김명원(金命元)의 치보(馳報: 급히 보고함)에 의하면, "당장(唐將: 명나라 장수)이 왜(倭)와 서로 약속하며 10리로 한정하여 표지(標識)를 세워서 이 표지를 나가는 것을 허락하지 않는다."라고 하였습니다. 그러나 이달 1일 방어사(防禦使) 이일(李鎰)의 치보(馳報)에 의하면, "왜적의 선박 20척이 대동강(大同江) 합탄(蛤灘)을 건너서 불을 지르며 약탈한다."라고 하였습니다. 합탄은 강동(江東)과의 거리가 겨우 한 식경(食頃)에 갈 수 있으니, 적의 꾀를 헤아리기 어려워서 지극히 염려스럽습니다.

여주 목사(驪州牧使) 성영(成泳)이 적을 만나 치열하게 싸워 세 차례나 승리를 거두어서 죽이거나 사로잡은 적이 매우 많다고 급히 장계를 올려 승전 보고하였으나, 장계를 가지고 온 사람에게 물으니 행재소에는 아직 장계로 아뢰지 않았다고 하였습니다. 만약 전하의 명을 기다려 논공행상하려면 포상하는 것이 때를 넘기지 않는다는 뜻을 몹시 그르치는 것이니, 사졸(士卒)들은 서반(西班: 무반)으로 처음 벼슬하도록 금군(禁軍) 등의 관직을 주고 차첩(差帖: 임명장)은 병조(兵曹)에게 규례(規例)대로 만들어 보냈는데, 그 가운데 유생(儒生)들은 하는 수 없이 참봉(參奉)에 제수하였으나 동궁 행차에는 이조(吏曹)의 관원이 없어서 조정의 유서(諭書)를 만들어 보낼 수가 없습니다. 속히 명하여 만들어 보내 주도록 하는 것이 어떠하겠습니까?

이전에 곳곳에서 보잘것없이 적게나마 왜적의 머리를 베어 바쳤습니다만, 이곳에는 소금이 없었기 때문에 썩어 문드러져 행재소로 들여보낼 수가 없습니다. 지금 성영이 바친 것은 그 수가 매우 많아 일일이 검사하고 봉하여 올려보냅니다. 이천(李薦)이 다시 나타난 일은 종전에 이미 장계를 올려 아뢰었습니다만, 대간(臺諫)들이 법률에 따라 죄를 다스리도록 청하였으나 동궁은 단지 백의종군하라고 명하였습니다.

근래에 듣건대 북쪽의 적이 고개를 넘어 곡산(谷山)으로 향하자 도총부(都摠府) 도사(都事) 김신원(金信元)에게 군사를 이끌고 길을 차단하라고 하였는데, 김신원이 적을 만나 힘껏 싸워 여러 명의 적을 베어 죽이거나 사로잡다가 적의 철환(鐵丸)을 맞아 다쳤다고 하니 공로가 가상합니다. 이런 까닭으로 도총부 경력(經歷)에 제수하는 관교(官敎: 임명장)를 만들어 보내기를 삼가 바랍니다.

초토사(招討使) 이정암(李廷馣)도 왜적 2명의 머리를 베었다는 서장(書狀)을 보내왔기 때문에 동봉하여 올려보냅니다만, 전투에서 세운 공로를 포상하는 일은 여기에서 이미 시행하였고, 나머지 다른 일들에 대한 장계는 자세히 기록하여 아뢰겠습니다.

지금 경기 관찰사(京畿觀察使) 심대(沈岱)의 서장(書狀)과 광주 목사(廣州牧使) 박선(朴宣)과 양주 목사(楊州牧使) 고언백(高彦伯)의 첩정(牒呈: 공문서)을 보건대, 각 능침(陵寢) 가운데 변란을 겪은 곳은 대체로 갖추어져 기록되었으나 다 직접 능침을 살폈다는 말이 없으니 전해 들은 데에서 나온 듯합니다. 이 일은 지극히 중대하니, 오산 도정(烏山都正) 이현(李鉉)이 능침을 직접 살피고 돌아오기를 기다려 다시 장계를 올려 아뢸 생각입니다.

初二日(戊午)。

又封狀啓一道于行在所。○領議政崔興源[1], 入去之時, 曾已狀啓, 卽今未審上體若何, 無任伏慮之至。臣等陪侍東宮, 時留成川[2]。前見都元帥金命元[3]馳報內, "唐將, 與倭相約, 限十里立標,

1 崔興源(최흥원, 1529~1603): 본관은 朔寧, 자는 復初, 호는 松泉. 1555년 소과를 거쳐 1568년 증광문과에 급제하여, 장령 · 정언 · 집의 · 사간을 역임하였으며, 이어 동래와 부평의 부사를 지냈다. 1578년 승지로 기용되고, 1588년 평안도 관찰사가 되었다. 이후 지중추부사를 거쳐 1592년 임진왜란이 일어나자 경기도와 황해도 순찰사, 우의정 · 좌의정을 거쳐 柳成龍의 파직에 따라 영의정에 기용되었다. 임진왜란 당시 왕을 의주까지 호종했던 공으로 1604년 扈聖功臣에 追錄되었다.

不許出標"云。而今月初一日，防禦使李鎰[4]馳報內，"倭船二十隻，渡大同江蛤灘[5]，衝火刦掠"云。蛤灘，距江東[6]僅一息，賊謀難測，

---

2 成川(성천): 평안남도 남동쪽에 있는 고을. 동쪽은 양덕군, 동남쪽은 황해도 곡산군, 서쪽은 강동군, 남쪽은 황해도 수안군, 북쪽은 순천군·맹산군과 접한다.

3 金命元(김명원, 1534~1602): 본관은 慶州, 자는 應順, 호는 酒隱. 1568년 종성부사가 되었고, 그 뒤 동래부사·판결사·형조참의·나주 목사·정주 목사를 지냈다. 1579년 의주 목사가 되고 이어 평안 병사·호조 참판·전라 감사·한성부 좌윤·경기 감사·병조참판을 거쳐, 1584년 함경감사·형조 판서·도총관을 지냈다. 1587년 우참찬으로 승진했고, 이어 형조 판서·경기 감사를 거쳐 좌참찬으로 지의금부사를 겸했다. 1589년 鄭汝立의 난을 수습하는 데 공을 세워 平難功臣 3등에 책록되고 慶林君에 봉해졌다. 1592년 임진왜란이 일어나자, 순검사에 이어 팔도도원수가 되어 한강 및 임진강을 방어했으나, 중과부적으로 적을 막지 못하고 적의 침공만을 지연시켰다. 평양이 함락된 뒤 순안에 주둔해 行在所 경비에 힘썼다. 이듬해 명나라 원병이 오자 명나라 장수들의 자문에 응했고, 그 뒤 호조·예조·공조의 판서를 지냈다. 1597년 정유재란 때는 병조판서로 留都大將을 겸임했다.

4 李鎰(이일, 1538~1601): 본관은 龍仁, 자는 重卿. 1558년 무과에 급제하여, 전라도 수군절도사로 있다가, 1583년 尼湯介가 慶源과 鐘城에 침입하자 慶源府使가 되어 이를 격퇴하였다. 임진왜란 때 巡邊使로 尙州에서 왜군과 싸우다가 크게 패배하고 충주로 후퇴하였다. 충주에서 도순변사 申砬의 진영에 들어가 재차 왜적과 싸웠으나 패하고 황해로 도망하였다. 그 후 임진강·평양 등을 방어하고 東邊防禦使가 되었다. 이듬해 평안도 병마절도사 때 명나라 원병과 평양을 수복하였다. 서울 탈환 후 訓鍊都監이 설치되자 左知事로 군대를 훈련했고, 후에 함북 순변사와 충청도·전라도·경상도 등 3도 순변사를 거쳐 武勇大將을 지냈다. 1600년 함경남도병마절도사가 되었다가 병으로 사직하고, 1601년 부하를 죽였다는 살인죄의 혐의를 받고 붙잡혀 호송되다가 定平에서 병사했다.

5 蛤灘(합탄): 평안남도 중화군 상원면 능성리 탑고개 동쪽에 있는 마을. 조개가 많은 여울을 끼고 있어서 조개마을이라고도 한다. 동쪽은 황해도 연산군, 서쪽은 중화군, 남쪽은 황해도 황주군, 북쪽은 강동군과 접한다.

6 江東(강동): 평안남도 중남부에 있는 고을. 동쪽은 성천군, 서쪽은 대동군, 남쪽은 중화군·황해도 수안군, 북쪽은 순천군과 접한다.

極爲可慮。驪州牧使成泳[7], 遇賊接戰, 三次得捷, 斬獲甚多, 馳狀報捷, 而問持狀人, 則不爲啓聞[8]行在云。若待命論功, 則殊失賞不踰時之義。士卒等, 授西班初仕禁軍等職, 而差帖[9]則令兵曹依例成送, 其中儒士, 則不得已參奉除授, 而行次無吏曹官員, 不得成朝謚以送。速命成送, 何如? 前在各處, 些少所獻之鹹, 緣此處無鹽, 腐爛不得入送。今成泳所獻, 則其數甚多, 監封上送。李薦[10]來現事, 前已狀聞, 臺諫請依律論罪, 而東宮只令白衣從軍。頃聞, 北賊踰嶺向谷山[11], 令都摠都事金信元[12], 領軍把截[13], 信元

---

7 成泳(성영, 1547~1623): 본관은 昌寧, 자는 士涵, 호는 苔庭. 1573년 식년 문과에 급제하여 병조 좌랑·사간원 헌납, 사헌부의 장령·집의 등을 거쳐, 1592년에 여주 목사가 되었다가 임진왜란이 일어나자 경기도 순찰사로서 3,000명의 군대를 이끌고 참전하였고, 이듬해 경기좌도관찰사가 되었다. 다시 同知中樞府事·호조참판에 재직 중 사헌부의 탄핵을 받아 파직되었다. 1597년 정유재란 때는 南征糧餉使로 군량미 조달을 맡아보았다. 1599년 공조참판·한성부 좌윤·대사헌·예조참판·대사간 등을 역임하였다. 1601년 한성부판윤이 되고, 이듬해 지중추부사로 進賀使가 되어 명나라에 다녀왔다. 1605년 좌우 참찬을 거쳐, 1607년 이조판서를 지냈다.

8 啓聞(계문): 조선시대 지방장관이 중앙에 상주하던 일.

9 差帖(차첩): 임명장. 조선시대 관아의 장이 무록직 속관을 임명하면서 발급한 문서이다.

10 李薦(이천, 1550~1592): 본관은 全州. 고조부는 정종의 10번째 아들 德泉君 李厚生이고, 부친은 駒興副守 李元卿이다. 6촌 형으로 文遠 李贇이 있다. 무과에 급제한 후 관직에 올라 京畿水使 등을 역임하였으며, 선조가 왕위에 오른 후 訓將에 제수되는 등 여러 관직을 거쳐 同知中樞府事에까지 이르렀다. 1592년 임진왜란 때 왜적과 싸우다 전사하였다.

11 谷山(곡산): 황해도 북동부에 있는 고을. 북쪽은 신평군, 동쪽은 강원도 이천군, 남쪽은 신계군, 서쪽은 수안군과 접한다.

12 金信元(김신원, 1553~1614): 개명은 金履元. 본관은 善山, 자는 守伯, 호는

遇賊力戰, 斬獲數級, 爲鐵丸中傷, 功勞可嘉。故都摠經歷除授官敎, 成送伏望。招討使李廷馣[14], 斬倭二級, 書狀來到, 故同封上送, 軍功論賞, 自此已爲施行, 他餘事狀, 備錄以啓。今見京畿觀察使沈岱[15]書狀, 廣州牧使朴宣·楊州牧使高彦伯[16]牒呈[17], 各

素菴. 1576년 사마시에 합격하고, 1583년 알성 문과에 급제, 호조 좌랑·수찬·교리·정언을 지냈다. 1593년 의주 목사, 1597년 정유재란 때 형조참판에서 경기도 관찰사가 되었는데, 선임자 柳熙緖가 명나라 군사에게 수모를 받고 사임한 까닭에 모두 걱정하였으나 명나라 병사들을 잘 다루어 도내 행정을 바로잡았다. 大北에 속하여 1609년 臨海君을 사사하게 하고, 1612년 소북을 제거하기 위한 계축옥사를 잘 다스렸다 하여 翼社功臣에 책훈되었다.

13 把截(파절): 군사적으로 중요한 곳을 파수하여 경비함.

14 李廷馣(이정암, 1541~1600): 본관은 慶州, 자는 仲薰, 호는 四留齋·退憂堂·月塘. 1558년 사마시에 합격해 진사가 되고, 1561년 식년 문과에 급제하였다. 처음 승문원에 들어가 권지부정자를 역임하고 예문관 검열로 사관을 겸하였다. 1565년 승정원 주서를 거쳐 1567년 성균관 전적·공조 좌랑·예조 좌랑·병조 좌랑 등을 두루 역임하였다. 1592년 임진왜란이 일어날 때 이조 참의로 있었는데, 선조가 평안도로 피난하자 뒤늦게 扈從했으나 이미 체직되어 소임이 없었다. 아우인 개성 유수 李廷馨과 함께 개성을 수비하려 했으나 임진강의 방어선이 무너져 실패하고 말았다. 그 뒤 황해도로 들어가 招討使가 되어 의병을 모집해 延安城에서 치열한 싸움 끝에 승리해 그 공으로 황해도 관찰사 겸 순찰사가 되었다. 1593년 병조참판·전주 부윤·전라도 관찰사 등을 역임하고, 1596년 충청도 관찰사가 되어 李夢鶴의 난을 평정하는 데 공을 세웠다. 그러나 죄수를 임의로 처벌했다는 누명을 쓰고 파직되었다가 다시 지중추부사가 되고, 황해도 관찰사 겸 도순찰사가 되었다.

15 沈岱(심대, 1546~1592): 본관은 靑松, 자는 公望, 호는 西墩. 1572년 춘당대 문과에 급제, 홍문관에 들어가 正字·박사·修撰을 지내고, 1584년 持平에 이르렀다. 이때 동서의 붕당이 생기려 하자, 언관으로서 붕당의 폐단을 논하였으며, 이어서 舍人·사간을 역임하였다. 1592년 임진왜란이 일어나자 輔德으로서 근왕병 모집에 힘썼다. 그 공로로 왕의 신임을 받아 우부승지·좌부승지를 지내며 승정원에서 왕을 가까이에서 호종하였다. 왜군의 기세가 심해지면서 宣祖를

陵經變之處，大槪具錄，而皆無親自奉審[18]之語，似出傳聞。事極重大，待烏山都正鉉[19]，奉審回還，更爲啓聞伏計。

9월 3일(기미)

빈청(賓廳: 회의실)에 나아가 행재소의 《비망기(備忘記)》를 보았다.

初三日(己未)。

詣賓廳[20]，得見行在所《備忘記[21]》。

호종하여, 평양에서 다시 의주로 수행하였다. 같은 해 9월 權徵의 후임으로 경기도 관찰사가 되어 서울 수복 작전을 계획하였다. 도성과 내응하며 朔寧에서 때를 기다리던 중, 왜군의 야습을 받아 전사하였다.

16 高彦伯(고언백, ?~1608): 본관은 濟州, 자는 國弼, 호는 海藏. 1592년 임진왜란이 일어나자 助防將이라는 칭호를 받았고, 7월 24일 楊州牧使에 제수되어 장사를 모집하여 산속 험준한 곳에 진을 치고 복병하였다가 왜병을 공격하여 전과를 크게 올렸다. 태릉이 한때 왜군의 침범을 받았으나 고언백의 수비로 여러 능이 잘 보호될 수 있었다. 이에 왕이 공을 칭찬하고 관급을 더 올려 경기도방어사가 되었다. 또, 내원한 명나라 군사를 도와 서울 탈환에 공을 세우고 경상좌도병마절도사로 승진하였으며, 정유재란 때는 경기도방어사가 되어 전공을 크게 세웠고, 난이 수습된 뒤 濟興君에 봉하여졌다. 1608년 광해군이 왕위에 올라 臨海君을 제거할 때, 임해군의 심복이라 하여 살해되었다.

17 牒呈(첩정): 하급 관아에서 상급 관아로 올리는 공문서.

18 奉審(봉심): 왕명을 받들어 왕실의 묘우나 능침을 살피고 점검하는 일을 지칭하는 용어.

19 鉉(현): 李鉉(생몰년 미상). 조선 宣祖 때부터 光海君 때까지의 종친. 中宗의 서자 海安君 李㟓(1511~1573)의 넷째 서자.

20 賓廳(빈청): 조선시대 궁중에 설치한 회의실. 영의정·좌의정·우의정의 3정승과, 정2품 이상 고위관직자가 모여 국사에 관한 중요한 안건을 협의하였다.

21 備忘記(비망기): 예전에, 임금의 명령을 간략하게 적어서 승지에게 전하는 문서를 이르던 말. 왕이 전교를 내리는 형식의 하나이다.

9월 4일(경신)

듣건대 왜적이 마탄(馬灘)을 핍박해 왔다가 되돌아갔다고 하는데, 마탄은 실제로 강동(江東)과 평양(平壤)의 두 경계 가운데 있으니, 적의 의도는 성천(成川)으로 나아가고 싶었기 때문이었을 것이다.

初四日(庚申)。

聞倭賊來逼馬灘[22]還退云, 馬灘實在江東·平壤兩界中, 賊意欲指成川故也。

9월 5일(신유)

또 장계 1통을 봉하여 행재소에 올렸다.

○근래 왕래하는 사람을 통해 성상(聖上)의 옥체(玉體)가 평안하심을 듣고 기쁨을 가눌 길이 없습니다. 신들은 동궁을 모시고 우선 성천(成川)에 머물러 있습니다.

지난번 삼가 도원수(都元帥) 김명원(金命元)과 순찰사(巡察使) 이원익(李元翼) 등의 치보(馳報: 급히 보고함)를 보건대, "당장(唐將: 명나라 장수)이 왜장과 마주하여 약속하며 50일 이내는 양국이 교전(交戰)하지 않고, 15리로 한정하여 또 왜인(倭人)이 꼴과 곡식을 베어 가는 것을 허가하지 않는다."라고 하였습니다. 또한 방어사(防禦使) 이일(李鎰)·조방장(助防將) 정희현(鄭希賢: 鄭希玄의 오기)·강동 현감(江東縣監) 윤시침(尹時忱) 등이 연이어 보낸 보고 내용을 보건대, "왜적 수백 명이 진용을 이루어 연일 강탄(江灘: 王城灘)을 넘어오려

---

22 馬灘(마탄): 조선시대 평양부 동쪽 40리 지점에 있는 마을.

침범했지만, 우리 군대가 힘을 합쳐 지키며 막았기 때문에 겨우 퇴각시킬 수 있었다."라고 하였습니다. 10여 리로 한정하고 있었으나 멀리 한 식경(食頃) 밖까지 나왔으니 왜적이 먼저 당장(唐將: 명나라 장수)과의 약조를 저버렸으나, 우리 군대만이 그 약조를 지키다가 앉은 채로 침범당했습니다. 잔포(殘暴)한 적들이 더욱 마음대로 흉악한 기세를 부리도록 하여 지극히 원통하고 분합니다. 만약 적군이 가득하게 된다면 이곳 또한 아주 안전한 땅이 아니니 동궁의 행차가 옮겨 머무를 곳을 조정에서 상의하여 지시해 주기를 삼가 바랍니다.

○이날 행재소에서 벼슬아치들에게 지급할 은(銀)이 도착했다.

○듣건대 임해군(臨海君)과 순화군(順和君) 두 왕자가 있던 회령부(會寧府)가 적의 수중에 빠져서 김귀영(金貴榮)과 황정욱(黃廷彧) 부자(父子) 및 남병사(南兵使)·북병사(北兵使) 등 약간 명이 모두 포로가 되었다고 하였다.

初五日(辛酉)。

又封狀啓一道于行在所。○近因往來人, 伏聞聖體安康, 無任抃。臣等陪侍東宮, 姑留成川。頃日, 伏見都元帥金命元·巡察使李元翼[23]等馳報, "唐將, 與倭將面約, 五十日內, 不許兩國交

23 李元翼(이원익, 1547~1634): 본관은 全州, 자는 公勵, 호는 梧里. 1592년 임진왜란이 발발하자 이조판서로서 평안도 도순찰사의 직무를 띠고 먼저 평안도로 향했고, 宣祖도 평양으로 파천했으나 평양마저 위태로워지자 영변으로 옮겼다. 이때 평양 수비군이 겨우 3,000여 명으로서, 당시 총사령관 金命元의 군 통솔이 잘 안되고 군기가 문란함을 보고, 먼저 당하에 내려가 김명원을 元帥의 예로

戰, 限十五里, 又不許倭人刈取芻穀"云。而又見防禦使李鎰·助防將鄭希賢[24]·江東縣監尹時忱[25]等, 連續馳報內, "倭賊數百成陣, 連日來犯江灘[26], 因我兵戮力把截, 僅得退却旣"云。限在十餘里, 而遠出一息之外, 倭賊先敗唐將之約, 我軍獨守其約, 坐受侵陵。使殘賊益肆兇談, 極爲痛惋。若賊兵充斥, 則此處亦非萬全之地, 移住儲駕之處, 自朝廷商議指敎伏望。○是日行在所, 百官賜給銀兩至。○聞臨海[27]·和順[28], 兩王子在會寧府, 陷賊中,

---

대해 군의 질서를 확립하였다. 평양이 함락되자 정주로 가서 군졸을 모집하고, 관찰사 겸 순찰사가 되어 왜병 토벌에 전공을 세웠다. 1593년 정월 李如松과 합세해 평양을 탈환한 공로로 崇政大夫에 加資되었고, 선조가 환도한 뒤에도 평양에 남아서 군병을 관리하였다. 1595년 우의정 겸 4도체찰사로 임명되었으나, 주로 영남체찰사영에서 일하였다. 이때 명나라의 丁應泰가 經理 楊鎬를 중상모략한 사건이 발생해 조정에서 명나라에 보낼 陳奏辨誣使를 인선하자, 당시 영의정 류성룡에게 "내 비록 노쇠했으나 아직도 갈 수는 있다. 다만 학식이나 언변은 기대하지 말라." 하고 자원하였다. 그러나 정응태의 방해로 소임을 완수하지 못하고 귀국하였다.

24 鄭希賢(정희현): 鄭希玄(1555~?)의 오기(이하 동일). 본관은 河東, 자는 德容. 1583년 무과에 급제하였다. 1592년 平山府使, 1596년 北道虞候, 1607년 加里浦僉使를 역임했으나 매번 파직당하기도 하였다.

25 尹時忱(윤시침, 1539~?): 본관은 坡平, 자는 國保. 1568년 증광시에 급제하였다. 강동 현감, 양근 군수, 都事를 지냈다.

26 江灘(강탄): 大同江 상류의 王城灘을 가리킴. 옛날 평양을 왕성이라 하였으므로 평양성을 끼고 있는 여울이라는 뜻이다.

27 臨海(임해): 臨海君(1574~1609). 宣祖의 맏아들 珒. 임진왜란 때 왜군의 포로가 되었다가 석방되었다. 광해군 즉위 후 유배되었다가 죽었다.

28 和順(화순): 順和君(?~1607)의 오기. 순화군은 宣祖의 여섯째아들 玒. 부인은 승지 黃赫의 딸이다. 임진왜란이 일어나자 왕의 명을 받아 黃廷彧·황혁 등을 인솔하고 勤王兵을 모병하기 위해서 강원도에 파견되었다. 같은 해 5월 왜군이 북상하자 이를 피하여 함경도로 들어가 미리 함경도에 파견되어 있던 臨海君을

金貴榮[29]·黃廷彧[30]父子，南北兵使若干員，俱虜云。

만나 함께 會寧에서 주둔하였는데, 왕자임을 내세워 행패를 부리다가 함경도민의 반감을 샀다. 마침 왜군이 함경도에 침입하자 회령에 유배되어 향리로 있던 鞠景仁과 그 친족 鞠世弼 등 일당에 의해 임해군 및 여러 호종 관리와 함께 체포되어 왜군에게 넘겨져 포로가 되었다. 이후 안변을 거쳐 이듬해 밀양으로 옮겨지고 부산 多大浦 앞바다의 배 안에 구금되어 일본으로 보내지려 할 때, 명나라의 사신 沈惟敬과 왜장 小西行長과의 사이에 화의가 성립되어 1593년 8월 풀려났다. 성격이 나빠 사람을 함부로 죽이고 재물을 약탈하는 등 불법을 저질러 兩司의 탄핵을 받았고, 1601년에는 순화군의 君號까지 박탈당하였으나 사후에 복구되었다.

29 金貴榮(김귀영, 1520~1593): 본관은 尙州, 자는 顯卿, 호는 東園. 1555년 을묘왜변이 일어나자 이조 좌랑으로 도순찰사 李浚慶의 종사관이 되어 光州에 파견되었다가 돌아와 이조정랑이 되었다. 1556년 議政府檢詳, 1558년 弘文館典翰 등을 거쳐, 그 뒤 漢城府右尹·춘천 부사를 지냈고, 대사간·대사헌·부제학 등을 번갈아 역임하였다. 선조 즉위 후 도승지·예조 판서를 역임하고, 병조판서로서 지춘추관사를 겸하였으며, 1581년 우의정에 올랐고, 1583년 좌의정이 되었다가 곧 물러나 知中樞府事가 되었다. 1589년에 平難功臣에 녹훈되고 上洛府院君에 봉해진 뒤 耆老所에 들어갔으나, 趙憲의 탄핵으로 사직했다. 1592년 임진왜란이 일어나 천도 논의가 있자, 이에 반대하면서 서울을 지켜 명나라의 원조를 기다리자고 주장하였다. 결국 천도가 결정되자 尹卓然과 함께 臨海君을 모시고 함경도로 피난했다가, 회령에서 鞠景仁의 반란으로 임해군·順和君과 함께 왜장 加藤淸正의 포로가 되었다. 이에 임해군을 보호하지 못한 책임으로 관직을 삭탈 당했다. 이어 다시 加藤淸正의 강요에 의해 강화를 요구하는 글을 받기 위해 풀려나 行在所에 갔다가, 사헌부·사간원의 탄핵으로 推鞫당해 회천으로 유배 가던 중 중도에서 죽었다.

30 黃廷彧(황정욱, 1532~1607): 본관은 長水, 자는 景文, 호는 芝川. 1592년 임진왜란이 일어나자 號召使가 되어 왕자 順和君을 陪從, 강원도에서 의병을 모으는 격문을 8도에 돌렸고, 왜군의 진격으로 會寧에 들어갔다가 모반자 鞠景仁에 의해 임해군·순화군 두 왕자와 함께 安邊 토굴에 감금되었다. 이때 왜장 加藤淸正으로부터 선조에게 항복 권유의 상소문을 쓰라고 강요받고 이를 거부하였으나, 왕자를 죽인다는 위협에 아들 赫이 대필하였다. 이에 그는 항복을 권유하는 내용이 거짓임을 밝히는 또 한 장의 글을 썼으나, 體察使의 농간으로 아들의

9월 6일(임술)

상으로 나누어 주도록 은(銀)을 하사하였는데, 당상관(堂上官)은 20냥이고 당하관(堂下官)은 각 10냥이었다.

○이날 또 장계 1통을 봉하여 행재소에 올렸다.

○오늘 북도 순찰사(北道巡察使) 송언신(宋言愼)의 서장(書狀)을 보는데, 서리(書吏) 장복중(張福重)이 한 말을 듣고서 경악스러워 분통한 마음을 가눌 길이 없습니다. 서장은 잘 검사하고 조사하여 보내며 장복중도 아울러 보냅니다. 동궁이 옮겨가려는 곳인 정주(定州)와 영변(寧邊)은 다른 고을과 비교하니 과연 얼마간 든든한 곳이라서, 혹시라도 위급한 일이 있으면 두 고을 중에서 편리한 곳을 택하여 옮겨가 지낼 계획입니다. 그러나 의논하는 자들이 간혹 말하기를, "용강(龍岡)이 비록 평양(平壤)과 가깝기는 하나 그곳의 성이 험한 곳에 있어서 우뚝 솟은 데다 군량 또한 넉넉하고, 게다가 해서(海西: 황해도) 안악(安岳) 등의 고을과 단지 강 하나만 격해 있을 뿐이니, 바다를 건너는 것과 같은 어려움이 없고 배로 통행하기도 또한 쉬워서 적을 제압하기가 매우 편리하며, 황해도에 있는 적의 형세가 만약 수그러들기라도 하면 또한 상황을 살펴 나아가거나 물러날 수 있을 것이다."라고 하였습니다. 이러한 논의가 과연 타당한지 그 여부에 대해서는 알지 못하나 동궁은 흉적들이 군사를 모아서

글만이 보내져 뜻을 이루지 못하고 이듬해 부산에서 풀려나온 뒤 앞서의 항복 권유문 때문에 東人들의 탄핵을 받고 吉州에 유배되고, 1597년 석방되었으나 復官되지 못한 채 죽었다.

서쪽으로 내려온다는 말을 들은 뒤로부터 몹시 놀라 마지않았는데, 지금 만약 한 걸음이라도 뒤로 물러난다면 민심이 동요할 염려가 없지 않고 군사들의 마음 또한 해이해질 우려가 있는 데다 적의 기세가 점차 불길같이 맹렬하게 만드는 것이니, 임금을 위해 난국을 구하려는 뜻이 아니라고 여겼습니다. 신들은 동궁의 지극한 뜻을 좇아 받들어서 우선 그대로 성천부(成川府)에 머물며 앞으로 적의 형세가 어떠한지 살펴볼 계획입니다.

初六日(壬戌)。

分賞賜銀, 堂上二十兩, 堂下各十兩。○是日, 又封狀啓一道于行在所。○今見北道巡察使宋言慎[31]書狀, 聞書吏張福重所言, 不勝驚愕憤痛。書狀監封[32]輸送, 張福重幷爲起送[33]。東宮移適之所定州[34]·寧邊[35], 視他邑, 果爲差彊, 脫有緩急, 於兩邑中, 擇便

---

31 宋言慎(송언신, 1542~1612). 본관은 礪山, 초명은 宋承誨, 자는 寡尤, 호는 壺峰. 1567년 사마시에 합격하고, 1577년 알성 문과에 급제, 예문관 검열과 사간원정언 등을 지냈다. 1586년 호남에 巡撫御史로 파견된 뒤 부수찬을 역임하였다. 언관으로 서인을 공격하는 데에 앞장섰다가 1589년 기축옥사 때 鄭汝立과 연루되어 부교리에서 면직되었다. 1592년 사마시에 합격하고, 그 뒤 평안도 관찰사가 되었으나 임진왜란으로 공조참판이 되어 평안도 순찰사를 겸하다가 다시 함경도 순찰사를 겸하면서 軍兵 모집에 힘썼다. 1592년에 삭직되었고, 1596년 東面巡檢使로 다시 등용된 뒤 대사간·병조판서·이조판서를 역임하였다.

32 監封(감봉): 문서 따위의 내용을 감독하고 검사하여, 봉하고 도장을 찍음.

33 起送(기송): 사람을 보냄.

34 定州(정주): 평안북도 남서 해안에 있던 고을. 동쪽은 박천군·태천군, 서쪽은 선천군, 남쪽은 황해, 북쪽은 구성군과 접한다.

35 寧邊(영변): 평안북도 영변군과 안주군의 일부 지역에 있는 지명.

移住計料。而議者或云: "龍岡[36]雖近於平壤, 其城子, 據險高峻, 軍糧亦裕, 且與海西安岳[37]等邑, 只隔一水, 非如涉海之難, 舟通亦易, 控制甚便, 而黃海賊勢, 若衰歇, 則亦可以觀勢進退."云。此論, 未知果當與否, 而東宮自聞兇賊聚兵西下之言, 不勝痛愕, 以爲今若移退一步, 則民心不無沮撓之患, 軍情亦有解體之虞, 馴致[38]賊勢之漸熾, 非所以爲君親救難之意也。臣等, 遵奉東宮至意, 姑爲仍留此府, 以觀前頭賊勢如何計料。

9월 7일(계해)

행재소에 문안사(問安使)를 보냈다.

初七日(癸亥)。

送問安使于行在所。

9월 8일(갑자)

또 장계 2통을 봉하여 행재소에 올렸다.

○지난번 서리(書吏) 장복중(張福重)이 장계를 가지고 간 후로 성상(聖上)의 옥체(玉體)가 어떠한지 살피지 못했습니다. 장복중이 말한 것이 지극히 놀랍고 애통합니다. 삼가 성상의 마음을 생각하니,

---

36 龍岡(용강): 평안남도 서남단에 있는 고을. 동쪽은 중화군 · 황해도 황주군, 서쪽은 황해, 남쪽은 황해도 은율군 · 안악군, 북쪽은 강서군과 접한다.

37 安岳(안악): 황해도 서북부에 있는 고을. 동쪽은 재령강을 경계로 황주군 · 봉산군 · 재령군, 서쪽은 은율군, 남쪽은 신천군, 북쪽은 대동강 하류를 경계로 평안남도 용강군 · 진남포와 접한다.

38 馴致(순치): 점차 어떠한 목표의 상태에 이르게 하는 것.

몹시 애끓는 마음을 견딜 수 없습니다.

신들이 동궁을 모시고 반드시 탈환하고자 하는 지극한 뜻으로 즉시 선전관(宣傳官) 김극성(金克惺)과 종실(宗室) 한성령(漢城令) 이영(李濘)에게 은과 면화·명주를 가져와서 함경도 순찰사와 강원도 순찰사가 있는 곳에 나누어 보내게 하고, 경기도는 사평(司評) 이충(李忠)이 돌아가는 편에 부쳐 보내어 군사를 일으켜 적을 치도록 하였는데, 온갖 계책으로 탈환하여 취하되 만약 할 수 없다면 사람을 모아서 몰래 적의 진중에 들어가 기회를 틈타 그들과 함께 탈출하여 돌아올 수 있도록 갖가지를 지시하여 가르쳐주었습니다. 그들이 무슨 일이 있어도 꼭 돌아올지 그 여부는 미리 헤아릴 수가 없어서 지극히 답답하고 염려스럽습니다. 다만 천지(天地)와 조종(祖宗)이 말없이 도와주기를 기원할 뿐입니다.

동궁의 행차는 지금 성천(成川)에 머물러 있습니다만, 근래 평양(平壤)의 적들이 아무것도 꺼리는 바가 없이 날마다 동쪽으로 나와 동떨어진 곳에서 불 지르며 약탈하고 있습니다. 3일에는 왜적의 무리가 3위(衛)로 진(陣)을 치고 강동(江東)의 얕은 여울 쪽으로 바싹 다가와 반쯤 건넜을 즈음, 강탄(江灘: 王城灘) 조방장(助防將) 정희현(鄭希賢: 鄭希玄의 오기)이 몸을 던져 세찬 기세로 뛰어들어 사졸들을 앞장서서 이끌었고, 군관(軍官) 예닐곱 명이 그를 따르며 무수히 쏘아대니 화살을 맞고 강물에 떨어져 죽은 자가 지극히 많아지자 적들이 드디어 달아났습니다. 이곳은 그 덕에 평안할 수 있으니 그들의 공로가 작지 아니합니다.

경상 좌도(慶尙左道) 병사(兵使) 박진(朴晉)의 계본(啓本: 임금에게 올리는 중대한 사건 보고서)이 이곳을 지나가는데, 적의 형세를 알려는 데에 급하여 동궁에게 뜯어보도록 아뢰었고 다시 봉하여 올려보내니 지극히 온당치 못합니다.

이곳에는 이조(吏曹)의 당상관(堂上官)이 없어 평양(平壤) 및 각 도의 순찰사(巡察使) · 감사(監司) · 병사(兵使) 등이 있는 곳에서 보내온 보고를 곧바로 행재소에 고할 수밖에 없습니다. 그 밖에 소소한 복병장(伏兵將) 등이 있는 곳에서는 많이 죽이거나 포획하지 않았으면서도 또한 모두 순찰사에게 보고하나 관문(關文: 공문서)이 원수(元帥)를 거쳐 장계로 조정에 올려지는데, 그 사이에 걸핏하면 시일이 걸리곤 하니 포상하는 것은 때를 넘기지 않는다는 뜻에 어긋남이 있습니다.

근래에 사대부로 여러 고을을 왕래했던 자가 와서 말하기를, "길거리의 말을 귀 기울여 들으니 적을 사로잡거나 활을 쏘고 칼로 벤 사람이 오래도록 포상받지 못하여 자못 흩어지려는 마음이 생긴다고 하였다."라고 했습니다. 이처럼 사소하게 적을 죽이거나 사로잡았다고 이곳으로 찾아와 보고하는 자를 이곳에서 즉시 논공행상하려 해도 감히 마음대로 결단하여 처리할 수가 없어서 감사(監司) · 원수(元帥) 등이 있는 곳으로 보내어 미루려 합니다. 이것은 또한 어떻게 처리해야 하겠습니까?

○북도(北道)의 민심이 모질었으니, 회령(會寧)의 모반은 말하자면 비통하고 참혹합니다. 만약 조정이 서둘러 도모하지 않는다면, 왜적이 비록 물러나더라도 북방은 국가의 소유가 아닐 것입니다. 듣건대 북방의 사람들은 과거(科擧)와 관작(官爵)을 가장 바란다고

합니다. 지금 만약 사람을 시켜 공명첩(空名帖)·무과 홍패(武科紅牌)·고관관교(高官官敎: 고위 관직 임명장)를 가지고서 사람을 모아놓고 회령의 모반을 일으킨 주모자의 머리를 능히 베어 오는 사람에게 홍패나 임명장을 줄 것이라고 말하도록 하면, 모집에 응하여 주모자를 베어 오는 사람이 반드시 있을 것입니다. 이뿐만 아니라, 두 왕자가 돌아오도록 도모한 사람도 또한 이것으로써 상을 내린다면 반드시 두 왕자를 도로 찾아오는 사람이 있을 것입니다.

게다가 적의 형세를 보건대 여러 장수가 진을 마주하며 치열한 전투를 하지 않고, 단지 이곳저곳에서만 무찔러 죽여 날로 점점 움츠러들도록 할 뿐이었습니다. 그렇다면 당연히 피차간의 많고 적음에 따른 우열로 승부가 날 것이니, 만약 시일을 지체하게 되면 살아있는 백성들은 다 죽어갈 것입니다. 근래에 민심을 살펴보니 비록 5, 6품의 고위 관직을 주어도 마음에 차지 않아 하며 과거에 급제한 명예만 못하다고 여깁니다. 애당초 《비망기(備忘記)》에서 세워둔 조목(條目)에 의해 적의 머리 하나를 베어 오면 과거 보는 것을 허락하였으나, 요사이 분수에 넘쳐 마침내 시행하지 못했습니다. 지금 만약 등급을 나누되 사람의 지위 고하에 따라 수급의 많고 적음을 정하여서 과거 급제 자격 준다면 온 나라의 모든 사람이 다 일어나 적을 사로잡는데 장차 미치지 못할까 염려할 것이니, 하루도 채 안 되어서 적들이 모두 사로잡힐 것입니다. 혹자가 말하기를, "군공(軍功)으로 급제하는 것은 옛날에 이러한 예가 없었으니 그렇게 해서는 안 된다."라고 하였습니다. 그러나 의론하는 자들이 말하기를, "무릇 무과에서 뽑는 기예(技藝)는 다 적을 죽이기 위해 마련된 것이다.

지금 직접 적을 죽인 자가 급제하는 것이 무슨 해가 되겠는가?"라고 하였습니다. 이 말 또한 맞으니 어떻게 해야 할지도 마찬가지로 상의하기를 바랍니다.

요즈음 적의 기세가 점차 쇠하여 위축된 듯한데, 우리나라의 병력으로 부족하지 않은데도 단지 여러 장수가 돌아보고 적을 관망만 하며 공격하지 않고서 아무 탈 없이 하루를 보내는 것을 좋은 계책으로 여기는 것이 걱정입니다. 군졸 수천 명을 거느린 자가 도리어 향병(鄕兵)을 결집하여 저 스스로 적을 무찔러 죽인 자만도 못한가 하면, 혹은 명을 받고 몇 달 동안 왜적의 머리 하나도 바치지 않은 자도 있어서 이러한 무리를 죽이려 한다면 이루 다 죽일 수 없습니다. 이와 같은 부류는 감사(監司)에게 곤장 치도록 벌을 가하여 경계를 보이게 함으로써 용기가 솟아나도록 북돋게 하는 것이 어떻겠습니까? 그렇지 않으면 날로 점차 사기가 죽어 모두 하는 일 없이 그럭저럭 하루를 보내며 힘껏 싸우겠다는 마음조차 없게 되어 나라를 회복하는 일은 끝내 어찌해 볼 수 없는 지경에 이를 것입니다.

初八日(甲子)。

又封狀啓二道于行在所。○頃日，書吏張福重，持狀啓去後，不審上體如何。福重所言，極爲驚痛。伏惟上懷，無任煎慮之至。臣等奉東宮，　必欲奪還之至意，　卽令宣傳官金克愃 · 宗室漢城令濘[39]，齎銀兩綿紬，分送咸鏡 · 江原巡察使處，京畿則付送于司評

39 濘(녕): 李濘(생몰년 미상). 종실. 1592년 臨海君과 順和君이 왜적에게 잡혔을 때 선전관 金克愃과 함께 銀과 명주 등을 가져왔다.

李忠[40]之歸, 使之擧兵擊賊, 百計奪取, 若不可爲, 則募人潛入賊中, 乘隙與之脫還事, 多般指授。其必還與否, 未可預料, 極爲憫慮。只祝天地祖宗默佑而已。東宮行次, 時住成川, 而近日平壤之賊, 無所顧忌[41], 日日東出, 遠遠焚掠。初三日, 賊徒三衛作陣, 來逼江東淺灘, 半渡之際, 江灘助防將鄭希賢, 挺身[42]突入, 爲士卒倡, 軍官六七人繼之, 無數發射, 中矢墮水而死者極多, 賊遂北。此處, 賴以得安, 其功不細。慶尙左道兵使朴晉[43]啓本過去, 急於欲知賊勢, 稟于東宮開見, 後還封上送, 極爲未安。此無吏曹堂上, 平壤及各道巡察監兵等處所報, 則不得不直報于行在。其

40 李忠(이충, 생몰년 미상): 신립의 충주 싸움에 참전하였다가 패배하고 후퇴하였으며, 權徵의 군관이었던 인물.

41 顧忌(고기): 뒷일을 염려하고 꺼림.

42 挺身(정신): 어떤 일에 남보다 앞장서서 나아감.

43 朴晉(박진, ?~1597): 본관은 密陽, 자는 明甫, 시호는 毅烈. 밀양 부사였을 때 임진왜란이 일어나자 李珏과 함께 蘇山을 지키다가 패하여 성안으로 돌아왔다가, 적병이 밀려오자 성에 불을 지르고 후퇴했다. 이후 경상좌도 병마절도사로 임명되어 나머지 병사를 수습하고, 군사를 나누어 소규모의 전투를 수행하여 적세를 저지하였다. 1592년 8월 영천의 민중이 의병을 결성하고 永川城을 근거지로 하여 안동과 상응하고 있었던 왜적을 격파하려 하자, 별장 權應銖를 파견, 그들을 지휘하게 하여 영천성을 탈환하였다. 이어서 안강에서 여러 장수와 회동하고 16개 邑의 병력을 모아 경주성을 공격하였으나 복병의 기습으로 실패하였다. 그러나 한 달 뒤에 군사를 재정비하고 飛擊震天雷를 사용하여 경주성을 다시 공략하여 많은 수의 왜적을 베고 성을 탈환하였다. 이 결과 왜적은 상주나 서생포로 물러나지 않을 수 없었고, 영남지역 수십 개의 읍이 적의 초략을 면할 수 있었다. 1593년 督捕使로 밀양·울산 등지에서 전과를 올렸고, 1594년 2월 경상우도 병마절도사, 같은 해 10월 순천 부사, 이어서 전라도 병마절도사, 1596년 11월 황해도 병마절도사 겸 황주 목사를 지내고 뒤에 참판에 올랐다.

他小小伏兵將等處, 不多殺獲, 亦皆報于巡察, 關由元帥, 轉啓[44]朝廷, 其間動經時月, 有乖賞不留時[45]之意。近日, 士大夫之往來列邑者來言: "側聽閭巷之言, 捕賊射斬之人, 久未蒙賞, 頗有解體之意云." 如此些少殺獲之來報于此者, 欲自此處卽爲論賞, 而不敢擅斷[46], 欲推送于監司 · 元師[47]等處。此則亦何以處之? ○北道民心獰惡, 會寧之變[48], 言之痛慘。若朝廷不爲之早圖, 則倭賊雖退, 北方非國家有矣。聞北方之人, 最慕科擧與官爵云。今若差人持空名[49]武科紅牌[50]及高爵官敎, 募人有能斬會寧首惡之首, 則以紅牌, 官敎給之云, 則必有應募誅惡之人。非但此也, 兩王子謀還之人, 亦以此爲賞, 則必有奪還者矣。且觀賊勢, 諸將不能當陣鏖戰[51], 只處處勦殺, 使之日漸消縮[52]而已。然則當以彼此多寡消

---

44 轉啓(전계): 다른 사람을 거쳐 임금에게 아뢰는 일.

45 賞不留時(상불유시): 賞不踰時의 오기.

46 擅斷(천단): 어떤 일을 제 마음대로 결단하여 처리함.

47 元師(원사): 元帥의 오기.

48 會寧之變(회령지변): 1592년 7월 1일 전후하여 일어난 사건. 臨海君과 順和君 두 왕자가 會寧府에 있었는데, 왜적이 회령으로 온다는 소식을 들은 회령 사람들이 반란을 일으켜 임해군과 순화군, 좌의정 金貴榮과 판중추부사 黃廷彧 父子 및 남·북도 兵使 몇 명을 사로잡아 왜적에게 항복한 사건으로, 이 반란을 주도한 인물은 그 지역 土官鎭撫였던 鞠景仁이다.

49 空名(공명): 空名帖. 조선시대 수취자의 이름을 기재하지 않고 관직을 제수하거나, 면역·면천 등을 허가한 문서.

50 武科紅牌(무과홍패): 조선시대에 무과 최종 시험인 殿試에 합격한 사람에게 주는 홍패.

51 鏖戰(오전): 많은 사상자를 낸 큰 싸움.

52 消縮(소축): 기세가 사그라져서 줄어듦.

長爲勝負, 若淹時月, 則我國之生靈盡矣。近觀民情, 雖除以五六品高職, 其心歉然[53], 不如得科名[54]。當初, 因《備忘記》立條目, 以一級許科, 近於過濫, 遂不得行。今若分等級, 隨人地高下, 定首級多寡而給科[55], 則一國大小之人, 皆起而捕賊, 如將不及, 不日而賊皆就捕矣。或云: "以軍功得科, 古無此例, 不可爲也." 議者言: "凡武擧之藝, 皆爲殺賊而設。今之親自殺賊者, 得第[56]何妨?" 此言亦得, 亦望商議如何? 近日, 賊勢漸似衰縮, 我國兵力, 亦非不足, 而只患諸將還視, 玩寇[57]不擊, 以無事度日爲良策。領卒數千者, 反不如團結鄕兵, 私自勦賊者, 或有受命數月, 不獻一級者, 此輩誅之, 則不可勝誅。如此之類, 令監司杖罰示警, 使之激厲如何? 不然, 則日漸委靡, 皆玩愒[58]度日, 無力戰之意, 恢復之事, 終至於不可爲矣。

9월 9일(을축)

初九日(乙丑)。

---

53 歉然(겸연): 마음에 차지 않은 모양.
54 科名(과명): 과거에 급제한 명예.
55 給科(급과): 과거 급제 자격을 줌.
56 得第(득제): 급제함.
57 玩寇(완구): 적을 관망함.
58 玩愒(완게): 흐늘거리며 놂.

9월 10일(병인)

初十日(丙寅)。

9월 11일(정묘)

十一日(丁卯)。

9월 12일(무진)

듣건대 왜적이 정릉(靖陵: 중종의 능)을 파헤친 능상의 변고[陵上之變]가 일어났다.

○이날 또 장계 1통을 봉하여 행재소에 올렸다.

○바로 이날 오산 도정(烏山都正) 이현(李鉉)이 선릉(宣陵: 성종의 능)과 정릉(靖陵) 두 능을 직접 살피고 되돌아와 말한 것에 의하면, "선릉의 봉분은 탈이 없으나 정자각(丁字閣) 등이 있는 곳에는 파괴된 곳이 있고, 정릉의 봉분은 잔디와 흙이 파헤쳐졌습니다."라고 하니, 지극히 경악하였습니다. 본도(本道: 경기도) 관찰사의 서장(書狀)을 검사하고 봉하여 보내며, 오산 도정 이현 또한 행재소에 들어갈 것입니다.

선왕(先王)의 능침(陵寢)에 변고가 있으면 예의상 마땅히 슬픔을 표해야 하니, 상복(喪服)으로 갈아입고 망극한 회포를 풀어야 합니다. 그러나 이같이 적과 보루(堡壘)를 대치하고 있는 때를 당해서 만약 슬픔을 표하는 일이 적진 속으로 전파되면, 저 적들은 이를 듣고서 스스로 다행으로 여기고 더욱 제멋대로 불상사를 일으킬 염려가 없지 않습니다. 지금 기전(畿甸: 畿內)의 여러 능침이 모두 경비하고 방어할 대비가 되어 있지 않아서 장차 닥쳐올 걱정은 말로

할 수가 없습니다. 하는 수 없이 슬픔을 표하는 예는 임시 보류하고 단지 상복을 5일 동안만 입는 것이 과연 인정과 예의에 합치되는지 그 여부를 모르겠습니다.

十二日(戊辰)。

聞賊掘破靖陵[59], 陵上之變。○是日, 又封狀啓一道于行在所。○卽日, 烏山都正鉉, 奉審宣靖[60]兩陵, 回還言內, "宣陵之上則平安, 而丁字閣[61]等處, 有破壞處, 靖陵之上, 莎土掘破"云, 極爲驚愕。本道觀察使書狀, 監封輸送, 烏山都正鉉, 亦爲進去矣。先陵有變, 禮當擧哀[62], 變服[63]以洩罔極之懷。而當此與賊對壘[64]之日, 若使擧哀之事, 流播賊中, 則彼賊聞之, 自以爲幸, 不無益肆兇變之慮。目今畿甸[65]諸陵, 皆無把截守禦之備, 將來之憂, 有不可言。不得已權寢擧哀之禮, 只變服五日, 不知果合情禮與否。

9월 13일(기사)

안변 부사(安邊府使) 김우고(金友皐)에게 방어사(防禦使)의 일도

---

59 靖陵(정릉): 조선의 제11대 왕인 中宗의 능. 서울시 강남구 삼성동에 있다.

60 宣靖(선정): 선릉과 정릉. 宣陵은 宣陵(선릉): 조선 제9대 왕 成宗과 성종의 繼妃 貞顯王后 尹氏의 무덤이다.

61 丁字閣(정자각): 예전에, 왕릉에 제사를 지내기 위하여 봉분 앞에 '丁' 자 모양으로 지었던 집.

62 擧哀(거애): 왕이나 왕후가 승하한 뒤 비로소 슬픔을 표하는 절차.

63 變服(변복): 喪服으로 갈아입음.

64 對壘(대루): 堡壘를 구축하고 적군과 상대하는 일.

65 畿甸(기전): 한양을 중심으로 한 경기도 일원.

겸하라는 전교(傳敎)가 내려왔다.

十三日(己巳)。

安邊[66]府使金友皐[67], 敎下防禦使事。

9월 14일(경오)

十四日(庚午)。

9월 15일(신미)

또 장계 1통을 봉하여 행재소에 올렸다.

○요사이 성상(聖上)의 옥체(玉體)가 어떠한지 알지 못하여 삼가 몹시 염려되는 마음을 견딜 수 없습니다. 신들은 동궁을 모시고 지금 성천(成川)에 머물러 있습니다.

전 예조 판서(前禮曹判書) 정창연(鄭昌衍)이 그의 노모를 모시고 이곳에 왔는데, 장차 행재소로 돌아가려 하니 이곳에는 재상(宰相)의 반열에 있는 사람이 적어서 그대로 머물러 있게 하고자 하나 마음대로 처리하는 것이 온당치 못하여 우러러 여쭙니다.

근래에 군공(軍功) 및 각 고을 수령의 자리가 비어 있는 것으로

66 安邊(안변): 함경남도 남부에 있는 고을. 동쪽은 강원도 통천군, 서쪽은 강원도 이천군, 남쪽은 강원도 평강군·회양군, 북쪽은 문천군·원산시·동해와 접한다.

67 金友皐(김우고, 생몰년 미상): 1578년 監察로서 윗사람을 잘 섬긴다는 것으로 논박당한 적이 있다. 1591년 진산 군수였다가 1592년 체차된 후 임진왜란이 일어나자 좌방어사를 지낸 후 세자를 侍衛하였으며, 咸鏡防禦使·龍山舟師將을 거쳐 1594년 여주 목사가 되었고, 1601년 高嶺僉使가 되었다.

인하여 어쩔 수 없이 임시로 임명하였으나, 일일이 장계를 올리자면 매우 번다하여 비변사(備邊司)에 이문(移文: 공문서)을 보내었습니다. 관교(官教: 임명장)와 조유(朝諭: 조정의 諭書)를 조속히 만들어 보내 주도록 하는 것이 어떠하겠습니까?

○이날 형조 판서(刑曹判書) 이헌국(李憲國)이 행재소로 가는 편에 비변사(備邊司)로 보낼 이문(移文)을 부쳤다.

하나, 근래에 듣건대 황해도 해변 일대인 안악(安岳)에서 해주(海州)·연안(延安)에 이르기까지 모두 적이 없다고 하니, 삼화(三和)·용강(龍岡) 등지로 옮겨가서 배를 타고 안악으로 건너가 상황을 살펴 강화(江華)나 호서(湖西: 충청도)에 다다르는 것이 어떠한가? 강화·호서까지는 만일 다다르지 못하더라도 강음(江陰)·평산(平山)에 있는 적의 형세가 수그러들었다면 우선 해주와 연안에 머물러 있어도 무방할 듯하다.

하나, 각 도(道)의 감사(監司)·변장(邊將)·수령(守令) 가운데 죄를 범한 자가 있어 해직하고 다른 사람으로 대신하면, 구관을 신관으로 교체하여 제수할 즈음 일들이 모두 헝클어졌다. 그리고 이때를 당하여 해직되는 것이 편안해지는 것 또한 징계하여 다스리려는 뜻이 아닐 것이다. 바뀐 신관이 또한 도리어 구관만 못하고, 죄를 범해 교체된 자 또한 버릴 수가 없어서 곧바로 다른 직책을 차지하도록 하면 나랏일에 별로 이익이 없다. 중국 조정에서는 관직을 가지도록 한 채로 처벌하는 사례가 많이 있으니, 만일 중죄가 아니라면 그대로 본래의 직책에 둔 채 처벌하여 채찍질하듯 격려하는 것이 어떠한가?

하나, 근래에 여러 도(道)의 일을 듣건대 하나의 도(道) 안에 순찰사(巡察使) 등 벼슬을 많이 두고서 각기 편비(編裨: 副將)·무사(武士)·정졸(精卒: 정예병)을 거느려 많게는 천여 명에 이르렀고, 지난날 결집한 의병으로 왜적을 잡은 사람 및 수령이 거느렸던 병졸 또한 모두 징발하였다. 게다가 호령하는 아문(衙門)이 많아 어느 아문을 따라야 좋을지 모른 데다 견제로 자유롭지 못하도록 하였는지라, 적의 기세가 날로 불길같이 치솟는데도 끝내 적의 머리를 베어서 바치는 사람이 없으니 지극히 한심스럽다. 하나의 도(道)에 문관과 장수가 중첩된 것을 만일 줄이지 않는다면, 각 도(道)에 이문(移文: 공문)을 보내어 쓸데없이 군사를 끼고서 스스로 호위하지 못하도록 하고 적을 잡도록 흩어지게 해야 한다.

하나, 변란 초기에 주상(主上)이 적을 죽이고 머리를 바치는 자가 없는 것에 분개하여 비망기(備忘記)로 전교(傳敎)를 내렸는데, 공노비든 사노비든 적을 잡아 그 머리 하나 이상을 베어 바친 자에게는 모두 과거 급제를 허락한다며 비변사(備邊司)가 이를 공사(公事: 공문서)로 만들어 보내도록 하였다. 8도에 이문(移文)을 띄워서 관아의 문에 걸어놓았으나 그 일이 중지되어 시행되지 않자, 민간에서는 신의를 저버렸다며 원망하고 욕하는 말이 꽤 있었다. 적의 머리 하나를 베어 오면 과거 보도록 허락하는 것은 진실로 시행해서는 안 될 것이었지만, 지금은 마땅히 여러 고을의 사람들을 4등급으로 나누어야 하리니, 금군(禁軍)과 사족(士族)은 3명의 왜적 머리를 베어 오면 과거 급제를 허락하고, 허물이 없는 평범한 사람과 이미 허통(許通)된 서얼 등 잡다한 부류로서 응당 과거를 보아야 할 자는 4명이나 5의 왜적 머리를 베어 오면 과거 급제를 허락하고, 아직 허통되지 않은 서얼 등 잡다한 부류로서 과거 보려는 자는 5명이나 7명의 왜적 머리를 베어 오면 과거 급제를 허락하고, 공노비와 사노비는 7명이나 10명의 왜적 머리를 베어 오면 과거 급제를 허락한다. 수급(首級: 벤 적군의 머리)의 수를 정하여 과거를 볼 수 있도록 하면, 온 나라의 사람들이 모두 일어나 적을 잡을 것이다. 종전에 국가가 백성들에게 신의를 저버린 것이 매우 많았으니, 지금 만약 예사롭게 이문(移文: 공문서)을 띄운다면 반드시 곧이듣지 않을 것이나, 별도로 관원을 임명하여 민간에 드나들며 알리는 것이 어떠한가?

하나, 동궁 행차에 이조(吏曹)의 당상 낭청(堂上郞廳)이 없는지라, 온갖 죽을 고비를 무릅쓰고 멀리 와 수급(首級)을 바치고 포상을 바라는 사람들에게 논공행상할 수가 없었고, 비록 처음 벼슬에 오르는 아주 보잘것없는 관직이라도 조유(朝諭: 조정의 諭書)를 만들어 줄 수가 없었으니, 온갖 어려움을 겪으며 멀리서 온 사람들은 실망하여 해이해지는 기색이 꽤 있었다. 나라의 회복을 도모하는 데에 다시 더 어찌할 수가 없으니, 이조의 당상 낭청 및 호조(戶曹)의 당상을 각 1명씩 내보내 주는 것이 어떠한가?

하나, 순안(順安)의 군사들이 그 수가 4천 명에 차지 않는데도 항오(行伍)의 배분이 정돈되지 않은 데다 군사가 오랜 세월에 기운까지 빠져서 지극히 염려스럽다. 황해도에 이미 모아 놓은 군사를 거느리고 혹은 삼현(三縣: 정주 · 덕수 · 강음)의 군사를 골라 뽑아 증강하여서 군의 기세를 장대하게 함이 어떠한가? 북쪽의 적이 서쪽으로 내려온다는 말이 있으니, 더욱더 고립시켜서는 안 된다.

하나, 순안(順安)과 성천(成川)에 양소(兩所: 과거 시험장)를 나누어 무과초시(武科初試)를 설치할 것.

하나, 아산창(牙山倉)에서 전세미(田稅米)를 실은 배 20척이 정박했다고 하는데, 이곳은 양식이 다 떨어졌으니 조금만 가져다 쓸 것.

하나, 성(城)과 해자(垓子)가 있는 큰 고을의 수령들 가운데 먼저 성을 버리고 도망가 숨은 자는 적발하는 것이 더 무거운 죄에 따라 처벌하는 것보다 더 심함을 알려주면서, 만일 공을 세우는데 정성껏 하는 자는 속죄시킬 것.

하나, 종묘사직(宗廟社稷)의 신주(神主)를 모시려니 예조(禮曹)의 당상(堂上)이 없어서는 안 되고, 또한 대례(大禮)가 눈앞에 다가오니 예조(禮曹)의 당상 낭청(堂上郎廳)을 보내 줄 것.

하나, 당장(唐將: 명나라 장수)이 강화를 약속한 후에 우리의 군대가 해이해질 근심이 있을까 염려스러우니, 이빈(李薲)과 이일(李鎰)의 군대에 임금과 가까운 신하를 보내어 가서 시찰하며 경계하고 타이르도록 할 것.

十五日(辛未)。

又封狀啓一道于行在所。○近日，伏未審聖體若何，無任伏慮之至。臣等陪侍東宮，時留成川。前禮曹判書鄭昌衍[68]，率其老

68 鄭昌衍(정창연, 1552~1636): 본관은 東萊, 자는 景眞, 호는 水竹. 鄭光弼의 증손이자 鄭惟吉의 아들이다. 광해군의 비 柳氏가 그의 생질녀이다. 1579년 진사가 되고 그해 식년문과에 급제한 뒤, 1583년 이조좌랑에 특진되었다. 1588년 동부승지를 거쳐, 선조 때 예조 판서·중추부지사에 이르렀다. 1614년 우의정을 거쳐 좌의정이 되었으나, 廢母論이 일어나자 사직하였다.

母, 來到此處, 將欲入歸行在所, 此處宰列之人乏少, 欲使之仍留, 而擅便[69]未安, 仰稟。近因軍功及各邑守令有闕之處, 不得已權差, 而一一狀啓, 涉於煩鎖, 移文[70]于備邊司。官教 · 朝諭, 趁速成送, 何如? ○是日, 刑判李憲國[71], 往行在所, 付送備邊司移文。一: 近聞黃海道海邊一帶, 自安岳至海州[72] · 延安[73], 皆無賊云, 移往三和[74] · 龍岡等處, 舟渡安岳, 觀勢達于江華或湖西, 何如? 江華 · 湖西, 如不可達, 而江陰[75] · 平山[76]之賊衰歇, 則姑留海州 · 延安, 亦似無妨。一: 各道監司 · 邊將 · 守令, 有罪犯者, 遞易[77]而代

---

69 擅便(천편): 擅斷. 제멋대로 처리함.

70 移文(이문): 동등한 衙門에 보내는 공문서. 2품 이상 중앙 관아 및 지방 관찰사 등 조선시대 최고 관서 사이에 행정적으로 협조할 필요가 있을 경우에 사용하였다.

71 李憲國(이헌국, 1525~1602): 본관은 全州, 자는 欽哉, 호는 柳谷. 1551년 사마시에 합격하고 그해 별시 문과에 급제, 예문관 검열 · 사간원정언 · 경기도사 · 사헌부장령 등을 거쳐 1589년 기축옥사의 처리에 공을 세웠다. 1592년 임진왜란이 일어나자 형조 판서로서 세자 광해군을 호종하였고, 정유재란 때는 좌참찬으로 역임하면서 討敵復讐軍을 모집하여 활약하였다. 1598년부터 이듬해까지 이조판서를 제수받았으나 끝내 사양하여 취임하지 않았다.

72 海州(해주): 황해도 남서부에 있는 고을. 동 · 서 · 북쪽은 벽성군에 둘러싸여 있으며, 남쪽은 해주만에 면한다.

73 延安(연안): 황해도 남동부에 있는 고을. 동쪽은 배천군, 서쪽은 청단군, 북쪽은 봉천군, 남쪽은 서해 경기만에 접한다.

74 三和(삼화): 평안남도 용강군에 있는 고을.

75 江陰(강음): 황해도의 平山 땅에 있는 지명. 禮成江 유역에 해당하지만, 天摩의 북쪽 기슭에 자리하므로 응달진 곳이다. 동쪽과 북쪽은 평산, 서쪽은 배천, 남쪽은 개성과 접한다.

76 平山(평산): 황해도 남동쪽에 있는 고을. 동쪽은 금천군 · 신계군, 서쪽은 벽성군 · 재령군, 남쪽은 연백군, 북쪽은 봉산군 · 서흥군과 접한다.

77 遞易(체역): 어떤 직위에 있는 사람을 다른 사람으로 갈아 바꿈.

以他人, 新舊替授之際, 事皆渙散[78]。而當此時, 解職安便, 亦非懲治之意。所易新者, 亦反不如舊, 以罪而見遞者, 亦不能棄, 旋據他職, 於國事, 別無利益。中朝則多有帶職[79], 施罰之例, 如非重罪, 仍留本職, 示罰責效[80], 何如? 一: 近來聞諸道之事, 一道之內, 多有巡察等官, 各擁褊裨·武士·精卒, 多者至千餘人, 前日團結義兵, 捕賊之人及守令所率之兵, 亦皆勾取[81]。且號令多門, 莫適所從, 牽制使不得自由, 賊勢日熾, 而終無獻級之人, 極爲寒心。一道文將之重疊者, 如不減省, 則文移各道, 使不得徒爲擁兵自衛, 散布捕賊事。一: 變初, 自上憤無人殺賊獻級, 以《備忘》傳教, 公私賤捕賊一級以上, 皆許及第, 備邊司以此成送公事。行移八道, 張掛官門, 事寢不行, 民間以爲失信, 頗有怨詈之言。一級許科, 固不可施行, 今宜以諸邑之人, 分爲四等, 禁軍·士族, 三級及第, 無咎平人, 已許通庶孼雜類應赴擧者, 四級或五級及第 ; 未許通庶孼雜類赴擧者, 五級或七級及第 ; 公私賤, 七級或十級及第。以定級數許科, 則一國之人, 皆起而捕賊。從前, 國家失信於民甚多, 今若泛然文移, 則必不聽信, 別爲差官, 出入民間, 知委[82]何如? 一: 行次, 無吏曹堂上郎廳, 冒萬死遠來, 獻級希賞之人, 不得論賞, 雖微末[83]初入仕之職, 不得成朝諭以給, 艱關遠來之

---

78 渙散(환산): 흩뜨림. 헝클어짐.

79 帶職(대직): 원래의 직무를 보유함.

80 責效(책효): 策勵. 채찍질을 하듯 격려함.

81 勾取(구취): 징발함.

82 知委(지위): 통지나 고시 따위의 형식으로 명령을 내려 알려줌.

人, 頗有缺望解體之色。其於恢復之圖, 更無可爲之事, 吏曹堂上郞廳及戶曹堂上, 各一員出送, 何如? 一: 順安[84]之兵, 數不滿四千, 部分未整, 加以師老氣疲, 極爲可慮。將黃海已聚之兵, 或三縣[85]之兵, 抄出添兵, 以壯軍勢, 何如? 北賊有西下之言, 尤不可孤單耳。一: 順安·成川, 分兩所[86], 設武科初試事。一: 牙山倉田稅米[87]船二十隻到泊云, 此處糧料乏絶, 從略取用事。一: 有城池大邑守令, 先自棄城遁竄者, 摘發尤甚從重治罪[88]事, 知委, 如有立功自效[89]者, 贖罪事。一: 廟社主陪侍, 不可無禮曹堂上, 且以大禮[90]當前, 禮曹堂上郞廳出送事。一: 唐將約和之後, 我軍慮有解弛之虞, 李薲[91]及李鎰軍中, 送近臣往視戒飭事。

---

83 微末(미말): 아주 보잘것없음.

84 順安(순안): 평안남도 평원 지역의 옛 지명.

85 三縣(삼현): 황해도의 貞州, 德水, 江陰을 가리킴.

86 兩所(양소): 과거를 볼 때, 시험관과 과거 볼 사람을 각각 다른 곳에 수용하기 위하여 두 곳으로 나누어 마련한 과거 시험장을 이르던 말.

87 田稅米(전세미): 논밭의 조세로 바치던 쌀.

88 從重治罪(종중치죄): 두 가지 이상의 죄가 한꺼번에 드러났을 때 그중에서 더 무거운 죄에 따라 처벌하는 것.

89 立功自效(입공자효): 무슨 실수나 과오 같은 것이 있는 사람을, 어떤 일이 있는 기회를 계기로 삼아 공을 세우는 데 스스로 노력하도록 하는 것.

90 大禮(대례): 임금이 직접 주관하는 모든 의식.

91 李薲(이빈, 1537~1603): 본관은 全州, 자는 聞遠. 1592년 임진왜란이 일어나자, 경상좌도 병마절도사로 충주에서 申砬의 휘하에 들어가 싸웠으나 패하였다. 그 뒤 金命元의 휘하에 들어가 임진강을 방어하다가 다시 패하고, 평안도 병마절도사로 평양을 방어하였으나 성이 함락되자 李元翼을 따라 順安에서 싸웠다. 1593년 1월에 명나라 장수 李如松이 평양을 탈환하자 군사를 이끌고 명나라 군대에 종사하였으며, 李鎰을 대신하여 巡邊使에 임명되었다. 같은 해 2월 權慄

9월 16일(임신)

영의정(領議政) 최흥원(崔興源)이 행재소에서 황제의 칙명(勅命) 및 교서(教書)를 받들어 왔다.

十六日(壬申)。

領相崔興源，自行在所，奉皇勅及教書來。

9월 17일(계유)

十七日(癸酉)。

9월 18일(갑술)

풍산군(豐山君: 李宗麟)이 피란하다가 동궁을 찾아와 뵈었다.

十八日(甲戌)。

豐山君[92]避亂，來謁東宮。

이 幸州山城에서 왜군을 크게 격파하고 坡州 山城으로 옮기자, 권율과 함께 파주 산성을 수비하였다. 같은 해 왜군이 진주와 구례 지방을 침략할 때 남원을 지켰다. 그러나 당시 진주성을 방어하지 못하였다는 사헌부와 사간원의 탄핵을 받고 戴罪從軍하다가 1594년 경상도 순변사에 복직되었다.

92 豐山君(풍산군): 李宗麟(1538~1611)을 가리킴. 본관은 全州, 자는 景仁. 中宗의 손자이며 덕양군 李岐의 장남이다. 1550년 豐山正에 제수되었다. 1553년 順懷世子의 상에 執事者로 뽑히어 豐山都正에 올랐고 또 문정왕후 魂殿의 輪直에 함께 뽑혔다가 君에 봉해졌다. 1592년 임진왜란 때 어가를 호종하다가 중도에 이르러 어머니 永嘉郡夫人이 늙고 달리 부양할 아들이 없는 것을 생각하고 산골로 들어가 있다가 다시 행재소로 갔다. 1593년 여름에 임금의 명을 받들어 靖陵을 직접 살폈다.

9월 19일(을해)

十九日(乙亥)。

9월 20일(병자)

二十日(丙子)。

9월 21일(정축)

또 장계 2통을 봉하여 행재소에 올렸다.

○창의사(倡義使) 김천일(金千鎰)의 서장(書狀)과 공릉 참봉(恭陵參奉) 윤호연(尹浩然)의 첩정(牒呈: 공문서)은 모두 능침에 관계되는 중대한 일이기 때문에 검사하고 봉하여 올리오니, 차례차례 잘 아뢰겠습니다.

○근래에 성상(聖上)의 옥체(玉體)가 어떠한 알지 못하여 몹시 염려되는 마음을 견딜 수 없습니다. 신들은 동궁을 모시고 지금 성천(成川)에 머물러 있습니다.

기성(箕城: 평양)의 적들이 지금 대동강(大同江)을 건너 상원(祥原)과 강동(江東) 지역에 출몰하며 제멋대로 노략질하는데, 이곳은 원래 천장(天將: 명나라 장수)이 약조한 설정 지역이 아닌 까닭에 약조 전처럼 군사를 매복시켜서 무찔러 죽였습니다. 북쪽에 있는 적의 선발대가 이미 철령(鐵嶺)을 넘었고 나머지 적들도 서쪽으로 향했다고 하나, 민간에 전해 들은 말에서 나온 것이라 거짓말인지 참말인지 알 수 없습니다.

지난날 경기 관찰사(京畿觀察使) 심대(沈岱)가 부임할 때 윤건(尹健)을 인천 부사(仁川府使)로 제수하도록 힘껏 청한 까닭에 윤건을 임시로 임명하였습니다만, 행재소에서 우성전(禹性傳)을 제수하였습니다. 우성전이 즉시 임지로 가서 의병을 매우 많이 모집하였는데, 기전(畿甸: 畿內)에서 의병을 모집한 사람 가운데 우성전의 의병이 가장 많고 정예로우니, 김천일(金千鎰)이 경기도에서 거사하여 오로지 이 군대에 의존하려 하였다고 합니다. 지난번 삼가 행재소의 정목(政目: 인사이동 문서)을 보건대, 우성전이 교체되어 봉상시정(奉常寺正)으로 제수되었습니다. 교체되는 과정에서 우성전이 이미 모아 놓은 군사들이 무너지고 흩어질 폐단이 없지 않을 듯하여 삼가 두려우니, 우성전을 그대로 인천 부사에 유임시키는 것이 좋을 듯합니다. 신천군수(信川郡守) 이덕남(李德男)은 왜적을 만나 싸우다가 죽었는데, 이덕남이 모은 의병도 또한 많았습니다. 뜻밖에 싸움터에서 죽었으니, 거느리고 있던 병사들이 만약 오래도록 주장(主將)이 없다면 반드시 하늘의 별처럼 뿔뿔이 흩어질 병통이 있을까 지극히 염려스럽습니다.

마침 사복시 판관(司僕寺判官) 이상민(李尙閔)이 북도에서 걸어 고개를 넘어 찾아온 까닭에 즉시 이상민을 신천군수로 임시 임명하고, 전마(戰馬)와 궁시(弓矢)를 구해주어 별똥이 떨어지듯 몹시 다급하게 부임하도록 하였습니다.

二十一日(丁丑)。

又封狀啓二道于行在所。○倡義使金千鎰[93]書狀, 恭陵[94]參奉尹

93 金千鎰(김천일, 1537~1593): 본관은 彦陽, 자는 士重, 호는 健齋 · 克念堂. 1578년 任實縣監을 지냈다. 임진왜란 때 나주에 있다가 高敬命 · 朴光玉 · 崔慶

浩然[95]牒呈, 俱係陵寢重事, 故監封上送, 詮次[96]善啓。○近日, 伏

會 등에게 글을 보내 倡義起兵할 것을 제의하는 한편, 담양에서 고경명 등과도 협의하였다. 그 뒤 나주에서 宋濟民·梁山璹·朴懽 등과 함께 의병의 기치를 들고 의병 300명을 모아 북쪽으로 출병하였다. 한편, 공주에서 趙憲과 호서지방 의병에 관해 협의하고는 곧 수원에 도착하였다. 북상할 때 수원의 연도에서 스스로 의병에 참가한 자와 또 호서방면에서 모집한 숫자가 늘어나서 군세는 사기를 떨쳤다. 수원의 禿城山城을 거점으로 본격적인 군사 활동을 전개, 유격전으로 개가를 올렸다. 특히, 金嶺戰鬪에서는 일시에 적 15명을 참살하고 많은 전리품을 노획하는 전과를 크게 올렸다. 8월 전라 병사에 崔遠의 관군과 함께 강화도로 진을 옮겼다. 이 무렵 조정으로부터 倡義使라는 軍號를 받고 掌禮院判決事에 임명되었다. 강화도에 진을 옮긴 뒤 강화부사·전라 병사와 협력해 연안에 防柵을 쌓고 병선을 수리해 전투태세를 재정비하였다. 강화도는 당시 조정의 명령을 호남·호서에 전달할 수 있는 전략상의 요충지였다. 9월에는 通川·陽川 지구의 의병까지 지휘했고 매일같이 강화 연안의 적군을 공격했으며, 양천·김포 등지의 왜군을 패주시켰다. 한편, 전라병사·경기수사·충청병사, 秋義兵將 禹性傳 등의 관군 및 의병과 합세해 楊花渡戰鬪에서 대승을 거두었다. 또한, 일본군의 圓陵 도굴 행위도 막아 이를 봉위하기도 하였다. 이듬해 1593년 정월 명나라 군대가 평양을 수복, 개성으로 진격할 때 이들의 작전을 도왔으며, 명·일간에 강화가 제기되자 반대 운동을 전개하였다. 서울이 수복되어 굶주리는 자가 속출하자 배로 쌀 1,000석을 공급해 구휼하였다. 전투에서도 경기수사·충청수사와 함께 仙遊峯 및 沙峴戰鬪에서 다수의 적을 참살, 생포하고 2월에는 權慄의 행주산성 전투에 강화도로부터 출진해 참가하였다. 이들 의병은 강화도를 중심으로 장기간의 전투에서 400여 명의 적을 참살하는 전공을 세웠다. 1593년 4월 왜군이 서울에서 철수하자 이를 추격, 상주를 거쳐 함안에 이르렀다. 이때 명·일 강화가 추진 중인데도 불구하고 남하한 적군의 주력은 경상도의 밀양 부근에 집결, 동래·김해 등지의 군사와 합세해 1차 진주 싸움의 패배를 설욕하기 위한 진주성 공격을 서두르고 있었다. 이에 6월 14일 300명의 의병을 이끌고 입성하자 여기에 다시 관군과 의병이 모여들었다. 합세한 관군·의병의 주장인 都節制가 되어 항전 태세를 갖추었다. 10만에 가까운 적의 대군이 6월 21일부터 29일까지 대공세를 감행하자 아군은 중과부적임에도 분전했으나 끝내 함락되고 말았다. 이에 아들 金象乾과 함께 촉석루에서 南江에 몸을 던져 순사하였다.

94 恭陵(공릉): 조선 제8대 왕 睿宗의 원비 章順王后 한씨의 무덤.

未審聖體若何, 無任伏慮之至。臣等陪東宮, 時留成川。箕城之賊, 時渡大同江, 出沒祥原[97]·江東之地, 恣行搶掠, 此則元非天將界限, 故如前伏兵勦殺。北賊先運, 已踰鐵嶺[98], 而餘賊西向云, 而出於民間傳聞之語, 未知虛的。前日京畿觀察使沈岱赴任時, 力請以尹健, 除授仁川府使, 故以尹健差出矣, 自行在所, 以禹性傳[99]除授。性傳卽赴任所, 聚兵甚多, 畿甸募兵人中, 性傳之兵, 最多且精, 金千鎰欲擧事京畿, 而專倚此軍云。頃日, 伏覩行在所政目, 禹性傳遞授奉常寺正。竊恐性傳已聚之軍, 遞代之際, 不無潰散之弊, 禹性傳仍任仁川, 似爲便益。信川[100]郡守李德男[101], 逢倭戰死, 德男所聚之兵亦多。不意陣亡, 所領之軍, 若久

---

95 尹浩然(윤호연, 1553~?): 본관은 漆原, 자는 景直. 1588년 생원시에 합격하였다. 문경 현감과 영평 현령을 지냈다.

96 詮次(전차): 조리나 순서.

97 祥原(상원): 평안남도 중화군에 속해 있는 고을.

98 鐵嶺(철령): 강원도 淮陽郡과 함경남도 高山郡의 경계에 있는 큰 재.

99 禹性傳(우성전, 1542~1593): 본관은 丹陽, 자는 景善, 호는 秋淵·淵庵. 1561년 진사가 되고, 1564년 성균관유생들을 이끌고 요승 普雨의 주살을 청원하기도 하였다. 1568년 증광문과에 급제하고, 예문관 검열·봉교·수찬 등을 거쳐 1576년 수원 현감으로 나갔다. 1583년에 應教가 되고, 뒤에 여러 번 舍人을 지냈다. 1591년 서인 鄭澈의 黨이라 하여 북인에게 배척되고 관직을 삭탈당하였다. 1592년 임진왜란이 일어나자 풀려나와 경기도에서 의병을 모집해 軍號를 '秋義軍'이라 하고, 소금과 식량을 조달해 난민을 구제하였다. 또한 강화도에 들어가서 金千鎰과 합세해 전공을 세우고, 강화도를 장악해 남북으로 통하게 하였다. 병선을 이끌어 적의 진격로를 차단했으며, 權慄이 수원 禿城山城에서 행주에 이르자 의병을 이끌고 지원하였다.

100 信川(신천): 황해도 서북부에 있는 고을. 동쪽은 재령군, 서쪽은 송화군, 남쪽은 벽성군, 북쪽은 은율군·안악군과 접한다.

無主將, 必有星散[102]之患, 極爲可慮。適司僕寺判官李尙閔[103], 自北道徒步, 踰嶺來現, 故卽以李尙閔權差信川郡, 戰馬弓矢覓給, 使之星火赴任矣。

9월 22일(무인)

밤에 큰 천둥과 세차게 바람이 불었다.

二十二日(戊寅)。

夜, 大雷霆以風。

9월 23일(기묘)

비변사가 동별실(東別室)로 옮겨 설치되었다.

二十三日(己卯)。

備邊司, 移排東別室。

9월 24일(경진)

二十四日(庚辰)。

---

101 李德男(이덕남, 1546~1592): 본관은 永川, 자는 潤甫. 1583년 무과에 급제하였다. 1592년 임진왜란이 일어나자, 신천 군수로서 왜적과 싸우다 전사하였다.

102 星散(성산): 사물이 새벽하늘의 별처럼 뿔뿔이 흩어짐을 비유적으로 이르는 말.

103 李尙閔(이상민, 1556~1605): 본관은 延安, 자는 孝思. 李好閔의 동생이다. 1583년 무과에 급제하여 선전관, 고성현령, 남포현감, 사복시 판관, 1592년 임진왜란이 일어나자 강원도 방어사의 종사관으로 행재소에 가다가 成川에 이르러 신천군수가 되었다. 1594년 철산군수, 1596년 개천군수를 거쳐, 훈련원첨정, 도총부 경력, 훈련원부정, 창성부사 등을 역임하였다.

9월 25일(신사)

동궁(東宮)이 비변사 당상을 불러들여 만나보았다.

○이덕형(李德馨)이 행재소에서 왔다.

二十五日(辛巳)。

東宮引見備邊司堂上。○李德馨[104]來自行在所。

9월 26일(임오)

병조 참판(兵曹參判) 정윤복(丁胤福)이 행재소로 갔다.

二十六日(壬午)。

兵曹參判丁胤福[105], 往行在所。

---

104 李德馨(이덕형, 1561~1613): 본관은 廣州, 자는 明甫, 호는 雙松·抱雍散人·漢陰. 1592년 임진왜란 때 북상 중인 왜장 고니시[小西行長]가 충주에서 만날 것을 요청하자, 이를 받아들여 單騎로 적진으로 향했으나 목적을 이루지 못하였다. 왕이 평양에 당도했을 때 왜적이 벌써 대동강에 이르러 화의를 요청하자, 단독으로 겐소와 회담하고 대의로써 그들의 침략을 공박했다 한다. 그 뒤 정주까지 왕을 호종했고, 請援使로 명나라에 파견되어 파병을 성취하였다. 돌아와 대사헌이 되어 명군을 맞이했으며, 이어 한성판윤으로 명장 李如松의 接伴官이 되어 전란 중 줄곧 같이 행동하였다. 1593년 병조판서, 이듬해 이조판서로 훈련도감 당상을 겸하였다. 1595년 경기·황해·평안·함경 4도체찰 부사가 되었으며, 1597년 정유재란이 일어나자 명나라 어사 楊鎬를 설복해 서울의 방어를 강화하였다. 그리고 스스로 명군과 울산까지 동행, 그들을 慰撫하였다. 그 해 우의정에 승진하고 이어 좌의정에 올라 훈련도감 도제조를 겸하였다. 이어 명나라 제독 劉綎과 함께 순천에 이르러 통제사 李舜臣과 함께 적장 고니시의 군사를 대파하였다.

105 丁胤福(정윤복, 1544~1592): 본관은 羅州, 자는 介錫. 1567년 사마시에 합격하고, 그 해 식년 문과에 급제, 승문원에 등용되고, 이어 예조 좌랑·우승지·대사성·부제학·도승지·병조판서·동지중추부사 등을 지냈다. 1589년 鄭汝立의 난이 일어나자 정여립과 친하였다는 이유로 사간원의 탄핵을 받아 파직되었

9월 27일(계미)

전 참판(前參判) 황섬(黃暹)이 가승지(假承旨: 임시 승지)가 되었다.

○전 의관(前醫官) 김중부(金仲孚)가 와서 다시 내의원(內醫院)에 배속되었다.

○이날 또 장계 1통을 봉하여 행재소에 올렸다.

○이달 25일에 대사헌(大司憲) 이덕형(李德馨)이 휴가를 얻어 지나갔는데, 성상(聖上)의 옥체(玉體)가 평안하심을 삼가 알고서 기쁘기 그지없습니다.

이전에 용강(龍岡)은 성이 견고한데다 해서(海西)와 배로 통행하기가 편리하고 쉬운 길이 있는 까닭으로 동궁이 옮겨가 지낼 수 있음을 장계로 아뢰었습니다. 그런데 지금 매섭게 추운 날씨가 이미 닥쳐왔으니, 만일 옮겨가고자 한다면 모름지기 겨울이 더 깊어지기 전에 해야 할 것입니다. 그리고 한 모퉁이에 오래 머물러 있는 것은 앉은 채로 백성들의 신망을 잃게 되니, 진격해 수복하는 계획이 전혀 아닌 것으로 여론도 다 그렇게 여기고 있습니다.

신들의 생각은 동궁의 행차를 받들어 용강(龍岡)으로 옮겨가 지내려 합니다. 만일 오래 머물 수 없으면 적의 형세가 강한지 약한지 살펴서 해서(海西)로 향해 선회하여 형편에 따라 조금씩 앞으로 나아가려고 하는지라, 동궁이 별도로 병조 참판(兵曹參判) 정윤복(丁胤

다가 다시 행호군으로 보직되었다. 1592년 임진왜란 때 東西路號召使로 기용되고, 이어 右統禦使가 되었다. 宣祖가 북쪽으로 피란할 때 다리가 불편하여 따라가지 못하고, 分朝인 伊川으로 가서 병조참판을 제수받고 가산군에 이르렀을 때 병이 심해져 죽었다.

福)을 보내어 우러러 아뢰는 것입니다.

북도(北道)의 형편은 매우 문란하여 장차 수습할 수가 없는데, 순찰사(巡察使) 송언신(宋言愼)이 아직도 미처 경계 안으로 들어가지도 못한데다 남병사(南兵使)와 북병사(北兵使) 자리가 모두 빈 채로 오랫동안 임명하여 채우지 않고 있어서 지극히 염려스러우니, 신속히 임명하여 보내어 제때 구하도록 조처해야 합니다.

그리고 강원도(江原道)는 관찰사(觀察使) 강신(姜紳)이 영동(嶺東)으로 한 번 들어간 후에 소식이 끊어지니, 안협(安峽)·이천(伊川)·평강(平康)·철원(鐵原) 등지는 다시 적의 소굴이 되었지만 한 사람도 조치하여 잡지 않았습니다. 사태가 긴급하여 하는 수 없이 안협·평강·이천 등지에 무재(武才)가 있어 감당할 수 있는 사람을 우선 임시로 임명하였습니다.

그리고 소모관(召募官: 임시 모병관) 김지(金漬)가 바야흐로 첨지(僉知) 성혼(成渾)·개성 유수(開城留守) 이정형(李廷馨)과 협력하여 왜적을 잡았으나, 지금에 와서는 마전군수(麻田郡守)로 옮겨 제수하여서 의병 모집하는 일이 장차 해이해지게 되었습니다. 그런 까닭으로 성혼과 이정형이 여러 차례 장계를 올려 아뢴 것입니다. 김지를 소모관으로 그대로 유임시키고, 마전 군수는 이전에 임시 임명하였던 이형남(李亨男)을 다시 임시 임명하는 것이 진실로 온당합니다.

二十七日(癸未)。

前參判黃暹[106]，爲假承旨[107]。○前醫官金仲孚[108]來，復屬內醫院。○是日，又封狀啓一道于行在所。○本月二十五日，大司憲李德馨，受由[109]過去，伏審聖候康寧，不勝欣喜。前以龍岡城子堅固, 有舟通海西便易之路, 東宮可以移住之意啓稟矣。卽今天寒已迫, 如欲遷徙, 則須趁冬節未深之前。而久住一隅, 坐失民望, 殊非進取收復之計, 物情[110]皆然。臣等之意, 欲奉行次, 移住龍岡。如不可久留, 則觀賊勢盛衰, 轉向海西, 隨勢漸進, 東宮別遣兵曹參判丁胤福, 仰稟矣。北道事勢板蕩, 將無以收拾, 而巡察使宋言愼, 尙未入界, 南北兵使皆闕, 久未塡差[111], 極爲可慮, 斯速差遣, 可以及時措救。而江原道, 則觀察使姜紳[112], 一入嶺

---

106 黃暹(황섬, 1544~1616): 본관은 昌原, 자는 景明, 호는 息庵·遯庵. 1564년 성균관유생이 되고, 1570년 식년 문과에 급제, 한성부 참군·해운판관·황해도사·호조 좌랑 등을 거쳐 1577년 서천군수가 되었다. 1592년 임진왜란 때에는 병조 참지로서 大駕를 扈從하고, 平安道募運使에 선임되어 군량 수운에 공을 세웠다. 이듬해 호조참의로서 대가를 따라 해주에 이르러 募軍과 식량 공급 등 당면 국방정책을 건의하였다. 1594년 안동부사가 되고, 뒤에 다시 이조와 호조의 참의, 도승지 등을 역임하였으며, 호조·이조·예조의 참판을 거쳐, 대사헌·지제교 등을 지냈다.

107 假承旨(가승지): 임시로 왕의 명령을 출납하는 관직.

108 金仲孚(김중부, 생몰년 미상): 본관은 義城, 자는 基祿. 1567년 식년시 의과에 급제하였다.

109 受由(수유): 말미를 받음. 휴가를 받음.

110 物情(물정): 세상일이 돌아가는 실정이나 형편.

111 塡差(전차): 벼슬자리에 벼슬아치를 임명하고 보충함.

112 姜紳(강신, 1543~1615): 본관은 晉州, 자는 勉卿, 호는 東皐. 1567년 수석으로 진사가 되고, 1577년 별시 문과에 장원으로 급제하였다. 1589년 問事郞으로 鄭汝立獄事의 처리에 참여하여 공을 세우고 晉興君에 봉해졌다. 이조낭관·홍문관직을 역임하고, 1592년 승지로 있다가 임진왜란이 일어난 뒤 강원도 관찰사로 임명되었고, 다시 강원도 순찰사를 거쳐 1594년 도승지, 1596년 西北面巡檢使와 대사간을 역임하였다. 정유재란 때 명나라 군사와 함께 왜군을 격퇴한 뒤에 1602년 경기도 관찰사, 1609년 우참찬, 이듬해 좌참찬을 역임했다.

東之後, 聲聞隔絶, 安峽[113]·伊川[114]·平康[115]·鐵原[116]等處, 復爲賊藪, 無一人措捕。事勢緊急, 不得已安峽·平康·伊川等處, 以有武才可堪人, 姑爲權差。而召募官金漬[117], 方與僉知成渾[118]·開城留守李廷馨[119], 協力捕賊, 而今乃移授[120]麻田[121], 召募之事,

113 安峽(안협): 강원도 伊川郡 남단에 있는 고을.

114 伊川(이천): 강원도 서북부에 있는 고을. 동쪽은 평강군, 동남쪽은 철원군, 서쪽은 황해도 신계군·곡산군, 서남쪽은 황해도 금천군, 서북쪽은 곡산군, 북쪽은 함경남도 문천군과 접한다.

115 平康(평강): 강원도 서북단에 있는 고을. 동쪽은 회양군·김화군, 서쪽은 이천군, 남쪽은 철원군, 북쪽은 함경남도 안변군과 접한다.

116 鐵原(철원): 강원도 북서부에 있는 고을. 동쪽은 화천군, 서쪽은 연천군·포천시, 남쪽은 포천시, 북쪽은 평강군·김화군과 접한다.

117 金漬(김지, 1540~?): 본관은 開城, 자는 君澤. 1561년 진사가 되고, 1569년 별시 문과에 급제하여 三司를 비롯한 내외의 관직을 두루 거쳤다. 공주 목사로 있을 때 어머니의 상을 당하여 김포로 돌아가 상을 치르는 중 임진왜란이 일어났다. 선조가 몽진한다는 말을 듣고 거병하기를 결심하였다. 평양에서 선조를 알현한 뒤 召募官에 제수되어 의용장 朴乃成 등 1,000여 명을 모집하여 삭령에 주둔하면서 기발한 계책으로 가까운 읍에 있는 적을 많이 섬멸하였다.

118 成渾(성혼, 1535~1598): 본관은 昌寧, 자는 浩原, 호는 默庵·牛溪. 1594년 石潭精舍에서 서울로 들어와 備局堂上·좌참찬에 있으면서 〈편의시무14조〉를 올렸다. 그러나 이 건의는 시행되지 못하였다. 이 무렵 명나라는 명군을 전면 철군시키면서 대왜 강화를 강력히 요구해와 그는 영의정 柳成龍과 함께 명나라의 요청에 따르자고 건의하였다. 그리고 또 許和緩兵(군사적인 대치 상태를 풀어 강화함)을 건의한 李廷馣을 옹호하다가 선조의 미움을 받았다. 특히 왜적과 내통하며 강화를 주장한 邊蒙龍에게 왕은 비망기를 내렸는데, 여기에 有識人의 동조자가 있다고 지적하여 선조는 은근히 성혼을 암시하였다. 이에 그는 용산으로 나와 乞骸疏(나이가 많은 관원이 사직을 원하는 소)를 올린 후, 그 길로 사직하고 연안의 角山에 우거하다가 1595년 2월 파산의 고향으로 돌아왔다.

119 李廷馨(이정형, 1549~1607): 본관은 慶州, 자는 德薰, 호는 知退堂·東閣. 李廷馣의 아우이다. 1567년 사마시에 합격하고, 이듬해 별시 문과에 급제해 平市署直長

將爲懈弛。故成渾·李廷馨，累次啓聞。金犢則召募官仍任，麻田郡守，則以前所權差李亨男，還爲權差，允爲便當。

9월 29일(갑신)

二十九日(甲申)。

9월 30일(을유)

三十日(乙酉)。

10월 1일(병술)

十月初一日(丙戌)。

10월 2일(정해)

교서(敎書)와 인장(印章)을 맞이하는 예를 첫 번째로 연습하였다.

이 되었다. 1570년 형조좌랑·전적, 이듬해 호조좌랑 겸 춘추관기사관·형조정랑, 1574년 사간원정언·경성판관, 이듬해 사간원 헌납·예조정랑을 거쳐 1576년 개성부 경력이 되었다. 1578년 賀至使書狀官으로서 명나라에 다녀와 사헌부 장령·승정원 좌부승지·대사성을 거쳐 1589년 형조참의가 되었다. 1592년 임진왜란이 일어나자 우승지로 왕을 호종하였다. 개성유수가 되었으나 임진강 방어선이 무너지자 의병을 모아 聖居山을 거점으로 왜적과 항전했으며, 장단·삭녕 등지에서도 의병을 모집해 왜적을 물리쳐 그 공으로 경기도관찰사 겸 병마수군절도사가 되었다. 1593년 장례원 판결사가 되고 이듬해 告急使로 遼東에 다녀와 홍문관 부제학·이조 참판·승문원 부제조·비변사 당상을 역임하고, 1595년 대사헌에 이어 四道都體察副使가 되었다. 1600년 강원도 관찰사가 되었고, 1602년 예조참판이 되어 聖節使로 다시 명나라에 다녀왔다.

120 移授(이수): 벼슬자리를 옮기어 줌.

121 麻田(마전): 경기도 연천군 미산면에 있는 고을.

初二日(丁亥)。

迎教印, 初度習禮。

10월 3일(무자)

교서와 인장을 맞이하는 예를 두 번째로 연습하였다.

初三日(戊子)。

迎教印, 再度習禮。

10월 4일(기축)

왕세자가 교서와 인장을 맞이하였다. 도승지(都承旨) 류근(柳根)이 가지고 왔는데, 왕세자가 류근을 위하여 중대청(中大廳)에서 다례(茶禮)를 행하였다. 이 예는 옳지 못한 것 같아 그만두어야 옳은 듯했으나 그만두지 못한 것이었다.

○이날 바람이 불었다.

初四日(己丑)。

王世子迎教印。都承旨柳根[122]齎來, 王世子爲柳根, 行茶禮於

---

122 柳根(류근, 1549~1627): 본관은 晉州, 자는 晦夫, 호는 西坰. 1570년 생원시와 진사시에 모두 합격하였다. 1572년 별시 문과에 장원하고, 1574년 賜暇讀書를 하였다. 1587년 이조정랑으로서 文臣庭試에 다시 장원하였다. 1592년 임진왜란이 일어나자 의주로 임금을 호종했으며, 예조참의·좌승지를 거쳐 예조참판에 특진하였다. 1593년 도승지로 京城安撫使가 되어 민심을 수습하고, 이어 한성부판윤에 올라 사은부사로 명나라에 다녀와 경기도 관찰사가 되었다. 그리고 1597년 運餉檢察使로 명나라에서 들어오는 군량미의 수송을 담당하였다. 이 밖에도 임진왜란으로 인한 명나라와 관계되는 일을 많이 하였다.

中大廳。此禮似非，恐得已而不已者也。○是日，風。

10월 5일(경인)

初五日(庚寅)。

10월 6일(신묘)

영상 최흥원(崔興源)·우상 유홍(兪泓)·승지(承旨) 류희림(柳希霖)·지사(知事) 윤자신(尹自新)·전 부제학(前副提學) 심충겸(沈忠謙)이 동궁의 명을 받들어 동별관(東別館)에 모여서 류근(柳根)의 송별연을 베풀었다.

初六日(辛卯)。

與領相崔興源·右相兪泓[123]·承旨柳希霖[124]·知事尹自新[125]·

---

123 兪泓(유홍, 1524~1594): 본관은 杞溪, 자는 止叔, 호는 松塘. 1587년 명나라에 사신으로 가서 이성계가 고려의 권신 李仁任의 아들로 잘못된 것을 바로잡았으며, 1589년 좌찬성으로서 판의금부사를 겸해 鄭汝立의 逆獄을 다스렸다. 이러한 공으로 1590년 宗系辨誣 1등, 討逆 2등에 策勳되어, 平難功臣 호를 하사받고 輔國崇祿大夫·杞城府院君에 봉해졌으며, 이조판서·우의정에 올랐다. 1592년 임진왜란 때 선조를 호종했고, 평양에서 세자(뒤의 광해군)와 함께 종묘사직의 신위를 모시고 동북 방면으로 가 도체찰사를 겸임하였다. 그리고 伊川에서 격문을 여러 도로 보내 각 도의 의병들을 격려, 지휘해 방어 태세를 갖추었다. 이듬해 왜적이 서울에서 물러나자, 먼저 서울에 들어와서 불탄 도성을 정리하고 전재민을 구호하는 데 힘을 기울였다. 1594년 좌의정으로서 해주에 있는 왕비를 호종하다가 객사하였다.

124 柳希霖(류희림, 1520~1601): 본관은 文化, 자는 景說. 1561년 식년 문과에 급제하여 文翰官이 되었다. 이어서 검열·박사·정언 등을 차례로 역임하고, 1570년 지평이 되었다. 1581년 형조참판으로 동지사(冬至使)가 되어 명나라에 다녀왔다. 1592년 임진왜란이 일어나자 첨지중추부사로서 왕을 호종하여 좌승지로

前副提學沈忠謙[126], 承東宮命, 會餞柳根于東別館。

10월 7일(임진)

승지(承旨) 류근(柳根)이 돌아갔다.

○이날 또 장계 2통을 봉하여 행재소에 올렸다.

○이달 4일 도승지(都承旨) 류근이 교서와 인장을 가지고 왔는데, 해조(該曹: 예조)에서 정한 의주(儀註: 典禮 節次 서책)에 따라 무사히 예를 행하였습니다. 신하와 백성들이 모두 감격하여 눈물을 흘리지 아니한 자가 없었으며, 왕세자는 이 은명(恩命)을 받고 정리(情理)와

발탁되었다. 이듬해 동지중추부사, 그 이듬해에 예조참판이 되었다.

125 尹自新(윤자신, 1529~1601): 본관은 南原, 자는 敬修. 1546년에 진사가 되었고, 1562년 별시 문과에 급제하여 성균관에 보임, 여러 벼슬을 거친 뒤 회양부사를 역임하고 1585년 호조 참판이 되었다. 1586년 성절사로 명나라에 다녀왔으며, 1589년 기축옥사 때 전주 부윤이 되어, 역적 鄭緝을 잡아 加資되었다. 1592년 임진왜란 당시에는 우승지로서 왕을 호종하여, 피난할 때 寶山驛에 이르러 宗廟署提調가 되어 종묘의 신주를 임시로 송도에 묻었다. 1594년 지돈녕부사·형조참판을 역임하고, 이듬해 지의금부사·遠接使를 지내고, 1597년 정유재란 때는 宗廟를 지키고 중전과 세자를 보필하였다. 이 해 한성부판윤·공조판서를 거쳐 이듬해 지중추부사·호조판서를 지냈다.

126 沈忠謙(심충겸, 1545~1594): 본관은 青松, 자는 公直, 호는 四養堂. 서인의 영수인 沈義謙의 동생이며 明宗妃 仁順王后의 동생이다. 1564년 사마시에 합격하고, 1572년 친시문과에 장원으로 급제하였다. 1578년에 獻納이 되고 이어서 僉正·司藝·禮賓寺副正이 되었다. 1582년에 춘천 부사, 1584년에 軍資寺·內贍寺의 正, 1588년에 여주 목사·호조참의·병조 참지, 1590년에 대사간·형조참의, 이듬해 형조참판을 거쳐 부제학이 되었다. 1592년에 임진왜란이 일어나자 병조참판 겸 備邊司提調가 되어 선조를 호종했고, 세자 호위의 명을 받아 왜적 방비에 힘썼다. 1593년에 호조와 병조의 참판으로 군량미 조달에 공헌했으며, 이듬해 병조판서에 특진되었다.

예법에 있어 생략해서는 안 될 듯하다면서 별도로 지중추부사(知中樞府事) 정창연(鄭昌衍)을 보내어 문안의 예까지 겸하여 행하도록 하였습니다. 신들은 동궁을 모시고 지금 성천(成川)에 머물러 있습니다.

전 경기 관찰사(前京畿觀察使) 이준(李準)은 스스로 재상의 반열에 속한 사람으로서 비록 사복(私服: 私親의 상)을 입고 있더라도 의리상 물러나 있을 수 없다며 행재소로 가려고 성천(成川)에 이르렀습니다. 신들이 동궁에게 아뢰고 관직을 맡아보도록 하여 이곳에 머물러 함께 의논하면서 군사에 관한 일을 그때그때 필요에 따라 대응하게 하였습니다.

군사를 일으킬 즈음은 군량미가 가장 중요한데, 다른 도(道)는 병란의 참화를 더욱 입었으나 단지 충청도(忠淸道)와 전라도(全羅道) 두 도(道)만은 보존된 곳이 조금 있는 데다 흉년에도 이르지 않았습니다. 만약 제때 거두어들이지 않고 심지어 해가 바뀌어서 곡식이 귀해지면 마련할 길이 없으니, 속히 해조(該曹: 호조)에 명하여 곡식을 모을 절목(節目: 항목)을 마련하여 거행하는 것이 온당할 듯합니다.

初七日(壬辰)。

承旨柳根還。○是日，又封狀啓二道于行在所。○本月初四日，都承旨柳根，齎到教書印章，依該曹儀註[127]，無事行禮。臣民上下，無不感激隕涙。而王世子，承此恩命，其於情禮，不可闕然，別遣知中樞府事鄭昌衍，兼行問安之禮。臣等陪侍東宮，時留成

127 儀註(의주): 나라의 典禮의 절차를 적은 것.

川。前京畿觀察使李準[128], 自以宰列之人, 雖在私服, 義不可退在, 欲向行在所, 來到成川, 臣等稟于東宮, 起復[129]留此, 與之共議, 策應[130]軍務。兵興[131]之際, 糧餉最重, 而他道則尤被兵燹之禍, 只忠清·全羅兩道, 稍有保存之地, 且不至失稔。若不趁時收合, 至於歲翻穀貴, 則措置無路, 亟命該曹, 募粟節目, 磨鍊擧行, 似便當。

10월 8일(계사)

형조 판서(刑曹判書) 이헌국(李憲國)이 대조(大朝: 행재소)에서 돌아왔다.

初八日(癸巳)。

刑判李憲國, 自大朝還。

---

128 李準(이준, 1545~1624): 본관은 全州, 자는 平叔, 호는 懶眞子·西坡. 1568년 증광문과에 급제했다. 1573년 주서로 있을 때 한어의 해독에 능통했다. 그 후 정언·헌납 등을 거쳐 1587년 의주 목사로 재직 중 명나라 사신을 영접할 때 미리 조치하지 않았다고 해서 파직되었다. 1589년 승지로서 鄭汝立 모반 사건의 죄인을 다스리는 데 공을 세워 평난공신 2등으로 전성군에 봉해졌다. 1592년 임진왜란이 일어나자 삼도 순찰사로서 역참과 군량의 조달 등을 담당했고, 1594년 한성부 좌윤을 거쳐 춘천 부사·예조참판·병조참판·형조참판 등을 역임했다. 1600년 대사간으로 재직 시 洪汝諄의 당파라고 하여 파직되었다. 안동부사를 거쳐 1604년 부경 사신으로 명나라에 다녀왔다. 이후 경주부윤·공조판서·개성 유수·좌참찬 등을 지냈다.

129 起復(기복): 喪中에는 벼슬을 하지 않는 것이 관례로 되어 있으나 국가의 필요에 의해 상제의 몸으로 상복을 벗고 벼슬자리에 나오게 하는 일.

130 策應(책응): 벌어진 일이나 사태에 대하여 알맞게 헤아려서 대응함.

131 兵興(병흥): 전쟁이 일어난 것.

10월 9일(갑오)

初九日(甲午)。

10월 10일(을미)

初十日(乙未)。

10월 11일(병신)

사령(使令) 세운(世雲)이 행재소에 갔으니 장계 때문이었다.

○우계(牛溪) 성 참판(成參判: 成渾)이 수안(遂安)에서 동궁을 찾아와 뵈었다가 그대로 머물렀다.

○참판(參判) 정윤복(丁胤福)이 대조(大朝: 행재소)를 향해 가던 도중 가산(嘉山)에 이르러 이질로 말미암은 고통에 위급하였는데, 왕세자가 내의원(內醫員)을 보내어 가서 치료하도록 명하였다.

十一日(丙申)。

使令世雲, 如行在所, 因狀啓。○牛溪成參判渾, 自遂安[132]來謁東宮, 仍留。○參判丁胤福, 如大朝, 行至嘉山[133], 患苦痢危急, 王世子命遣內醫往救。

10월 12일(정유)

내의원 김중부(金仲孚)가 길을 떠났지만, 가는 도중에 정 참판 (丁

---

132 遂安(수안): 황해도 동북부에 있는 고을. 동쪽은 곡산군, 서쪽은 서흥군과 평안남도 중화군, 남쪽은 신계군, 북쪽은 평안남도 강동군·성천군과 접한다.

133 嘉山(가산): 평안북도 박천군에 있는 고을.

參判: 丁胤福)이 이미 구할 수 없는 지경에 이르렀다는 말을 듣고 도로 돌아왔다.

○함흥 판관(咸興判官) 이홍업(李弘業)이 두 왕자 및 김귀영(金貴榮) 등의 편지를 가지고 왔는데, 안변(安邊)의 적진에서 온 것이다.

○대사헌(大司憲) 이덕형(李德馨)이 안협(安峽)에서 왔다.

○이홍업(李弘業)이 이어 대조(大朝: 행재소)로 향하였다.

十二日(丁酉)。

內醫金仲孚發行，路聞丁參判已至不救，還來。○咸興判官李弘業[134]，賫兩王子及金貴榮等書，來自安邊賊中。○大司憲李德馨，來自安峽。○李弘業，因向大朝。

10월 13일(무술)

비변사가 동실(東室: 東別室)에서 망강정(望江亭)으로 옮겨 설치되

---

134 李弘業(이홍업, 생몰년 미상): 본관은 慶州, 자는 時立, 호는 逋世. 1579년 식년문과에 급제하여, 승문원 박사·병조 좌랑·고창 현감 등을 거쳐 지평으로 있을 때 미움을 받아 함경도 경성 도호판관으로 좌천되었다. 1592년 임진왜란 당시 적장 加藤淸正의 군대가 함경도 회령에 이르렀을 때 회령부사 鞠景仁이 왕자 臨海君과 順和君을 비롯하여 수십 인을 포박하여 왜군에 투항하였는데, 이때 그도 체포되었다. 적장이 강화문서를 작성하여 포로가 된 왕자와 대신에게 강제로 署名하게 한 뒤 그 문서를 그에게 전달하면서 행재소인 의주로 가게 하였다. 행재소에 도달하였으나 적의 문서를 가지고 온 것은 나라를 욕되게 한 짓으로 사형에 처하여야 한다는 탄핵을 받아 투옥되었다. 옥중에서 세 번이나 소를 올렸는데, 왕자의 급박한 상황을 말하고 잡혀 있는 대신들의 전언을 상세히 아뢰었다. 적의 문서를 전달하는 것이 주목적이 아니라 무엇보다 중요한 것은 두 왕자를 구출하는 것임을 말하고, 그 방법을 모색하여줄 것을 간언하였다. 그의 충성심이 받아들여져 사형은 면하고 길주로 유배되었다가 4년 뒤에 풀려났다.

었다.

○이날 화릉정(花陵正: 李秀蕙)을 통해 듣건대 이경윤(李慶胤)이 서산(西山)에 있을 때 왜적의 포로가 되어 잡혀갔고, 덕원 정(德原正: 李樞) 일가는 강화도(江華島)로 옮겨 들어갔다고 하였다. 【협주: 이경윤은 덕원 정(德原正)의 아들이자 정탁 선생의 외손이다.】

十三日(戊戌)。

備邊司, 自東室移排于望江亭。○是日, 因花陵正[135], 聞慶胤在西山時, 爲賊虜去, 德原正[136]一家, 移入江華云。【慶胤, 德原正子, 先生外孫.】

10월 14일(기해)

대간(臺諫)의 탄핵으로 인하여 이홍업(李弘業) 및 그가 거느린 12명이 행재소로 압송되었다.

十四日(己亥)。

因臺劾, 李弘業及所率十二人, 押送于行在所。

10월 15일(경자)

十五日(庚子)。

---

135 花陵正(화릉정): 李秀蕙(1530~?)인 듯. 成宗의 11번째 서자인 茂山君 李悰의 손자이며, 永安正 李鶴壽의 아들. 정탁의 사위이다.

136 德原正(덕원정): 李樞(생몰년 미상). 생부는 李秀蕙이고, 양부는 慶興君 李秀芳이다. 아내는 淸州鄭氏이다.

10월 16일(신축)

十六日(辛丑)。

10월 17일(임인)

눈이 내렸다.

○밤에 비가 내렸다.

十七日(壬寅)。

雪。○夜, 雨。

10월 18일(계묘)

심유격(沈游擊: 沈惟敬)이 평안 병사(平安兵使)에게 부치는 편지가 왔다.

○우계(牛溪) 성혼(成渾)이 비변 당상(備邊堂上)에 제수되었다.

十八日(癸卯)。

沈游擊[137]寄平安兵使了書來。○牛溪成渾, 備邊司堂上除授。

10월 19일(갑진)

十九日(甲辰)。

---

137 沈游擊(심유격): 명나라 장수 沈惟敬을 가리킴. 1592년 임진왜란 때 祖承訓이 이끄는 명나라 군대를 따라 조선에 들어온 명나라 장수. 평양성 전투에서 명나라 군이 일본군에게 대패하자 일본과의 화평을 꾀하는 데 역할을 하였고, 1596년 일본에 건너가 도요토미 히데요시를 만나 협상을 진행하였으나 매국노로 몰려 처형되었다.

10월 20일(을사)

二十日(乙巳)。

10월 21일(병오)

호종 관료에게 비로소 산료(散料: 월급)가 지급되었다.

二十一日(丙午)。

扈從官僚, 始散料[138]。

10월 22일(정미)

듣건대 평양(平壤)의 적들이 병력을 증강한다고 하여 비변사가 회의하였다. 이때 또한 노리현(奴里峴: 老里峴)에 북적(北賊)이 주둔하고 있다는 소문이 있었는데, 그들이 평양의 왜적과 합세할까 염려하여 다른 곳으로 피해 옮기려고 한 까닭에 회의한 것이다.

二十二日(丁未)。

聞平壤賊添兵, 備邊司會議。是時, 亦有奴里峴[139]北賊聲息, 慮其平壤賊合勢, 欲移避, 故會議也。

10월 23일(무신)

비변사와 대면하였다.

---

138 散料(산료): 네 계절로 나누어 주던 祿俸을 다달이 주던 일. 곧 월급으로 주던 일이다.

139 奴里峴(노리현): 황해도 谷山과 함경남도 안변군의 鐵嶺 사이에 있는 고개. 崔錫恒이 지은 李鎰의 諡狀 및 柳成龍의 《懲毖錄》에는 老里峴으로 표기되어 있다.

○밤에 비가 내렸다.

二十三日(戊申)。

備邊司面對。○夜，雨。

10월 24일(기유)

비가 왔다. 왕세자의 빈궁(嬪宮: 문화류씨)이 먼저 길을 떠나 은산(殷山)과 성천(成川)의 온정(溫井) 숙소로 향하려 했지만, 해 질 녘에서야 길을 떠나 밤이 깊어서 비로소 온정에 도착했으니 거의 끼니를 거를 뻔한 지경에 이르렀다고 한다.

二十四日(己酉)。

雨。王世子嬪宮[140]，先發向殷山[141]，成川溫井[142]宿所，日晩始發行，夜深始至溫井，幾至闕餐云。

---

140 嬪宮(빈궁): 柳自新의 셋째딸 文化柳氏(1576~1623). 1587년 왕세자인 광해군과 가례를 올렸고, 1608년 왕비가 되었다.

141 殷山(은산): 평안남도 중부에 있는 고을. 동쪽은 성천군, 서쪽은 순천시 · 평성시, 남쪽은 강동군, 북쪽은 북창군과 접한다.

142 成川溫井(성천온정): 成俔의《慵齋叢話》9권에 소개되어 있음. 평안도에 朔州의 溫井, 陽德縣의 온정과 함께 언급하며, 그 물이 끓는 湯과 같아서 날짐승이 털을 데쳐 뜯어낼 수 있을 정도라고 기록되어 있다.

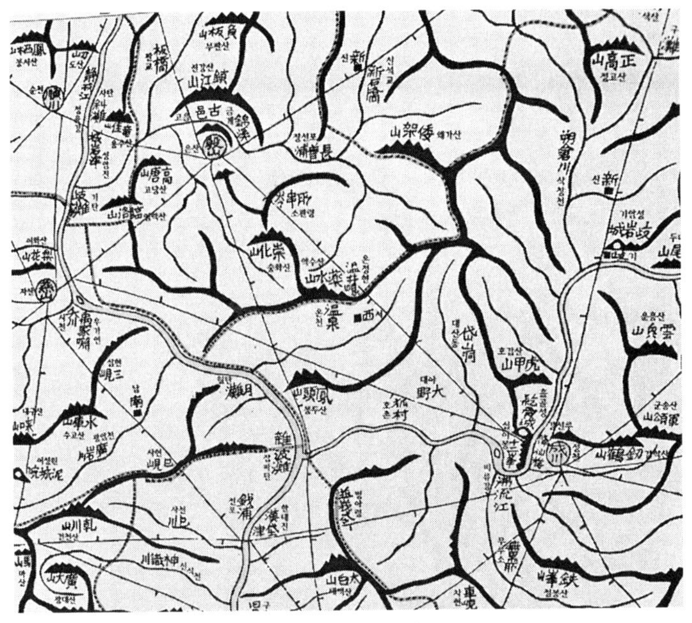

은산 · 온정 · 성천

10월 25일(경술)

왕세자가 길을 떠났다.

○이날 바람이 세차게 불었다.

○사대부로서 피난한 자 중에는 대부분 잡아끌고 부축하여 걷기도 하였지만, 길바닥에 쓰러지는 자가 그 수를 알지 못하니 이를 본 자는 깨닫지도 못하는 사이에 눈물이 나왔다.

○이날 저녁에 유인지(柳訒之: 柳祖訒)와 함께 노비 노만종(盧萬鍾)의 집에서 묵었는데, 영리(營吏) 김천휘(金千輝)가 술과 안주를 준비해 와 대접하였다.

二十五日(庚戌)。

王世子發行。○是日，大風。○士大夫避亂者，或多徒步擕擔，顚躓道路者，不知其數，見者不覺出涕。○是夕，與柳訒之[143]，宿奴盧萬鍾家，營吏金千輝，備酒饌來饋。

10월 26일(신해)

머물렀다.

二十六日(辛亥)。

留。

10월 27일(임자)

자산(慈山)에서 묵었다.

○또 장계 1통을 봉하여 행재소에 올렸다.

○날씨가 매우 추운데도 성상(聖上)의 옥체(玉體)가 어떠한지 알지 못하여 몹시 염려되는 마음을 견딜 수 없습니다. 신들은 동궁을 모시고 그대로 성천(成川)에 머물러 있습니다.

방어사(防禦使) 김우고(金友皐)·조방장(助防將) 김신원(金信元) 등의 치보(馳報: 급히 보고함)에 의하면, "이달 23일 안변(安邊)의 적들이

143 訒之(인지): 柳祖訒(1522~1599)의 字. 본관은 晉州, 호는 泛愛. 1583년 충효와 절의로 천거되어 牛峰·伊川 현감을 역임하였다. 1592년 임진왜란이 일어나자 집에 머무르다가 자진해서 평양까지 호종하였으며, 世子翊衛司의 익위로 제수되어 세자를 모시고 영변까지 갔다. 이듬해 司宰監正에 제수되고, 서울에 돌아와서는 형조참의에 제수되었다.

영흥창(永興倉)으로 향해 갔는데, 서쪽으로 넘어갈 뜻이 있는 듯하다."라고 하였으니, 성천(成川)이 적의 진로와 바싹 가까이에 있어서 군색하게 될 염려가 있을까 두려워 은산(殷山)으로 옮겼습니다.

경기 감사(京畿監司) 심대(沈岱)가 삭녕군(朔寧郡)에 있으면서 적에게 습격받았는데, 그의 군관 및 호조 좌랑(戶曹佐郎) 윤경윤(尹慶允: 尹慶元의 오기) 모두 해를 입은 것이 극히 참혹하였습니다. 기전(畿甸: 畿內)에 있는 적의 기세가 요즈음 들어 불길처럼 더욱 치솟으니, 심대가 여러 가지로 조치하여 겨우 군사를 모을 수 있었으나 뜻밖에 변을 당했습니다. 그를 대신할 자를 속히 구하지 않을 수 없으나, 반복해서 생각해 보아도 합당한 사람을 얻지 못하였습니다.

개성 유수(開城留守) 이정형(李廷馨)이 의병을 많이 모아 장단(長湍) 지역에 있는데, 우선 이정형을 유수(留守)에 겸임시켰다가 송경(松京: 개성)이 수복되면 별도로 유수를 임명하는 것이 온당한 듯합니다. 이정형의 관교(官敎: 임명장)를 급히 만들어 보내는 것이 어떠하겠습니까?

정(正) 김지(金漬) · 경력(經歷) 심예겸(沈禮謙) · 사록(司祿) 류경원(柳敬元)이 다 같이 소모관(召募官)이 되어 모집한 의병이 이미 많은데다 여러 차례 적을 죽이거나 포획한 공이 있으니 전례(前例)에 비추어 논공행상하지 않을 수 없습니다.

심예겸 · 류경원은 품계에 상당하는 관직을 승진시켜 제수하였으나, 김지는 일찍이 정3품의 실직(實職)을 지냈는지라 이곳에서 논공행상하는 것은 중대한 일에 관계될 듯하니 조정에서 처리하는 것이 어떠하겠습니까?

내섬시 정(內贍寺正) 유대진(兪大進)이 소모사(召募使)로서 광주(廣州)에 있는데, 모집한 의병이 거의 2,000명에 이른데다 적을 베어 죽이거나 사로잡아 바친 것도 많으니 김지와 똑같이 논공행상하는 것이 마땅할 듯한 까닭에 감히 아룁니다.

二十七日(壬子)。

宿慈山[144]。○又封狀啓一道于行在所。○日候甚寒, 不審聖體若何, 無任伏慮之至。臣等陪侍東宮, 仍留成川。防禦使金友皐·助防將金信元等馳報內, "今月二十三日, 安邊之賊, 指向永興倉, 似有踰西之意."云, 成川迫近賊路, 恐有窘急之患, 移到殷山。京畿監司沈岱, 在朔寧[145]郡, 爲賊所襲, 與其軍官及戶曹佐郎尹慶允[146], 皆遇害, 極爲慘酷。畿甸賊勢, 比來[147]益熾, 沈岱多般措置, 僅得成軍, 而不意遭變。其代不可不速出, 而反覆思之, 未得可合之人。開城留守李廷馨, 多聚義兵, 在長湍[148]地, 姑以廷馨例兼[149]

144 慈山(자산): 평안남도 순천군에 있는 고을.

145 朔寧(삭녕): 경기도 연천과 강원도 철원 지역의 옛 지명.

146 尹慶允(윤경윤): 尹慶元(1560~1592)의 오기. 본관은 漆原, 자는 善餘. 1582년 사마시에 합격하여 진사가 되었다. 이후 陽城縣監을 지냈으며, 1592년 임진왜란이 일어나자 백의종군하여 경기도 관찰사 沈岱의 명령을 받고 軍糧을 豊德으로 수송하였다. 심대가 朔寧에서 士民을 모집하여 수도를 회복하고자 할 때 그곳으로 달려가 삭녕 군수 張志誠과 협력하였으나, 왜장 이토[伊東祐兵]의 기습을 당하여 군수 장지성은 도주하고 윤경원은 관찰사 심대 등과 같이 전사하였다.

147 比來(비래): 멀지 않은 요즈음.

148 長湍(장단): 경기도 서북부에 있는 고을. 동쪽은 연천군, 서쪽은 개풍군, 남쪽은 파주군, 북쪽은 황해도 금천군과 접한다.

149 例兼(예겸): 조선시대 관제에서 한 사람이 겸임하도록 규정되어 있는 벼슬을 가

留守, 松京[150]收復, 別差留守, 似爲便當。李廷馨官敎, 急速成送, 何如? 正金漬·經歷沈禮謙[151]·司祿柳敬元[152], 同爲召募, 聚兵已多, 屢有殺獲之功, 不可不照例論賞。沈禮謙·柳敬元, 相當職[153]陞授, 而金漬則曾經正三品實職, 自此論賞, 似涉重大, 自朝廷處置何如? 內贍寺正兪大進[154], 以召募使, 在廣州[155]地, 聚兵將至二千人, 多有斬獲之獻, 似當與金漬一樣論賞, 故敢稟。

리킴.

150 松京(송경): 조선시대 이후 고려시대의 도읍지인 開城을 松嶽山 밑에 있던 서울이란 뜻으로 일컫는 말.

151 沈禮謙(심예겸, 1537~1598): 본관은 青松, 자는 文叔. 1570년 식년시에 생원으로 합격한 뒤, 관직에 나아가 한산 군수, 성천 부사 등을 역임하였다. 병조판서를 지낸 沈忠謙의 형이며, 판중추부사, 우의정, 영의정 등을 역임한 沈悅의 양아버지이다. 임진왜란 때에는 군량 보급에 공을 세우기도 하였으나 명나라 군대에 군량을 제때 보급하지 못한 책임으로 곤장을 맞은 적이 있으며 나중에 간원의 탄핵을 받아 파직 당하였다.

152 柳敬元(류경원, 1553~1604): 본관은 晉州, 자는 仲甫. 1588년 식년시에 급제하였다.

153 相當職(상당직): 자신의 품계에 해당하는 관직에 임명하는 것.

154 兪大進(유대진, 1554~1599): 본관은 杞溪, 자는 新甫, 호는 新浦. 아버지는 좌의정 杞城府院君 兪泓이다. 1579년 사마시에 합격하여 진사가 되고, 1583년 별시 문과에 급제하였다. 1584년에 李珥의 천거로 홍문관 직임에 발탁되어 정자·저작 등을 역임하였다. 이어서 전적·감찰, 공조·형조·호조·병조의 낭관을 지냈다. 1589년 부수찬·헌납, 1590년 이조 좌랑·정랑·교리·장령·내섬시정, 1591년 정언·이조 참의를 지냈다. 1592년 임진왜란 때에는 의병장으로 공을 세우기도 하고, 1593년 공조 참의·수원 부사 등을 지냈다.

155 廣州(광주): 경기도 중앙부에 있는 고을. 동쪽은 여주시·이천시, 서쪽은 성남시, 남쪽은 용인시와 접하고, 북쪽은 하남시와 접하며 한강을 사이에 두고 남양주시·양평군과 마주한다.

10월 28일(계축)

순천(順川)에서 묵었다.

二十八日(癸丑)。

宿順川[156]。

10월 29일(갑인)

머물렀다.

二十九日(甲寅)。

留。

10월 30일(을묘)

머물렀다.

三十日(乙卯)。

留。

11월 1일(병진)

머물렀다.

十一月初一日(丙辰)。

留。

---

156 順川(순천): 평안남도 중부 대동강 중류 연안에 있는 고을. 동쪽은 은산군, 서쪽은 안주시·숙천군, 남쪽은 평성시, 북쪽은 개천시와 접한다.

11월 2일(정사)

숙천(肅川)에서 묵었다.

도원수(都元帥) 김명원(金命元)과 본도(本道: 평안도) 감사(監司) 이원익(李元翼)이 길에서 동궁을 뵈었다.

初二日(丁巳)。

宿肅川[157]。都元帥金命元·本道監司李元翼, 路謁東宮。

11월 3일(무오)

풍원 부원군(豐原府院君: 柳成龍)이 찾아와서 동궁을 뵈었다.

○이날 또 장계 1통을 봉하여 행재소에 올렸다.

○어제 장흥 령(長興令: 長興庫令) 장형(張逈)이 되돌아왔는데, 성상(聖上)의 옥체(玉體)가 평안하심을 알고 매우 기쁜 마음을 견딜 수 없습니다. 신들은 동궁을 모시고 순천(順川)에서 지금 숙천부(肅川府)에 도착해 있습니다.

동궁이 각 진관(鎭管)에 머물며 여러 고을을 권면하려 하지만, 본부(本府: 숙천부) 및 안주(安州)·정주(定州) 두 고을 모두 당장(唐將: 명나라 장수)이 지나는 길이니, 형편상 오래 머물러 있을 수 없어서 하는 수 없이 영변(寧邊)에 머물려고 합니다. 용강(龍岡)의 형세를 상세히 살피는 일로 이미 심충겸(沈忠謙)을 출발시켜 보내었으니, 우선 정탐하고 돌아오기를 기다려서 결정할 계획입니다. 그런데 당

---

157 肅川(숙천): 평안남도 서부에 있는 고을. 동쪽은 안주군·순천군, 서쪽은 서해, 남쪽은 평원군, 북쪽은 문덕군과 접한다.

장(唐將)이 지나갈 때 동궁이 나가 만나서 절박한 뜻을 간절히 개진하려는데, 서로 만나볼 적에 혹시라도 온당하지 않을까 두려우니 행해야 하는지 말아야 할지를 이에 우러러 아룁니다.

이전에 당장(唐將)이 50일로 한정하여 적을 토벌하는 일을 오래도록 멈추게 하였으므로 군대는 오랜 세월에 군졸이 게을러진 데다 군량미마저도 거의 고갈하게 되었으니, 만약 이처럼 혹심한 계절에 이르러서도 급히 토벌하지 않는다면 앞으로 토벌하기 어려운 우환이 될 것입니다. 지금은 약조한 기한이 이미 지났는데도 천병(天兵: 명나라 군대)이 신속히 내려오지 않으면 아마도 때를 놓쳤다는 후회를 남길 것입니다. 여러 장수에게 대책을 세워서 쳐들어가 공격하여 기어코 섬멸하도록 하는 것이 마땅한 듯합니다. 조정에서 급히 서로 의논하고 확정하여 기회를 놓치지 말기를 삼가 바랍니다.

성천부(成川府)는 관서 · 관북 적의 진로를 막아낼 요충지인데, 강이 이미 얼어붙은 데다 성곽조차 없어 방어하고 지키기가 매우 어려우나 부사(府使) 이제민(李齊閔)은 군사의 일을 잘 알지 못하여 그때그때 필요에 따라 대응해야 할 적에 혹시라도 소루(疏漏)할까 걱정되어 지극히 염려스럽습니다. 그러므로 고려조(高麗朝)의 전례(前例)에 따라 임시로 판관(判官)을 설치하여 주부(主簿) 박진남(朴震男)을 임시 임명하여서 전적으로 적을 차단하는 일을 맡기는 것이 어떠하겠습니까?

사변(事變)이 일어난 후에 무사(武士)로서 도망쳐 숨은 자들이 매우 많았습니다. 비록 부지런히 불러 모아도 한 사람도 응하는 자가 없는 것은 군사 모집하는 방도가 넓지 않기 때문인데, 조정에서 본도(本道: 평안도)에 과거를 설치하여 이미 수천 명을 모았으니, 그 나머지 각도(各道) 또한 본도의 사례에 따라 틈을 타서 시행토록 하는 것이 진실로 좋을 듯합니다.

동궁의 행차가 성천(成川)에 머물러 있을 때는 관서(關西)와 관북(關北) 양쪽의 왜적들 사이에 끼여서 형세가 고립되어 위태로웠던 까닭으로 본부(本府: 성천부)에서 8월과 9월 강변(江邊)에 번(番)을 세워야 하는 군사들 가운데 부방(赴防: 변경 방위 병력)을 제외하고 호위하였으나, 동궁의 행차가 이동할 때는 각 지역을 방어하고 지켜야 해서 호위할 군졸이 부족하여 하는 수 없이 11월과 12월 성천에 번을 세워야 하는 군사들 가운데 전례에 따라 부방(赴防)을 제외하고 호위하였습니다.

윤경원(尹慶元)·진세운(陳世雲) 등이 삭녕(朔寧)의 참변에서 전사하여 지니고 있던 은철(銀鐵)을 잃어버렸는데, 고산 역리(高山驛吏) 신지(辛祉)가 한 덩이를 찾아 보내온 것을 감사(監司)의 군관(軍官) 경룡(慶龍)이 한꺼번에 가지고 와 중부 참봉(中部參奉) 박문해(朴文海)에게 주어서 올려보냅니다.

初三日(戊午)。

豐原府院君[158]，來謁東宮。○是日，又封狀啓一道于行在所。

---

158 豐原府院君(풍원부원군): 柳成龍(1529~1603)의 君號. 본관은 豊山, 자는 而見, 호는 西厓. 李滉의 제자이다. 1566년 별시 문과에 급제하였다. 1569년 聖節使 서장관으로 명나라에 다녀왔다. 1583년 부제학이 되어 〈備邊五策〉을 지어 올렸으며, 1589년에는 왕명으로 〈孝經大義跋〉을 지어 올리기도 하였다. 왜란이 있을 것을 대비해 형조정랑 權慄과 정읍현감 李舜臣을 각각 의주 목사와 전라도

○昨因長興令[159]張迥回還, 伏審聖體康寧, 無任欣抃之至。臣等陪侍東宮, 自順川, 今到肅川府。東宮欲留各鎭管[160], 勸勵諸邑, 本府及安·定兩州, 皆是唐將所經之路, 勢難久留, 不得已欲駐寧邊。以龍岡形勢, 詳細看審事, 已爲發送沈忠謙, 姑待探還, 定奪[161]計料。而唐將過去之時, 東宮欲爲出見, 懇陳切迫之意, 而相見之際, 恐或非便, 當行與否, 玆以仰稟。前以唐將五十日之限, 久稽討賊之擧, 師老卒惰, 兵糧將竭, 若不趁當此沍寒之節, 急急致討, 則將爲難圖之患。今則約限已過, 天兵若不速下, 恐貽後時之悔。令諸將設策侵攻, 期於勦滅, 似當。自朝廷作急商確, 毋失期會伏望。成川爲府, 當西北賊路之衝, 江氷已合, 且無城郭, 防守甚難, 而府使李齊閔[162], 不解武事, 策應之際, 恐致疏

좌수사에 천거하고 1592년 4월 판윤 申砬과 軍事에 대하여 논의하여 일본침입에 대한 대비책을 강구하였다. 4월 13일 왜적의 내침이 있자 도체찰사로 군무를 총괄하고, 영의정이 되어 왕을 扈從하였다. 1593년 명나라 장수 이여송과 힘을 합해 평양성을 수복하고 4도의 도체찰사가 되어 군사를 총지휘하여, 이여송이 碧蹄館에서 대패하여 西路로 퇴각하자 권율 등으로 하여금 파주 산성을 방어케 하였다. 1604년 扈聖功臣 2등에 책록되고 다시 豊山府院君에 봉해졌다. 영남 유생의 추앙을 받았다.

159 長興令(장흥령): 長興庫令. 장흥고는 궁중에서 사용하는 물품을 조달하고 관리하던 관청이다.

160 鎭管(진관): 조선시대의 지방 방위 군사 조직.

161 定奪(정탈): 신하들이 올린 논의나 계책 가운데 임금이 가부를 결정하여 한 가지만 택하던 일.

162 李齊閔(이제민, 1528~1608): 본관은 全州, 자는 景闇, 호는 西澗. 1552년 사마시에 합격하고, 1558년 식년 문과에 급제하였다. 1562년 정언에 올랐으며, 이어서 홍문관 부수찬·사헌부 지평 등을 역임하다가 1566년 문과 중시에 급제하였다. 이후 병조 정랑·이조정랑 등을 지냈고, 1571년 경주 부윤, 1574년 양주 목

虞, 極爲可慮。故依麗朝例, 權設判官, 以主簿朴震男[163]權差, 專委把截之事, 何如? 事變之後, 武士逃竄者甚多。雖勤呼召, 無一應者, 聚軍之路未廣, 故朝廷設科本道, 已聚累千, 其餘各道, 亦依本道之例, 乘隙擧行, 允爲便益。東宮行次, 留駐成川之日, 介於西北兩賊之間, 形勢孤危, 故本府八九月江邊立番軍士, 除赴防[164]侍衛, 而移駕之時, 各處防守, 衛卒不足, 不得已十一月十二月立番成川軍士, 依前除赴防侍衛矣。尹慶元·陳世雲等, 死於朔寧之變, 所賫銀鐵遺失, 高山驛[165]吏辛祉, 覔送一塊, 監司軍官慶龍, 一時賫來, 以中部參奉朴文海, 準授上送事。

11월 4일(기미)

머물렀다.

初四日(己未)。

사가 되었다. 1584년 경기도 감사, 1589년 사간원 대사간 등에 발탁되었다. 1592년 임진왜란이 일어났을 때 성천 부사로 재직하였는데, 왜란이 일어나자 임지를 떠나지 않고 견고히 지켰다. 1593년 대사헌으로 재임 중 임진왜란 때 파괴된 선릉과 정릉을 살폈다.

163 朴震男(박진남, 1552~1599): 본관은 高靈, 자는 應元, 호는 悔巖. 1592년 임진왜란 때 울산 지역 의병들과 문경 당교 전투에 참전하였고, 1595년 문경 조령에서 공로가 있어 도승지 姜燦이 조정에 보고하여 군마 1필을 하사하였다. 1597년 정유재란 당시 星州의 星峴 전투에 참전하여 많은 전공을 세웠으나 적탄을 맞아 전사했다.

164 赴防(부방): 변경을 방비하기 위하여 수자리 나가는 일. 조선시대 다른 지방의 병사가 서북 변경의 국경지대에 파견되어 방위 임무를 맡은 일을 가리키기도 한다.

165 高山驛(고산역): 함경남도 安邊에 있던 역참.

留。

11월 5일(경신)

머물렀다.

初五日(庚申)。

留。

11월 6일(신유)

머물렀다.

初六日(辛酉)。

留。

11월 7일(임술)

안주(安州)에 도착하였다.

初七日(壬戌)。

到安州[166]。

11월 8일(계해)

이귀(李貴)가 동궁을 뵙고 이어 책략을 올렸다.

初八日(癸亥)。

李貴[167]謁東宮, 仍獻策。

---

166 安州(안주): 평안북도 兵營의 소재지.

167 李貴(이귀, 1557~1633): 본관은 延安, 자는 玉汝, 호는 默齋. 1592년 임진왜란

11월 9일(갑자)

머물렀다.

初九日(甲子)。

留。

11월 10일(을축)

머물렀다. 풍원 부원군(豐原府院君: 류성룡)이 달빛을 타고 찾아왔다.

初十日(乙丑)。

留。豐原府院君, 乘月來訪。

11월 11일(병인)

안주(安州)에서 장차 영변(寧邊)을 향해 떠나려 하였으나, 여러 사람의 논의가 일치되지 않아 하는 수 없이 숙천(肅川)으로 돌아왔다. 낮에는 운암원(雲巖院)에서 머물렀고, 밤에는 본부(本府: 肅川府)에서 묵었다.

이 일어나자 의병을 일으키고, 평양으로 피난한 선조를 찾아가 방어대책을 올렸다. 이어 삼도소모관·삼도선유관으로 임명되어 군사·군량·군마 등의 모집과 수송을 맡았다. 특히 도체찰사 류성룡을 도와 모집한 군졸과 양곡을 개성으로 운반하여 한성을 탈환하는 데 크게 기여했다. 1626년 병조·이조의 판서에 올랐으나 같은 해 김장생과 함께 인헌왕후의 상을 만 2년으로 할 것을 주장하다가 대간의 탄핵을 받고 벼슬에서 물러났다.

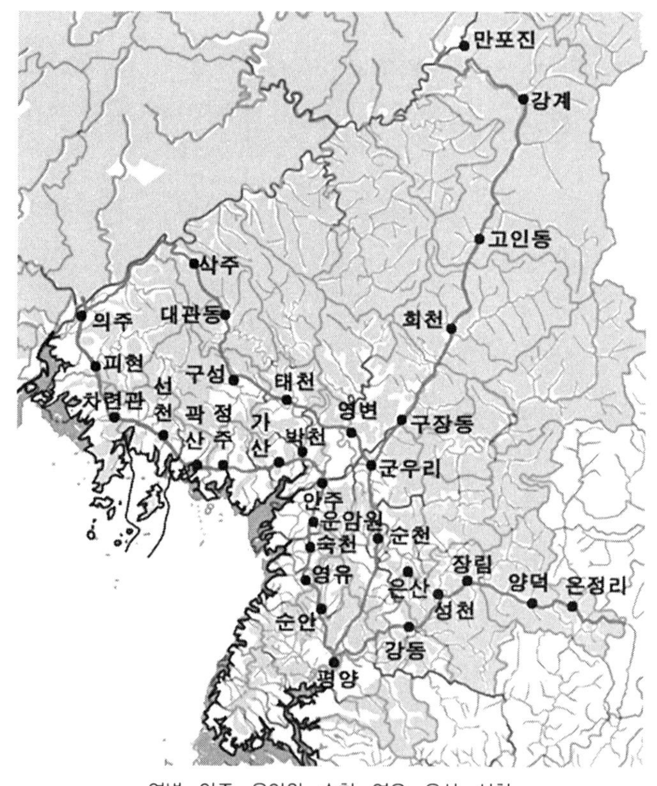

영변 · 안주 · 운암원 · 숙천 · 영유 · 은산 · 성천

○이날 또 장계 1통을 봉하여 행재소에 올렸다.

○인천 부사(仁川府使) 윤건(尹健) · 안성 군수(安城郡守) 이몽태(李夢台)는 삭녕(朔寧)의 참변에서 죽었습니다. 철원 부사(鐵原府使) 김협(金軼)이 사로잡아 참형한 부민(府民)은 왜적과 서로 내통한 자들이었는데, 그의 아들이 왜적에게 빌붙어서 김협을 죽이려 하였습니다. 이 때문에 다른 지역으로 피하였으니, 형편상 그 관직에 그대로

있기가 어려워 인천 부사(仁川府使)로 옮겨 제수하였습니다. 철원 부사는 이유직(李唯直: 李惟直의 오기)이 대신하였으며, 안성 군수(安城郡守)는 송계조(宋繼祖)를 임시 임명하였습니다.

동궁이 머무를 곳으로 장차 영변(寧邊)과 강화(江華) 두 고을을 취하여 일찍이 장계를 올려 아뢰고 안주(安州)에서 명을 기다렸지만, 본주(本州: 안주)는 이미 극도로 피폐한데다 당병(唐兵: 명나라 군사)이 곧장 오는 길이라서 형편상 오래 머무르기가 어렵습니다. 영변(寧邊)으로 옮겨가려 할 적에 동궁을 모시고 따르던 여러 궁인(宮人)과 호위하던 사졸(士卒)들이 뜰에 몰려와서 호소하였는데, 한결같이 물러나며 움츠리기만 하는 것은 앉은 채로 백성들의 희망을 잃게 하는 것이고, 바닷길에 얼음덩이가 떠돌아다녀 또한 다른 곳에 가기가 어렵다고 생각하였으니, 여러 사람이 안타까워 답답해하여 길을 막으려는 지경에 이르렀습니다. 인심이 이와 같았어도 감히 막지는 않았지만, 하는 수 없이 용강(龍岡)을 향해 떠나 해서(海西: 황해도)에 도달하려고 합니다. 만약 능히 강화(江華)에 도달할 수 없다면 해주(海州)에 머무를 계획입니다. 뭇사람의 의견에 떠밀려 명이 내려오기도 전에 제멋대로 떠나가는 것은 지극히 온당하지 못합니다.

十一日(丙寅)。

自安州, 將發向寧邊, 而羣議不一, 不得已還詣肅川。晝停于雲巖院, 夕宿于本府。○是日, 又封狀啓一道于行在所。○仁川府使尹健·安城郡守李夢台[168], 死於朔寧之變。鐵原府使金軮, 捕斬府民, 交通倭賊者, 其子附賊, 欲殺軮。以此避在他境, 勢難仍居其職, 移授仁川。鐵原則以李唯直[169]代之, 安城郡守, 則以宋繼祖[170]權差矣。東宮留駐之地, 將寧邊 · 江華二府, 曾已狀稟, 待命安州, 而本州凋弊已極, 加以唐兵直路, 勢難久留。移駐寧邊之際, 陪從諸宮, 扈衛士卒, 盈庭號訴, 以爲一向退縮, 坐失民望, 海路流澌, 則又難他適, 羣情憫鬱, 至欲遮路。人心如此, 不敢沮遏, 不得已發向龍岡, 擬達於海西。如未能得抵江華, 則欲留海州計料。爲衆情所迫, 命下之前, 徑自[171]發去, 極爲未安矣。

11월 12일(정묘)

영유(永柔)에서 묵었다. 심충겸(沈忠謙)이 용강(龍岡)에서 되돌아오는 길이었으므로 노상에서 세자가 탄 수레를 호위하게 되었다.

十二日(丁卯)。

宿永柔[172]。沈忠謙自龍岡回程[173], 因護鶴駕[174]於路上。

---

168 李夢台(이몽태, 1544~?): 본관은 慶州, 자는 應禎. 1583년 무과에 급제하였다.

169 李唯直(이유직): 李惟直(1551~1612)의 오기. 본관은 全州, 자는 仲溫. 1583년 무과에 급제한 후 1592년 임진왜란이 일어나자 선전관으로 宣祖를 의주 행재소까지 호종하여 북병마절도사를 지냈다. 삭령군수, 경흥부사, 영원군수 등을 지냈다.

170 宋繼祖(송계조, 1541~?): 본관은 礪山, 자는 伯胤. 1579년 무과에 급제하였다. 간성군수 지냈다.

171 徑自(경자): 제멋대로. 제 마음대로.

172 永柔(영유): 평안남도 서북부에 있는 고을. 동쪽은 순천군, 남쪽은 대동군 · 강서군, 북쪽은 안주군과 접해 있으며, 서쪽은 서해에 면한다.

173 回程(회정): 임금이나 사신이 일을 마치고 왔던 길을 다시 돌아감.

174 鶴駕(학가): 황태자나 세자의 행차를 말함.

11월 13일(무진)

증산(甑山)에서 묵었다. 때는 날씨가 매우 추워 일행들이 고생하였다.

○판윤(判尹) 김수(金晬: 金睟의 오기, 이하 동일)가 경상 감사(慶尙監司)에서 체임(遞任)되어 대조(大朝: 행재소)를 향해 왔는데, 지나는 길에 들러서 동궁을 뵈었다.

十三日(戊辰)。

宿甑山[175]。時天寒甚，一行苦之。○判尹金晬[176]，自慶尙監司，遞來向大朝，過謁東宮。

11월 14일(기사)

머물렀다.

十四日(己巳)。

留。

---

175 甑山(증산): 평안남도 남서부에 있는 고을. 동쪽은 대동군 · 강서군, 서쪽은 서해, 남쪽은 온천군, 북쪽은 평원군과 접한다.

176 金晬(김수): 金睟(1547~1615)의 오기(이하 동일). 본관은 安東, 자는 子昻, 호는 夢村. 1573년 알성 문과에 급제하여 평안도 관찰사 · 경상도 관찰사를 거쳐 대사헌, 병조 · 형조의 판서를 두루 지냈다. 1592년 임진왜란이 일어났을 때 경상 감사로 진주에 있다가 동래가 함락되자 밀양과 가야를 거쳐 거창으로 도망갔다. 전라 감사 李洸, 충청 감사 尹國馨 등이 勤王兵을 일으키자 함께 용인전투에 참가했으나 패배한 책임을 지고 한때 관직에서 물러났다. 당시 의령에서 의병을 일으켰던 곽재우와 불화가 심했는데 이를 金誠一이 중재하여 무마하기도 했으며, 경상 감사로 있을 때 왜군과 맞서 계책을 세워 싸우지 않고 도망한 일로 사람들의 비난을 받았다.

11월 15일(경오)

함종(咸從)에서 묵었다.

十五日(庚午)。

宿咸從[177]。

11월 16일(신미)

용강(龍岡)에 도착하였다. 왕세자는 산성(山城)에 머물렀다.

十六日(辛未)。

到龍岡。王世子駐山城。

11월 17일(임신)

동궁이 그대로 머물렀다. 위솔(衛率) 이덕홍(李德弘)이 뒤따라와서 세자를 따르며 모셨는데, 〈예안창의록(禮安倡義錄)〉을 볼 수 있었다.

十七日(壬申)。

東宮仍留。衛率李德弘[178]追至, 扈鶴駕, 得見《禮安倡義錄》。

---

177 咸從(함종): 평안남도 강서군에 있는 고을.

178 李德弘(이덕홍, 1541~1596): 본관은 永川, 자는 宏仲, 호는 艮齋. 형조참판 李賢輔의 종손자이다. 禮安 출생이다. 1578년 조정에서 이름난 선비 9명을 천거할 때 제4위로 뽑혀 集慶殿參奉이 되고, 이어 宗廟署直長·世子翊衛司副率을 역임하였으며, 1592년 임진왜란이 일어나자, 세자를 따라 성천까지 호종하였다. 이때 상소문에 龜船圖를 첨가하여 바다에는 거북선과 육지에는 거북거[龜車]를 사용할 것을 진언하였다. 이듬해 봄에 영춘 현감으로 나아갔다.

11월 18일(계유)

동짓날이다. 약방(藥房: 內醫院)에서 문안하였다.

十八日(癸酉)。

冬至日也。藥房[179]問安。

11월 19일(갑술)

약방(藥房: 內醫院)에서 문안하였다.

十九日(甲戌)。

藥房問安。

11월 20일(을해)

정언(正言) 황신(黃愼)이 홀로 장계를 올려 비변사 유사(備邊司有司)를 잡아다 국문하기를 청하였으나 윤허하지 않았다. 밤에 눈이 왔다.

○이날 또 장계 1통을 봉하여 행재소에 올렸다.

○날씨가 매우 추운 때에 삼가 성상(聖上)의 옥체(玉體)가 어떠한지 알지 못하여 몹시 염려되는 마음을 견딜 수 없습니다. 신들은 동궁을 모시고 이달 11일 안주(安州)를 떠나 15일 용강(龍岡)에 도착하였습니다.

처음에는 뭇사람의 의견으로 인하여 해서(海西: 황해도)로 향하려

179 藥房(약방): 대궐 안에서 의약에 관한 일을 맡아보는 관아. 정탁은 이때 內醫院 提調이었다.

다가 이곳에 이르게 되었는데, 동궁의 의향이 감히 떠날 결단을 하지 못해서 본현(本縣: 용강현)에 머물며 형세를 살펴 나아갈지 물러날지를 할 계획입니다.

전 순찰사(前巡察使) 조인득(趙仁得)이 황해도에서 행재소를 향해 오고 있어서 증산현(甑山縣)에서 만났습니다. 조인득이 새로 해서방백(海西方伯: 황해도 관찰사)에서 체직하였으나 본도(本道: 황해도)의 사정을 속속들이 알고 있었습니다. 동궁께서 만약 해서(海西)를 향해 나아가려 한다면 서로 의논하여 그때그때 필요에 따른 대응책을 낼 것이니 반드시 도움 되는 바가 있을 것입니다. 그를 이곳에 머무르게 하십시오.

二十日(乙亥)。

黃正言愼[180]獨啓，請拿鞫備邊司有司，不允。夜雪。○是日，又封狀啓一道于行在所。○日氣寒沍，伏未審聖體何如，無任伏慮之至。臣等陪侍東宮，本月十一日，離發安州，十五日，來到龍

180 黃正言愼(황정언신): 正言 黃愼(1560~1617). 본관은 昌原, 자는 思叔, 호는 秋浦. 1588년 문과에 장원 급제하였다. 사헌부 감찰, 음죽 현감, 호조 좌랑, 병조 좌랑, 사간원정언을 역임하였고, 1589년 鄭汝立의 옥사에 대해 논박했다가 고산 현감으로 좌천당했다. 1591년 왕세자 책봉을 건의하였다가 벼슬을 강등당한 鄭澈의 일파로 몰려 파직되었다. 1592년 다시 기용되어 세자시강원 사서, 병조 좌랑, 사간원정언, 사헌부 지평을 역임하였다. 1594년 명나라 장수 沈惟敬의 접반사로 부산에 머물렀고, 강화 회담을 위해 일본에 가는 심유경·楊邦亨 일행을 따라 통신사로서 일본에 다녀왔다. 1602년 鄭仁弘의 탄핵으로 삭탈 관직되었으나 1605년 임진왜란 때의 공을 인정받아 扈聖宣武原從功臣에 책록되었다. 1609년 陳奏副使로 명나라에 다녀온 이후 호조 참판, 공조판서·호조판서를 역임하였다. 1613년 계축옥사 때 옹진에 유배되어 1617년 세상을 떠났다.

岡。初因衆情, 欲向海西, 及到此地, 東宮旨意[181], 不敢決去, 留駐本縣, 觀勢進退計料。前巡察使趙仁得[182], 自黃海道, 入向行在所, 遇於甑山縣。仁得新遞海西方伯, 備諳[183]本道事勢。東宮如向海西, 則相議策應, 必有所益。使之留此矣。

11월 21일(병자)

머물렀다.

二十一日(丙子)。

留。

11월 22일(정축)

머물렀다.

二十二日(丁丑)。

留。

11월 23일(무인)

머물렀다.

---

181 旨意(지의): 의향.

182 趙仁得(조인득, ?~1598): 본관은 平壤, 자는 德輔, 호는 滄洲. 1577년 알성문과에 급제, 정언을 거쳐 형조좌랑·장령 등을 지냈다. 1592년 임진왜란 때 황해도 관찰사로 해주 앞바다의 섬으로 피신하였다가 황해도 병마절도사로 전직되었으며, 그 뒤 판결사를 지냈다. 1595년 도승지가 되고, 이듬해 충청도 관찰사·공조참판·길주 목사 등을 역임하였다.

183 備諳(비암): 낱낱이 앎. 속속들이 앎.

二十三日(戊寅)。

留。

11월 24일(기묘)

사평(司評) 이유징(李幼澄)이 행재소에서 성상(聖上)의 교지를 받들어 가지고 왔다.

○아들 정윤목(鄭允穆)이 고향 집에서 찾아왔다.

二十四日(己卯)。

司評李幼澄[184], 自行在所, 齎奉聖旨來。○子允穆[185], 自鄕家尋至。

11월 25일(경진)

二十五日(庚辰)。

---

184 李幼澄(이유징, 1562~1593): 본관은 全州, 자는 澄源. 1583년 알성 문과에 급제, 승문원을 거쳐 예문관 검열에 서임되었다. 1588년 사신을 수행해 質正官으로 명나라에 다녀왔다. 司畜署를 거쳐 병조 좌랑 · 사헌부 지평 · 홍문관 수찬을 역임하였다. 그해 순무사에 임명되어 북방의 형편을 살폈다. 1592년 임진왜란이 일어나자 체찰사 崔興源의 종사관으로 황해도 지방에 파견되었다. 왜적을 피해 북상하던 중 광해군이 함경도로 가게 되었을 때 수천의 백관과 衛卒의 대오를 편성해 혼란 없이 가게 하였다. 1593년 의주 목사 겸 병마절제사가 되어 장졸을 통어하였다.

185 允穆(윤목): 鄭允穆(1571~1629). 본관은 淸州, 자는 穆如, 호는 淸風子 · 蘆谷 · 竹窗居士. 아버지는 西原府院君 鄭琢이다.

11월 26일(신사)

이유징(李幼澄)이 대조(大朝: 행재소)로 돌아갔고, 동지(同知) 노직(盧稷)이 대조에서 돌아왔다.

二十六日(辛巳)。

李幼澄還大朝，同知盧稷[186]，自大朝還。

11월 27일(임오)

비변사 회의가 있었다.

二十七日(壬午)。

備邊司會議。

11월 28일(계미)

우상(右相) 유홍(兪泓)이 삼도 체찰사(三道體察使)로서 강화(江華)를 향해 떠났다.

○이날 바람이 세차게 불었다.

○서애(西厓: 柳成龍)가 안주(安州)에 있었는데, 때마침 편지를 보내왔다.

○약방(藥房: 內醫院)에서 문안하고 이어서 약을 지어 올리기를

---

186 盧稷(노직, 1545~1618): 본관은 交河, 자는 士馨. 1570년 생원이 되고 1584년 별시 문과에 급제하여 검열이 되었다. 1592년 임진왜란이 일어나 왕을 호종할 때 말에서 떨어져 다쳤으나 계속 성천의 행재소까지 달려가 병조참판에 임명되었고 이어 개성 유수가 되었다. 1597년 정유재란 때는 京江舟師大將을 지내고, 接伴正使 金命元 밑의 부사로서 명나라 지휘관 邢玠를 맞아 군사 문제를 논의하였다. 그 뒤 부제학·황해감사·병조판서·경기 감사를 거쳤다.

청하였는데, 신비탕(神秘湯)을 2번 복용하도록 지어 올렸다.

二十八日(癸未)。

右相兪泓, 以三道體察使, 發向江華。○是日, 大風。○西厓在安州, 時書來。○藥房問安, 仍請劑藥, 神秘湯二服劑進。

11월 29일(갑신)

약방(藥房: 내의원)에서 문안하였다.

二十九日(甲申)。

藥房問安。

11월 30일(을유)

도총부(都摠府)에서 숙직하였다.

○또 장계 1통을 봉하여 행재소에 올렸다.

○어제 공조 좌랑(工曹佐郎) 이귀(李貴)가 돌아왔는데, 성상(聖上)의 옥체(玉體)가 평안하심을 삼가 알고 기쁜 마음을 견딜 수 없습니다. 신들은 동궁을 모시고 지금 용강(龍岡)에 머물러 있습니다.

애초에 듣건대 본현(本縣: 용강현)은 성이 험하고 견고한데다 군량도 여유가 있어 주둔할만하다 하였고, 동궁이 번번이 다른 도(道)로 옮겨가는 것을 온당하지 못하다며 여러 차례 간절한 분부를 내렸습니다. 그래서 신들이 감히 우러러 아뢰지 못하고 모시고서 이곳으로 왔습니다. 그 형세를 살피니 성터가 너무나 높고 험준하여 성첩(城堞)을 지키는 군졸들이 동상에 걸릴까 염려스러웠습니다. 성의 안쪽은 몹시 비좁아서 군마(軍馬)가 수용되기 어려워 여러 날 성 밖에서 있게 되자 뿔뿔이 흩어져 달아나는 것이 다수를 차지하니, 형편상 오래 머무르기가 어려워 지극히 애타고 절박합니다. 만약 다른 곳으로 옮긴다면 오직 해주(海州)만 있을 뿐인데, 적의 진로와 멀지 않아서 또한 편안한 곳이 아니나 달리 조금이라도 나은 곳이 없어 하는 수 없이 해주로 향하려 합니다.

우의정 유홍(兪泓)이 강화(江華)에 들어갈 수 있도록 청하는 상소를 올려 아뢰었는데, 동궁이 온당한지 그렇지 않은지를 하문했을 때 마침 대조(大朝: 행재소)에서 유홍을 황해(黃海)·강원(江原)·경기(京畿)의 삼도 체찰사(三道體察使)로 임명한다는 기별을 들었습니다. 이미 대조(大朝)의 명을 받은 데다 강화(江華) 또한 순행하면서 살펴야 하는 지역 안에 있는 까닭으로 신(臣)이 보내야 한다고 대답하였습니다. 유홍은 적을 토벌하는데 급하여 이달 28일 떠나갔습니다.

전날 받든 성상(聖上)의 유지(有旨)에 양남(兩南: 영남과 호남)의 활과 화살을 모아 보내라는 명이 있었던 까닭으로 선전관(宣傳官)·부장(部將) 등을 이미 안배하여 보내었으니, 화살을 거두어 온 후 곧바로 들여보낼 계획입니다.

그리고 병조 당상(兵曹堂上)이 이곳에는 한 사람도 없어서 동궁의 시위(侍衛)가 허술할까 매우 답답하고 염려스럽습니다. 조정에서 조처하는 것이 어떠하겠습니까?

三十日(乙酉)。

入直[187]都摠府。○又封狀啓一道于行在所。○昨因工曹佐郎李貴之來，伏審聖體康寧，無任欣喜之至。臣等陪侍東宮，時留龍岡。初聞本縣城子險固[188]，軍糧有裕，可以留駐，而東宮每以移去他道爲未安, 累下懇切之教。臣等不敢仰達, 陪來于此。觀其形勢, 則城基高峻, 守堞之卒, 凍傷可慮。內面狹窄, 軍馬難容, 累日露處, 逃散居多, 勢難久留, 極爲悶迫。若移他處, 則只有海州, 賊路不遠, 亦非安便之地, 而他無差勝之處, 不得已欲向海州。右議政兪泓, 陳疏請往江華, 東宮下問便否之時, 適聞大朝, 以兪泓差黃海 · 江原 · 京畿三道體察使之奇。旣膺大朝之命, 江華亦在巡審之中, 故臣以可送爲對。兪泓急於討賊, 本月二十八日發去。前日有旨內, 有兩南弓箭, 輸取之命, 故宣傳官 · 部將等, 旣已分遣, 收來後, 卽爲入送計料。而兵曹堂上, 此中無一員, 侍衛虛疏, 至爲悶慮。自朝廷處置, 何如?

12월 1일(병술)

약방(藥房: 내의원)에서 문안하고 행인오미자탕(杏仁五味子湯)을 3번 복용하도록 지어 올렸다. 이윽고 도총부(都摠府)에서 숙직하였다.

十二月初一日 (丙戌)。

藥房問安, 杏仁五味子湯, 三服劑進。因入直都摠府。

12월 2일(정해)

약방(藥房: 내의원)에서 문안하였다.

初二日 (丁亥)。

---

187 入直(입직): 관아에 들어가 차례로 숙직함.

188 險固(험고): 땅의 형세가 험하고 수비가 견고함.

藥房問安。

12월 3일(무자)

약방(藥房: 내의원)에서 문안하였다.

○이날 날씨가 몹시 추웠다.

○사헌부(司憲府)가 우상(右相: 兪泓)을 논핵(論劾)하였다.

初三日(戊子)。

藥房問安。○是日，天氣甚寒。○憲府論右相。

12월 4일(기축)

약방(藥房: 내의원)에서 문안하였다.

○왕세자가 돌아와 정사를 보좌하였다.

○이귀(李貴)가 대책을 올렸다.

○또 장계 2통을 봉하여 행재소에 올렸다.

○창의사(倡義使) 김천일(金千鎰)은 그의 아들 김상건(金象乾)과 그의 막하(幕下) 선비 임환(林懽)을 보내어 경성(京城) 및 기전(畿甸: 畿內)의 형세를 모두 보고한 것이 매우 상세하였습니다. 경성의 백성들은 흉적으로부터 몹시 가혹하게 괴롭힘을 당하여 밤낮으로 관군(官軍)이 오기만을 바랐는데, 병장기를 갖추어 모아두고서 내응(內應)을 도모하겠다고 김천일에게 약속한 사람이 거의 수천 명이며, 그 나머지는 성영(成泳)·이정형(李廷馨)·우성전(禹性傳)에게 내응하려는 사람 또한 많다고 하였습니다. 옛 도성에 남겨진 백성들이 이미 국가를 위하여 지극한 정성으로 적을 토벌하려 하는데,

이러한 때 백성들의 기대에 부응하지 않으면 시간이 가고 해가 바뀌면서 민심이 적을 예사롭게 보아 넘겨 부리기 좋게 길들어지고 빠져들어서 다시는 회복할 희망이 없을 것이니 몹시 염려스럽습니다.

듣건대 기전(畿甸)의 사람들은 관군 이외에 향병(鄕兵)을 결집하여 의려(義旅)라고 이름한 것으로 40여 무리인데, 많게는 각기 수천 명이고 적게는 400명이나 500명을 밑돌지 않으니 총괄적으로 말하면 수만 명을 밑돌지 않을 것이고, 또한 경성(京城) 및 기전(畿甸)의 백성들 또한 수만 명을 밑돌지 않을 것이라고 하였습니다.

이로써 보건대 병력이 부족하지 않은데도 근심스러운 것은 모두를 통솔할 사람이 없는 것입니다. 이른바 의병이라고 하는 것은 비록 나라를 생각하는 정성이 깊어 적을 토벌하는 사람도 있지만, 또한 이름만 걸어놓고 자신의 편안함만 꾀하는 자도 없지 않아서 나아가고 물러나는 것을 제멋대로 하거나 통제받지 않으면서 단지 자력으로 그들의 고향이나 마을만을 지킬 뿐입니다. 만약 쓸 만한 사람을 얻었더라도 통제하지 못하면 비단 국가를 위해 쓰이지 않을 뿐만 아니라 장차 훗날에 근심스러운 단서가 될 수도 있을 것입니다.

우의정(右議政) 유홍(兪泓)이 간절하게 상소(上疏)를 올려 강화(江華)에 가기를 청하였는데, 길을 떠난 지 며칠 만에 대간(臺諫)의 논핵(論劾)을 받아 돌아오기를 청하였습니다. 어리석은 신(臣)의 망령된 생각으로는 명망과 지위가 다 높은 중신(重臣) 1명을 모름지기 별도로 뽑아 도순찰사(都巡察使)의 직무를 맡겨 기내(畿內: 경기도)의 관군과 의병을 모두 이끌고 통솔하게 하여, 경성(京城)을 향하도록 고무시켜 도성의 백성들과 안팎으로 합세해 수복을 도모한다면 아마도 성공할 수 있을 것입니다. 하물며 이제 날씨가 춥고 차가우니, 저들 적은 모두 몸이 얼어붙겠다며 울부짖으면서 싸울 용기가 없습니다. 만약 이때를 지나쳐 버려서 따뜻한 봄이 되어 군대를 증강하는 지경에 이르면 다시는 할 수 있는 일이 없을 것입니다. 또한 듣건대 경성(京城)과 기전(畿甸: 畿內)의 적들이 모두 제멋대로 서경(西京: 평양)으로 내려와 당병(唐兵: 명나라 군대)과 대적한다고 하니 대개 도성은 별로 염려할 것이 없다고 여겨서 서경(西京)에만 온 힘을 다할 수 있고, 지금 만약 경성을 침공하여 뒤흔들어서 적의 세력을 분산시킨다면 비록 능히 기한 내에 소탕할 수 없을지언정 또한 평양(平壤)을 공격하는 데 일조가 될 수 있을 것입니다. 일의 기회가 몹시 급박하여 때를 놓칠 수 없었는데, 동궁을 모시는 대부분의 관료 모두가 더할 수 없이 급하다는 뜻을 주달(奏達)하는 것이 마땅하다고 말하는 것을 막지 못한 채로 감히 이렇게 아룁니다.

○근래에 날씨가 지극히 추운데, 성상(聖上)의 옥체(玉體)가 어떠한지를 알지 못하여 몹시 염려되는 마음을 견딜 수 없습니다. 신들은 동궁을 모시고 지금 용강(龍岡)에 머물러 있습니다.

이달 초하루 평양(平壤)의 적들이 한꺼번에 많이 나가 중화(中和)로 가서 임중량(林仲樑)의 군대를 포위하여 공격하였는데, 임중량은 병으로 인하여 집으로 돌아갔습니다. 그를 대신한 장수 김성언(金成彦)이 정예병 100여 명을 거느리고 다른 곳에서 매복을 설치했는데, 진중(陣中)에 남아있던 군사들이 갑자기 수많은 적을 만나자 화살이 다 떨어지고 힘이 다하도록 싸웠지만 적을 막을 수가 없었으니, 온 진영(陣營)이 모두 도륙(屠戮)되어 시체가 산더미처럼 쌓이고 군량미와 전쟁 물자 또한 죄다 흩어져 잃어버렸습니다. 중화의 백성들은 임중량의 진영을 믿고서 경각에 달린 목숨을 연장하였으나, 흉적들이 틈을 엿보다가 기어이 모조리 죽이고 나서야 그쳤으니, 군사를 잃은 참변이 이보다 심한 것이 없을 것입니다.

대저 근래에 우리 군대가 날로 지친 데다 군사들의 식량이 날로 적어지니, 지난날 1,000명이던 병사들이 지금에는 수백 명에도 차지 못합니다. 적의 기세는 날로 불길처럼 치솟고 우리의 기세는 점차 줄어들어서 국가의 존망 및 성패의 계기가 한두 달 사이를 벗어나지 못할 것인데도, 지금 또 천장(天將: 명나라 장수)의 약조(約條)로 인하여 여러 군진(軍鎭)의 장수들이 마음대로 적을 죽이지도 못합니다. 명나라 장수가 한 일은 비록 스스로 적절히 조치한 것이라고 일컬으나 군사를 부릴 시기가 나날이 늦추어지니, 오늘의 참사는 지극히 통탄하고 절박합니다. 신(臣)들의 어리석은 생각으로는 기회를 살펴 과감히 결단하여 속히 처리함이 진실로 온당합니다.

初四日(己丑)。

藥房問安。○王世子還， 攝事。○李貴獻策。○又封狀啓二道于行在所。○倡義使金千鎰， 送其子象乾[189]及其幕下士林懽[190]，

---

189 象乾(상건): 金象乾(1557~1593). 본관은 彦陽. 김천일의 장남이다.

190 林懽(임환, 1561~1608): 본관은 羅州, 자는 子中, 호는 習靜. 1590년 진사시에 합격하였다. 1592년 임진왜란 때 의병장 金千鎰 밑에서 종사관으로서 軍務를 맡았다. 김천일의 군대가 강화에 진을 치고 있었을 때 당시 수안에 피난하였던 왕세자를 찾아가 남하하여 중흥의 기업을 세울 것을 청하고 司圃別提가 되어 돌아왔다.

備言[191]京城及畿甸形勢甚詳。京城之民，爲兇賊所毒虐[192]，日夜望官軍之至，儲備[193]軍器，潛圖內應[194]，受約束於千鎰者，幾數千人，其餘欲應成泳·李廷馨·禹性傳者亦多云。舊都遺民，既欲爲國家至誠討賊，而不於此時副應民望，則時移歲變，民情與賊玩狃[195]，馴致[196]淪胥[197]，更無恢復之望，至爲可慮。聞畿甸之人，官軍之外，團結鄕兵，名以義旅者，四十餘起，多者各數千，少不下四五百，總以言之，則不下數萬，且京城及畿甸之民，亦不下數萬云。以此觀之，兵非不足，所患者，總統之無人。所謂義兵者，雖有誠深討賊之人，而亦不無託名便私[198]者，行止任意，不受節制，只自保其鄕里而已。如不得人以統之，則非但不爲之用，將有後日可虞之端。右議政兪泓，懇切陳疏，請往江華，發行有日，被臺論劾，請還。愚臣妄意，須另選一員重臣名位俱隆者，委以都巡察職事，督率畿內軍及義兵，鼓向京城，與京師之民，內外合勢，以圖收復，則庶可成功。況今天氣寒冷，彼賊皆號凍無勇。若蹉過此時，以至春暖添兵，則更無可爲。且聞京城及畿甸之賊，皆恣意西下，以敵唐兵云，蓋以京師爲無足可慮，欲專力於西京，

---

191 備言(비언): 모두 말함.
192 毒虐(독학): 몹시 심하게 괴롭히고 학대함.
193 儲備(저비): 비축함. 저장함.
194 內應(내응): 적의 내부에서 몰래 아군과 통함.
195 玩狃(완유): 狃玩. 대수롭지 않게 여기는 생각이 습관으로 됨.
196 馴致(순치): 부리기 좋게 길들임.
197 淪胥(윤서): 물속에 가라앉음.
198 便私(편사): 자기만이 편하도록 꾀함.

今若侵擾京城, 以分其勢, 則雖未能刻期掃盪, 亦可爲攻平壤之一助。事機至急, 時不可失, 陪行多官, 皆言當陳達切急之意, 不敢沮遏, 敢此上聞。○近日, 日氣極寒, 伏未審聖體若何, 無任伏慮之至。臣等陪侍東宮, 時留龍岡。今月初一日, 平壤之賊, 大擧出向中和[199], 圍砲林仲樑[200]之軍, 仲樑則因病歸家。其代將金成彦, 領精兵百餘名, 設伏於他處, 留陣之兵, 猝遇浩大之賊, 矢盡力竭, 不能抵敵, 擧陣皆被屠殺, 積屍如山, 軍糧器械, 亦盡散失。中和之民, 恃仲樑之陣, 以延朝夕之命, 而兇賊窺覘, 期於殲盡而乃已, 喪師之慘, 莫甚於此。大抵近來, 我師日老, 兵食日匱, 前日一千之兵, 則今未滿數百。賊氣日熾, 我勢漸蹙, 國家存亡·成敗之機, 不出於一兩月間, 而今又以天將之約, 列鎭諸將, 不得任意廝殺。天將所爲, 雖自謂有所布置, 而用兵之期, 日漸延緩, 今日之事, 極爲痛迫。臣等愚意, 相幾夬決[201], 速爲處置, 允爲便當。

199 中和(중화): 평안남도 남부에 있는 고을. 동쪽은 황해도 수안군, 서쪽은 용강군·강서군, 남쪽은 황해도 황주군, 북쪽은 강동군·대동군과 접한다.

200 林仲樑(임중량, 생몰년 미상): 본관은 蔚珍, 자는 仲任. 1592년 임진왜란이 일어나자 壯士 尹鵬·尹麟 등의 추대로 의병대장이 되어 평안도지방에 들어온 왜군을 방어하였으나 패하고, 안주·정주로 철수하여 관군과 의병을 규합하여 적과 싸웠다. 이듬해 안주 목사 겸 안주 방어사로 발탁되어 의병을 거느리고 평양 탈환전에 참가하였고, 1594년 尹根壽의 천거로 千摠이 되었다.

201 夬決(쾌결): 과감히 결단함.

12월 5일(경인)

약방(藥房: 내의원)에서 문안하였다.

初五日(庚寅)。

藥房問安。

12월 6일(신묘)

많은 눈이 내렸다.

初六日(辛卯)。

大雪。

12월 7일(임진)

약방(藥房: 내의원)에서 문안하였다.

○왕세자가 동궁에 소속된 관료들에게 선물을 베풀었다.

初七日(壬辰)。

藥房問安。○王世子, 惠膳東宮僚屬。

12월 8일(계사)

初八日(癸巳)。

12월 9일(갑오)

약방(藥房: 내의원)에서 문안하였다.

初九日(甲午)。

藥房問安。

12월 10일(을미)

어머니 기일(忌日)의 재제(齋祭: 불교의식과 유교의식) 일로 아들 정윤목(鄭允穆)과 객사에 가서 묵었다.

初十日(乙未)。

以母忌齋祭事, 與允穆, 往宿客舍。

12월 11일(병신)

제사를 지냈다.

○병조 참판(兵曹參判) 홍인상(洪麟祥)이 대조(大朝: 행재소)에서 돌아왔다.

十一日(丙申)。

設祭。○兵曹參判洪麟祥[202], 回自大朝。

12월 12일(정유)

왕세자를 시급하게 다른 곳으로 옮기어 주둔케 해야 할 일로 들

202 洪麟祥(홍인상, 1549~1615): 본관은 豊山, 자는 君瑞·元禮, 호는 慕堂. 개명은 洪履祥. 1573년 사마시를 거쳐 1579년 식년문과에 급제하였다. 그 뒤 예조와 호조의 좌랑을 거쳐, 정언·수찬·지제교·병조 정랑 등을 두루 지냈다. 1591년 직제학을 거쳐 동부승지가 된 뒤, 다시 이조 참의가 되었다. 1592년 임진왜란 때는 예조참의로 옮겨 왕을 扈駕해 西行하였다. 그리고 곧 부제학이 되었다가 성천에 도착해 병조 참의에 전임하였다. 1593년 정주에서 대사간에 임명되었고, 이듬해 聖節使가 되어 명나라에 다녀왔다. 그 뒤 좌승지가 되었다가 곧 경상도 관찰사로 나갔다. 1596년 형조참판을 거쳐 대사성이 되었다. 그러나 영남 유생 文景虎 등이 成渾을 배척하는 상소를 올리자, 성혼을 두둔하다가 안동부사로 좌천되었다.

어가 아뢰었다.

○지난날 학가(鶴駕: 동궁의 행차)가 안주(安州)에서 돌아올 때, 학가가 철옹성(鐵甕城)으로 들어가지 않고 이곳에 온 것은 아마도 강도(江都: 강화도)로 곧장 향하면서 기전(畿甸: 畿內)의 사정을 살피고 위로하며 양호(兩湖: 호남·호서)를 통제하려는 계획이었을 것입니다. 그러나 지금 강나루가 두절(杜絶)되었으니 이미 이 계획은 실기(失期)하였으나 여전히 이곳에 머무는 것은 좋은 계책이 심히 아닙니다.

신(臣)의 어리석은 생각으로는 산성이 형세가 매우 좁은데다 빙판길의 혹한(酷寒)에 군사와 말이 얼어 죽거나 쓰러져 전쟁을 치를 수 없는데, 적이 만약 성에 바싹 가까이 다가온다면 지킬 수도 없고 또 피할 곳도 없으니, 형세는 실로 낭패입니다. 참으로 병법(兵法)에서 꺼리는 일로 사방이 꽉 막힌 지형이자 반드시 패할 수밖에 없는 곳이므로 결코 머물러서는 안 됩니다. 본현(本縣: 용강현)의 객사(客舍)는 비록 바람이 막혀 있고 남쪽을 향해 양지바르나 적의 소굴과 매우 가까워서 야간의 습격이 염려스럽습니다. 신(臣)의 어리석은 계획으로는 빨리 영유(永柔)로 가서 (명나라) 대군(大軍)의 뒤에 주둔하는 것이 나으니, 형세를 보아 나아가고 물러나는 것이 좋을 듯합니다. 혹자는 산성이 천연의 요새여서 지킬 수 있다고 하나, 이는 진실로 너무나도 생각지 못함이 심합니다. 신이 삼가 민망스럽습니다. 엎드려 바라건대 대신들에게 하문(下問)하여 제때 옮겨 머문다면 더없이 다행이겠습니다.

十二日(丁酉)。

以王世子急時移駐事，入啓。○頃日，鶴駕自安州回，駕不入鐵甕[203]而來此者，蓋以直向江都，撫綏畿甸，控制[204]兩湖之計也。今則江津不通，旣失此計，而尙留于此，甚非計之得也。臣愚以爲山城，形勢逼窄[205]，凝沍[206]苦寒，士馬凍斃，不可用武，賊若逼城，則旣不得守，又無所避，勢實狼狽。眞兵家所忌，天獄[207]之形，必敗之地，決不可留。本縣客舍，則雖藏風向陽，賊藪甚近，夜襲可慮。臣之愚計，莫若亟往永柔，留駐大軍之後，觀勢進退之爲得也。或以爲山城天險可守，此誠不思之甚也。臣竊憫焉。伏願下問大臣，及時移駐，千萬幸甚。

12월 13일(무술)

十三日(戊戌)。

12월 14일(기해)

약방(藥房: 내의원)에서 문안하였다.

十四日(己亥)。

藥房問安。

---

203 鐵甕(철옹): 鐵甕城. 평안북도 영변군 영변읍에 삼국시대 고구려의 성곽.

204 控制(공제): 주로 함부로 움직이거나 정해진 범위를 넘어서지 않도록 통제하는 것.

205 逼窄(핍착): 좁음.

206 凝沍(응호): 동짓달의 추위를 이르는 말.

207 天獄(천옥): 사방으로 꽉 막힌 지형으로 매우 험한 곳을 이르는 말.

12월 15일(경자)

약방(藥房)에서 문안하였다.

○왕세자에게 옮겨갈 일을 다시 아뢰었다.

○옮겨가는 것이 온당한지 그렇지 않은지는 신(臣)이 이미 간략하게나마 대강(大綱)을 아뢰었습니다만, 이렇게 위급하고 급박한 때에 임하여 번거롭게 함을 마지않고서 감히 어리석은 견해를 다 아뢰겠습니다. 그 계책에는 세 가지가 있습니다.

학가(鶴駕: 동궁의 행차)가 해서(海西: 황해도)로 떠나 강화도(江華島)에 들어가서 안팎을 호령하며 경성(京城)을 수복하고 극악한 적들을 소탕하여 대가(大駕)를 맞이하는 것이 상책(上策)입니다. 그러나 강나루가 두절(杜絶)되었으니 이 계책도 이미 놓쳤습니다. 빨리 영유(永柔)로 가서 대군(大軍)의 뒤에 머무르며 천병(天兵: 명나라 군대)의 형세를 살펴보아서 일이 순조로우면 큰길로 나가 서쪽에서 대가(大駕)를 맞아 다시 동쪽 성천(成川)으로 떠나서 수안(遂安)이나 바닷가 등지로 가고, 만약 일이 순조롭지 못하면 영변(寧邊)으로 물러나 지키는 것이 중책(中策)입니다. 그리고 만약 신속히 떠날 수 없다면 빈궁(嬪宮)만이라도 모시고 먼저 영유(永柔)로 옮겨가도록 하고, 학가(鶴駕)는 잠시 객사(客舍)에 머무르며 적의 형편을 잘 탐색하고 병사와 말을 가려 뽑아놓았다가 변고를 듣게 되면 급히 피하는 것이 하책(下策)입니다.

산성에 억지로 머무르게 하다가 마부와 말이 추위에 쓰러지고 사졸(士卒)들이 괴로움으로 원망하여 혹시 갑작스러운 변고가 있어도 피하는 것과 지키는 것을 모두 제대로 하지 않고서 앉은 채로 스스로 패하기만 기다리면 진실로 별다른 계책이 없을 것입니다. 사리가 너무도 분명함은 어리석은 이나 지혜로운 이나 모두 알고 있는데, 이미 상책을 놓치고서 다시 중책과 하책마저 놓치면 난리를 피할 곳도 없게 될 것이니 식자(識者)들이 한심하게 여길 것입니다.

대저 영변은 예로부터 철옹성(鐵甕城)이라 일컬어질 정도로 천연 요새지의 형세에다 성안이 탁 트여서 마부와 말이 주위를 돌기에도 족하고 장수와 병사들이 무예에 힘쓰기에도 족합니다. 또한 눈 온 뒤에 닥친 추위로 고개가 꽁꽁 얼어붙어서 북쪽의 적도 근심할 것이 없으니, 이곳과 비교하면 하늘과 땅만큼 같지 않습니다. 그런데도 오히려 위태로운 곳에 굳이 앉아서 오래 시일을 끌어 이미 한 달이 다 되었습니다. 만약 적들이 마음을 먹으면 무엇이든 못하는 짓이 없을까 두려워서 애태우고 답답한 마음을 견딜 수 없습니다.

계획이란 일의 근본이며, 말을 알아듣는 것이 존망(存亡)의 기틀입니다. 계획도 어긋나고 잘못된 말을 들으면 대사(大事)는 멀어집니다. 삼가 바라건대 의심할 것 없이 쾌하게 결단하십시오. 다만 저하의 옥체가 병이 들어서 함부로 움직일 수 없으니, 오직 바라건대 이를 잘 헤아려 준다면 더없이 다행이겠습니다.

十五日(庚子)。

藥房問安。○以移蹕事，再啓。○移蹕便否，臣已略陳大槪，臨此危迫，不避煩瀆[208]，敢盡愚見。其策有三。鶴駕向海西，入江

208 煩瀆(전독): 개운하지 못하고 번거로움.

都, 號令中外, 收復京城, 掃盪大憝[209], 以迎大駕, 策之上也。而江津不通, 旣失是策。亟往永柔, 留駐大軍之後, 以觀天兵之勢, 順則由大路出, 迎大駕于西, 復東向成川, 出遂安海隅等地, 若不順則退保寧邊, 策之中也。而如不速行, 奉侍嬪宮, 先移永柔, 鶴駕姑留客舍, 明斥候, 揀士馬, 聞變急避, 策之下也。彊滯山城, 人馬凍斃, 士卒怨苦, 脫有警急[210], 避守俱失, 坐待自敗, 誠爲無策。事理甚明, 愚智皆知, 旣失上策, 復失中下策, 無所避難, 識者寒心。夫寧邊, 古稱鐵甕, 天險形勢, 城中寬闊[211], 人馬足以周旋, 將士足以用武。且雪寒氷嶺, 北賊無虞, 譬諸此地, 霄壤不侔。而猶欲彊坐危地, 淹延時日, 已盈一朔。恐賊若生心, 無所不至, 不勝煎悶。計者, 事之本, 聽者, 存亡之機, 計失聽過[212], 大事去矣。伏願快決無疑。但徽體愆和[213], 不可輕動, 唯望十分審裁, 千萬幸甚。

12월 16일(신축)

눈이 내렸다. 약방(藥房)에서 문안하였다.

○이날 왕세자에게 오톨도톨하게 과립이 돋기 시작하였다.

---

209 大憝(대대): 극악한 적.

210 警急(경급): 경계해야 할 갑작스러운 재앙이나 뜻밖의 일.

211 寬闊(관활): 막힌 데 없이 아주 넓음.

212 計者, 事之本, 聽者, 存亡之機, 計失聽過(계자, 사지본, 청자, 존망지기, 계실청과): 《戰國策》 4권 〈秦策 · 楚絶齊〉에서 나오는 구절.

213 愆和(건화): 和氣를 잃는다는 뜻으로, 병이 들게 됨을 이르는 말.

十六日(辛丑)。

雪。藥房問安。○是日，王世子瘢疹[214]始形。

12월 17일(임인)

약방(藥房)에서 문안하였다.

十七日(壬寅)。

藥房問安。

12월 18일(계묘)

약방(藥房)에서 문안하였다.

○이날 또 장계 1통을 봉하여 행재소에 올렸다.

○섣달 추위가 몹시 매서운데, 성상(聖上)의 옥체(玉體)가 편안한지 그렇지 않은지 어떠한지를 알지 못하여 몹시 우려하는 마음을 견딜 수 없습니다.

다름이 아니라 동궁의 행차가 아직도 용강(龍岡)의 산성에 머무르고 있습니다. 그런데 요사이 기침하는 병을 앓다가 얼마 되지 않아 평소의 건강을 되찾았으나, 이달 12일부터 또다시 편치 못한 증세가 있었는데도 여전히 서연(書筵: 왕세자에게 글을 강론함)을 폐하지 않았습니다. 14일에야 처음으로 몸조리를 잘하지 못했음을 차례차례 듣고 안부를 물었더니, 평안하다고 답하였습니다. 15일 안부를

---

214 瘢疹(반진): 瘢은 색깔이 있는 점이 나타나지만 오톨도톨하게 돋지 않은 것이며, 疹은 과립처럼 도드라져 나와 볼 수도 있고 만질 수도 있는 것을 말함.

묻고는 의관(醫官) 이공기(李公沂)·남응명(南應命)·김중부(金仲孚)에게 진찰하러 들어가도록 청하니, 두통(頭痛)과 번열(煩熱)에 기침이 멈추지 않으나 육맥(六脈)으로 부맥(浮脈)·활맥(滑脈)이라면서 아마도 이전 12일 밤에 침소가 너무 더워 창을 열어 놓고 자다가 감기에 걸린 것으로 말미암아 이런 증세에 이른 것이라고 하였습니다. 또한 동궁을 살피고 아직 반진(瘢疹: 천연두의 일종)을 겪지 않아서 증세가 의심스럽다고 한 까닭에 의관들과 충분히 상의하여 삼소음(參蘇飮)을 달여 올리고 아울러 생맥차(生脈茶)도 올렸습니다. 17일 아침 일찍 안부를 물으니, 증세가 마찬가지라고 하였습니다. 그날 사시(巳時: 오전 10시 전후) 말경에 차례차례 들으니 얼굴에 오톨도톨하게 과립이 처음으로 돋았는데, 그 개수는 드물지도 않고 조밀하지도 않았습니다. 이 증세는 으레 가슴이 답답하고 열이 나기 때문에 삼두음(三豆飮)·진미음(陳米飮: 일종의 미음)·생맥차(生脈茶)를 함께 달여 놓고 예후를 기다리다가 같은 날 저녁에 형방패독산(荊防敗毒散)을 제조하여 올렸습니다.

18일 아침 일찍 안부를 물으니 두통과 열나는 증세가 모두 다소 감소한 듯하고, 이마에 돋았던 것도 점차 먼저 없어진 듯하여 대체로 몸에 병이 없어져 편안하였습니다. 이보다 앞서 민간에서 크고 작은 종기와 열병이 불길처럼 유행했을 때, 의관(醫官)들이 신(臣)에게 희두토홍환(稀痘兎紅丸)이 신묘하다고 알려주었었습니다. 그래서 신(臣)이 영상(領相: 최흥원)에게 말하고서 본도(本道: 평안도) 현령(縣令: 용강 현령) 신현(申俔)에게 살아있는 토끼 1마리를 잡아 오도록 했었습니다. 의관 이공기·남응명·김중부에게 명하여 12월 8일까지 토끼의 피를 받아 약방문 그대로 조제(調劑)해 들이라고 했었는데, 왕세자가 복용법대로 복용했다고 합니다. 다만 산성(山城)이 몹시 추운데다 거처도 엉성하고 추워서 몸조리에 해가 있을까 매우 두려운데, 이 때문에 걱정해 마지않습니다. 차례로 다 아룁니다.

十八日(癸卯)。

藥房問安。〇是日，又封狀啓一道于行在所。〇臘寒嚴沍，不審聖體安否若何，無任憂慮之至。且中[215]東宮行次，尙留龍岡山城。而頃患欬嗽之症，未幾平復[216]，自本月十二日，復有未寧之候，而猶未廢書筵。十四日，詮次始聞失攝[217]，問安則以平安答之。十五日問安，請令醫官李公沂[218]·南應命·金仲孚入診，則頭痛煩熱[219]，欬嗽不止，六脈浮滑[220]，蓋以前十二日夜，寢房過暖，開窓感冒，仍致此症云。且審東宮，未經瘢疹，證涉疑似，故與醫官等，十分商議，煎進參蘇飮[221]，兼進生脈茶。十七日，早朝

215 且中(차중): 다름이 아니라. 드릴 말씀은.

216 平復(평복): 병이 나아져서 평상을 회복함.

217 失攝(실섭): 몸조리를 잘하지 못함.

218 李公沂(이공기, 생몰년 미상): 본관은 韓山. 李穡의 6대손으로 아버지는 李洽이다. 宣祖 시대 내의원 의관으로 활동하였고, 특히 針砭術에 능했다. 임진왜란 후 扈聖功臣 3등에 책록되어 韓溪君의 봉호를 받았다.

219 煩熱(번열): 가슴이 답답하고 열이 나는 증상.

220 浮滑(부활): 浮脈과 滑脈. 두통에서는 길한 맥이라 하는데, 부맥은 가볍게 짚으면 잘 느껴지고 세게 눌러 짚으면 느껴지지 않고, 활맥은 맥의 왕래가 막힘이 없다.

221 參蘇飮(삼소음): 감기나 상한으로 인한 일체 두통과 발열, 근육통, 寒熱의 왕래 및 기침 증세를 치료하는 처방.

問安, 則症候一樣云。當日巳時末, 詮次聞之, 面上癍疹始現, 箇數不稀不密。此症例爲煩熱, 故三豆飮[222] · 陳米飮 · 生脈茶, 幷煎待候, 同日夕, 劑進荊防敗毒散[223]。十八日, 早朝問安, 則頭痛熱勢, 幷似稍減, 額上所發, 稍覺先除, 大概平順[224]。前此閭閻, 大小瘡疹熾發, 醫官等, 告臣以稀痘兎紅丸之妙。臣言于領相, 令本道縣令申俔, 捉得生兎一口。令醫官李公沂 · 南應命 · 金仲孚, 及臘八日取血, 一依方文劑入, 王世子卽依法進服云。但山城苦寒, 居處疏冷, 深恐有妨調攝, 以此悶慮不已。詮次善啓。

12월 19일(갑진)

약방(藥房)에서 문안하였다.

○이날 또 장계 1통을 봉하여 행재소에 올렸다.

○이달 19일 통원보(通遠堡)에서 오는 도중인 이산보(李山甫)를 만났는데, 이 제독(李提督: 李如松)이 군대를 우리나라로 내보내는 것에 대해 곡절을 자세히 들었고, 또한 제독이 당일에야 통원보에 도착한다는 것도 알았습니다.

신(臣)이 이에 통원보로 나아가 정문(呈文: 공문서)을 갖추고 기다렸는데, 신시(申時: 오후 4시 전후)에 제독이 통원보에 들어왔습니다.

---

222 三豆飮(삼두음): 붉은 팥과 검은콩, 녹두 등을 섞어서 만든 차. 예부터 천연두를 예방하기 위해서 마셨다.

223 荊防敗毒散(형방패독산): 패독산에서 인삼, 생강, 박하를 빼고 荊芥와 防風을 넣은 것.

224 平順(평순): 몸에 병이 없음.

신(臣)이 즉시 나아가 이름을 통보하자, 제독이 먼저 역관(譯官)을 불러 들어오도록 하여 정문(呈文)의 사리(事理)를 물었습니다. 역관이 대략 설명하자, 그 자리에서 말하기를, "나는 이미 알고 있다."라고 하고는, 곧바로 패문(牌文: 중국의 외교 통지문)을 발행하고 직접 야불수(夜不收: 파발꾼)를 단단히 타일러 요동(遼東)에 뒤처져 있는 군마가 출발하도록 재촉하라고 하였습니다. 이어 신(臣)을 불러서 서로 인사치례(人事致禮)를 행하고 즉시 정문을 올리니, 제독이 계단 위에 나와서 절반 정도 읽고는 그의 동생 이여백(李如栢: 李如柏)을 돌아보며 주면서 대답하기를, "나는 이미 알고 있어서 벌써 군마가 출발하도록 재촉하였소."라고 하였습니다. 신(臣)이 말하기를, "국왕께서 제독이 이미 요동(遼東)에 도착해 있음을 알지 못하여 자문(咨文: 조선의 외교문서)을 갖출 수가 없었소. 다만 배신(陪臣)에게 와서 문후(問候)토록 한 행색(行色: 차림) 그대로 즉시 문안을 드리도록 하였고, 또한 긴급한 사정을 아뢰도록 하였소. 대군(大軍)이 아직 출발하지 않았는데 적들이 만약 낌새를 알아채고 먼저 출병한다면, 안정(安定)의 노야(老爺)가 결코 쳐부수기 어려울 것이오. 바라건대 제독이 신속히 우리나라로 출병하여 주시오."라고 하니, 대답하기를, "의주(義州)에 먼저 도착한 장관(將官)들이 앞장서서 진군하려고 청하였으나, 내가 미리 군량과 말먹이를 축낼까 염려하였소. 지금 그대의 말을 들었으니 내가 응당 곧바로 3, 4천의 군사와 말을 보내고 또한 이미 의주에 도착한 남병(南兵) 6천을 출발시키면 합계 1만일 것이오. 순안(順安)으로 진군하라고 하겠소."라고 하였습니다. 신(臣)도 대답하기를, "이것이야말로 바로 소방(小邦: 조선)이 바라는 바이니, 감격해 마지않으오. 바라건대 언제 출발시켜 보낼 것인지 듣고자 하오."라고 하였습니다.

이여백(李如栢: 李如伯)이 뒤에 있다가 눈짓하자, 제독이 그의 말을 듣고는 계단 아래로 내려와 대답하기를, "내가 처음에는 병마를 보내려 하였으나 국왕의 자문(咨文)을 보지 못하였으니, 그대가 먼저 역관 한 사람을 보내어 자문을 갖춰 온다면 내가 응당 군대를 출동시킬 것이오. 그대가 군량의 조목을 열거하고 낱낱의 수를 갖추어 가져오면 마땅히 함께 봉황성(鳳凰城)으로 갔다가 그대를 보내줄 것이오." 하고서, 송야(宋爺: 宋應昌)가 있는 곳으로 가지 말라고 경계하였습니다. 그의 뜻을 살피건대 이산보(李山甫)가 나아갔을 때 제독이 경략(經略: 宋應昌)에게 자문(咨文)을 올리고 자기에게는 정문(呈文)을 올리자, 마치 자기를 경략보다 낮게 보아서 자문을 갖추지 않은 듯했기 때문에 지금 이런 말을 한 것이고, 신(臣)이 그대로 송응창이 있는 곳으로 갈까 염려한 까닭에 함께 봉황성으로 가려고 한 것입니다. 신(臣)이 대답하기를, "마땅히 하교(下敎)를 따라야 하나, 다만 소방(小邦: 조선)은 적이 먼저 출병하여 서쪽으로 내려갈까 염려되니 다시 바라건대 미리 병마를 보내 주오."라고 하였습니다.

제독이 좌우의 사람들을 물리치고 신(臣)의 앞으로 다가서서 역관 표정로(表廷老)에게 말하기를, "내가 먼저 병마를 보내지 않으려는 것이 아니라 적들이 이러한 소식을 듣고 미리 달아날까 염려해서이다. 또한 순안(順安)의 군량미를 1만 명이나 되는 군사가 먼저 가서 먹어버리면, 대군(大軍)이 나중에 이르렀을 때 그대의 나라가 어떻게 마련할 방도를 세우려는가? 그대는 왜놈들이 이와 같은 생각도 하지 않는다는 것인가? 저들이 천병(天兵: 명나라 군사)을 극히 두려워하여 서쪽으로 향하기가 반드시 쉽지 않을 것이다." 하고, 이어서 또 속삭이기를, "내가 들으니 심 유격(沈游擊: 심유경)이 군사 기밀을 은밀히 통보했다고 하는데, 적들이 미리 달아날까 매우 염려된다. 어찌 일부 예비 부대를 먼저 보내어 기밀을 누설할 수 있단 말인가?"라고 하였습니다.

다시금 묻기를, "황해도에도 요충지를 지키는 자가 있는 것이오?"라고 하니, 신(臣)이 이시언(李時彦)·김경로(金敬老)·이정암(李廷馣)이 대적하고 있다 하였습니다. 또 묻기를, "평양(平壤)의 적들이 모조리 달아났다고 하는데, 사실이오?"라고 묻는지라, 신(臣)이 대답하기를, "내가 의주(義州)에 있을 때는 그런 말을 듣지 못하였고, 다만 적의 군대가 증강되었다고만 들었소."라고 하였습니다. 이에, 제독이 화를 내며 심가왕(沈家旺: 沈嘉旺)을 불러오라고 하자, 마침 동참장(佟參將: 佟養正)의 답응관(答應官)이 심가왕을 강제로 데리고 왔는데, 제독의 말이 떨어지자마자 심가왕이 무릎을 꿇으니, 제독이 눈을 부릅뜨고 흘겨보며 말하기를, "너희들이 말하기를, '평양(平壤)의 적들이 모조리 도망갔고 황해도(黃海道)도 이미 요새지에서 차단하고 있다.'라고 했거늘, 그렇다면 적들이 어떻게 도망갈 수 있단 말이냐?" 하였습니다. 이어서 평양에 있는 적의 숫자를 물었는데, 심가왕이 8천 명이라고 대답하니, 제독이 화를 내며 꾸짖기를, "비록 10만의 적이 있더라도 나는 마땅히 죄다 무찌를 것이지만, 나는 너희가 속이는 것을 알았다. 내가 성지(聖旨: 황제의 명령)를 받고서 응당 조선 국왕을 경도(京都: 都邑)로 돌아갈 수 있도록 해야 하는데, 너희들이 강화(講和)하자고 말하는 것은 무슨 까닭이냐? 내가 마땅히 심유경(沈惟敬)을 순안(順安)으로 잡아들여서 평양으로 들여보내어 그가 한 짓을 보게 하고 군율대로 처리하겠다."라고 하고서, 좌우의 사람들에게 심가왕을 책임지고 지키게 하여 달아나지 못하도록 하였습니다.

이어 신(臣)에게도 강어귀를 가로막아서 잡인(雜人)들이 훔쳐 가지 못하도록 하라고 경계하였습니다. 신(臣)이 대답하고서 묻기를, "바라건대 노야(老爺: 이여송)는 언제 강을 건널 것인지, 병력의 수는 얼마나 되는지, 송야(宋爺: 송응창)는 언제 오는지 듣고 싶소."라고 하니, 제독이 대답하기를, "내가 강연대(江沿臺)에 이르면 군마(軍馬)를 곧 정돈할 것인데, 정돈이 끝나는 즉시 군마를 도강(渡江)시킬 것이니 이달 25일이나 26일이면 당연히 모두가 이를 것이오. 내가 강을 건너는 것은 27일일 것인데, 강을 건너면 즉시 순안(順安)으로 향할 수 있을 것이오. 만약 의주(義州)에 이르러서 비로소 군사를 정돈하면 다른 군량과 말먹이를 허비할까 염려되고, 군사의 수는 4만이며, 송야(宋爺: 송응창)는 다만 강연대에 이르러서 군량과 말먹이를 운송하고 문서(文書)를 전할 뿐이니, 무엇 하러 강을 건너려고 하겠소."라고 하였습니다. 신(臣)이 물러나 군량의 수효를 갖추고 이튿날 지적해준 대로 따라 친히 올린 후에 함께 봉황성(鳳凰城)을 향해 갈 계획입니다.

그리고 정문(呈文)의 초안도 아울러 등서(謄書)하여 소통사(小通事: 하급 통역관) 김덕련(金德連)의 처소에 주어서 먼저 올려보냅니다. 엎드려 바라옵건대 속히 긴급한 사정을 빨리 자문(咨文)으로 갖추어

밤새워서라도 치달려 보내심이 온당할 듯합니다.【협주: 살피건대, 이달 이날 선생은 성천(成川)에 있었고 본래 사신(使臣)으로 압록강을 건너간 일이 없었으니, 이 장계(狀啓)는 분명히 다른 사람의 일이다. 그러나 아마도 장계 속에 전해 들은 것을 등록(謄錄)한 듯하여 우선 여기에 그대로 둔다.】

十九日(甲辰)。

藥房問安。○是日, 又封狀啓一道于行在所。○本月十九日, 於通遠堡[225]道中, 逢李山甫[226], 細聞李提督[227]進軍曲折, 且知提督,

---

225 通遠堡(통원보): 중국 遼東 지역의 군사 요충지인 東八站의 하나로 조선 사행단의 행로 중 하나.

226 李山甫(이산보, 1539~1594): 본관은 韓山, 자는 仲擧, 호는 鳴谷. 1567년 사마시를 거쳐, 1568년 증광문과에 급제해 승문원의 추천으로 춘추관에 들어갔다. 1578년 집의, 이어 동부승지·대사간·우승지를 지냈다. 1589년 鄭汝立의 기축옥사가 일어나자 대사간의 자리에서 난국을 수습하고, 1590년 聖節使로 명나라에 다녀온 후 다시 대사헌이 되었다. 1591년 황해도관찰사로 있다가 建儲問題(왕세자의 책봉문제)로 정철 등 서인이 화를 당하자 이에 연루, 곧 파직되었다. 1592년 임진왜란이 일어나자 宣祖를 호종했고, 대사간·이조참판·이조판서 등을 역임하였다. 명나라 군대가 遼陽에 머물면서 진군하지 않자 명나라 장군 李如松을 설득해 명군을 조선으로 들어오게 하는 데 큰 공을 세웠다. 《선조실록》 1592년 12월 17일 5번째 기사에 의하면, 12월 8일 中江을 건너 遼陽으로 갔음을 알 수 있으며, 이 기사는 중국군의 동향과 출병 시기 등에 대해 올린 보고문이다.

227 李提督(이제독): 李如松(1549~1598)을 가리킴. 명나라 장수. 朝鮮 출신인 李英의 후손이며, 遼東總兵으로 遼東 방위에 큰 공을 세운 李成梁(1526~1615)의 長子이다. 임진왜란 때 防海禦倭總兵官으로서 명나라 구원군 4만 3천 명을 이끌고 동생 李如柏과 왔다. 43,000여의 明軍을 이끌고 압록강을 건넌 그는 休靜(1520~1604), 金應瑞(1564~1624) 등이 이끄는 조선의 僧軍, 官軍과 연합하여 1593년 1월 고니시 유키나가[小西行長]의 왜군을 기습해 평양성을 함락시켰다. 그리고 퇴각하는 왜군을 추격하며 평안도와 황해도, 개성 일대를 탈환했지만, 한성 부근의 碧蹄館에서 고바야카와 다카카게[小早川隆景], 다치바나 무네시게[立花宗茂] 등이 이끄는 왜군에 패하여 開城으로 퇴각하였다. 그리고 함경도

以當日到通遠堡。臣仍進同堡, 具呈文待候, 申時, 提督入堡。臣卽詣通名, 提督先呼譯官入來, 問呈文事理。譯官略陳, 則曰: "我已知道." 卽發牌文[228], 面勑夜不收[229], 催發遼東落後軍馬矣。仍召臣行禮, 卽爲呈文, 則提督出立階上, 覽文至半, 顧授其弟如栢[230], 答曰: "我已知道, 已令催發軍馬矣." 臣告曰: "國王不知老爺已到遼東, 不得具咨。只令陪臣來候行色, 卽仍行問安, 且令呈稟緊急事情矣。大軍旣不發去, 賊若知幾先發, 則安定[231]老爺, 決難抵當。願老爺急速進兵." 答曰: "義州[232]先到將官, 請欲先進, 而我慮先耗糧草矣。今聞爾言, 我當卽送三四千兵馬, 且發已到義州南兵六千, 合一萬。令進駐順安." 臣答曰: "此正小邦所望, 不勝感激。願聞何時發送?" 如栢在後眗之, 提督就聞其語, 仍下階下, 答曰: "我初欲送兵馬, 而不見國王咨, 爾可先送一譯, 具咨進

에 있는 가토 기요마사[加藤淸正]의 왜군이 평양성을 공격한다는 말이 떠돌자 평양성으로 물러났다. 그 뒤에는 전투에 적극적으로 나서지 않고 화의 교섭에만 주력하다가 그해 말에 劉綎(1558~1619)의 부대만 남기고 명나라로 철군하였다.

228 牌文(패문): 중국에서 조선에 勅使를 파견할 때, 칙사의 파견 목적과 일정 등 칙사와 관련된 제반 사항을 기록하여 사전에 보내던 通知文.

229 夜不收(야불수): 긴급한 일을 전하기 위하여, 밤에도 중지하지 않고 달리는 擺撥軍.

230 如栢(여백): 李如柏(1553~1620). 李成梁의 아들이자 李如松의 동생이다. 1592년 임진왜란 때는 벽제관 전투에서 크게 활약하였으나, 1619년 사르후 전투에서 누르하치가 이끄는 후금에 대패하여 자결하였다.

231 安定(안정): 평안남도 平原郡에 있는 고을.

232 義州(의주): 평안북도 북서부에 있는 고을. 동쪽으로는 삭주군·구성군, 남쪽으로는 용천군·철산군·선천군, 북서쪽으로는 압록강을 사이에 두고 중국(만주 지방)과 접한다.

來, 我當發兵。爾則計開[233]兵糧, 數目以俱來, 當偕往鳳凰城[234], 送爾矣." 仍戒勿往宋爺[235]所。觀其意, 則李山甫進去時, 提督以呈咨經略, 呈文於己, 有若以己左於經略, 而不爲具咨, 故今有是語, 而慮臣仍往宋處, 故欲與俱到鳳凰城矣." 臣答曰: "當依下教, 但小邦, 以賊之先發西下爲慮, 更願先送兵馬." 提督辟左右, 就立臣前, 語表廷老[236]曰: "我非不欲先送兵馬, 而恐此賊聞奇[237]先遁。且順安軍糧, 萬軍先往喫下, 則大軍後至, 爾國何以接濟[238]? 爾謂倭子如是無謀乎? 渠極畏天兵, 必不容易西向." 仍又細語曰: "吾聞沈游擊, 潛通軍機, 深恐賊先遁去。豈可先送偏師[239], 以泄其機邪?" 且問: "黃海道, 亦有把截者邪?" 臣以李時彦[240]·金敬

---

233 計開(계개): 내역을 列記함.

234 鳳凰城(봉황성): 중국 遼寧省 봉성진에 있었던 고구려 산성.

235 宋爺(송야): 宋應昌(1536~1606)을 가리킴. 명나라 장수. 임진왜란 당시 1592년 12월 명군의 지휘부, 경략군문 병부시랑으로 부하인 제독 李如松과 함께 43,000명의 명나라 2차 원군의 총사령관으로 참전하였다. 그리고 조선의 金景瑞와 함께 제4차 평양 전투에서 평양성을 탈환한다. 그러나 이여송이 벽제관 전투에서 대패하자 명나라 요동으로 이동, 형식상으로 지휘하였다. 이후 육군과 수군에게 전쟁 물자를 지원해 주었고 전쟁 후에 병이 들어 70세의 나이로 병사하였다.

236 表廷老(표정로, 생몰년 미상): 본관은 新昌. 보성 출신. 아버지는 역관 表憲이다. 중인 출신으로 宣祖 때 遠接使의 역관이 되어 의주에 가 배 위에서 명나라 사신을 맞았으며, 광해군 때 지중추부사까지 지냈다.

237 恐此賊聞奇(공차적문기): 恐賊聞此奇의 착종인 듯.

238 接濟(접제): 살아갈 방도를 세움.

239 偏師(편사): 대규모 병력이 아닌 일부 병력을 이르는 말.

240 李時彦(이시언): 李時言(1557~1624)의 오기.(이하 동일) 본관은 全州, 자는 季仲. 1579년 무과에 급제하였으며, 1589년 李山海의 천거로 五衛 司勇에 등용되었으며, 그 뒤 사과에 오르고 1592년에는 상호군에 승진되었다. 임진왜란 중

老[241] · 李廷馣爲對。又問: "平壤賊盡遁云, 信否?" 臣答曰: "小的在義州時, 則不聞此語, 只聞添兵矣." 提督仍怒, 呼沈家旺[242]來, 適佟參將[243]答應官, 押家旺來到, 家旺應聲來跪, 提督瞋睨曰: "儞言: '平壤賊盡遁, 黃海道旣有把截.' 則賊安能遁去邪?" 仍問平壤賊數, 家旺答以八千, 則提督怒罵曰: "雖有十萬, 我當盡勦, 我知汝詐矣。我受聖旨, 當還國王于京都, 汝言講和何邪? 我當拿唯敬到順安, 入送平壤, 觀其所爲, 依律處之." 令左右保授家旺, 無令

황해도 좌방어사로 있다가 충청도 병마절도사로 전임, 경주 탈환전에서 큰 공을 세웠다. 1594년 전라도 병마절도사로 나아갔으며, 1601년에는 충청도 일원에서 일어난 李夢鶴의 난을 진압하는 데 기여하고, 1605년 함경도 순변사로 변방을 맡았다. 광해군 때에는 평안 병사 · 훈련대장이 되었고, 인조 초에는 巡邊副元帥가 되었으나 1624년 李适이 반란을 일으키자, 內應을 염려하여 奇自獻을 비롯한 35명이 처형될 때 함께 사형되었다.

241 金敬老(김경로, ?~1597): 본관은 慶州, 자는 惺叔. 남원 출신. 1576년 무과에 급제하였다. 1592년 임진왜란이 일어났을 때 慶尙助防將이었는데, 금산으로 적이 쳐들어오자 그곳으로 나아가 수십 명의 적병을 베었다. 그리고 宣祖가 피난한 의주로 달려가니 선조가 매우 칭찬하고, 黃海防禦使에 임명하였다. 1593 정월에 평양방어사 李時言과 더불어 평양으로부터 후퇴하는 왜장 고니시 유키나가[小西行長]의 퇴로를 막고 격전을 벌였다. 그 결과 전공을 세워 다시 전라방어사로 전입되었다. 1597년 정유재란이 일어나자 왜적이 사천 · 고성 등지로 상륙하여 남원을 포위하자, 병마절도사 李福男과 결사대를 조직, 남원으로 들어가 방어사 吳應井, 구례 현감 李元春과 함께 명나라의 副總兵 楊元을 도와 왜적과 싸우다 성이 함락되자 진지에서 전사하였다.

242 沈家旺(심가왕): 《宣祖實錄》 1592년 11월 17일, 1594년 12월 6일, 1595년 2월 10일, 1596년 4월 20일 자에는 沈嘉旺으로 표기됨. 沈惟敬의 家人이다.

243 佟參將(동참장): 佟養正을 가리킴. 임진왜란 초기에 義州에 파견되어 정세를 파악하고 명군 안내 등 조선에 도움을 주었던 명나라의 장수이다. 조선에 출정한 장수 중 楊元을 잘못 추천하였다는 이유로 징계를 받았는데, 죄를 받는 대신에 군량을 납부하도록 조처되기도 하였다.

逸去。仍戒臣攔截[244]江口，無令雜人偸去。臣答，曰："願聞老爺何日渡江？兵數幾何？宋爺幾日當來？" 答曰："我到江沿臺[245]，就整軍馬，整了卽渡軍馬，今廿五 · 六當畢至。我過江，在廿七，過江則可卽向順安。若到義州，始爲整軍，則恐費他糧料，軍數則四萬。宋爺則只到江沿臺，運糧草，通文書而已，何用過江？" 臣退具兵糧數，明日依所命，親呈後，偕向鳳凰城計料。而呈文草，幷爲謄書，小通事金德連處準授，先爲上送。伏望速將緊急事情，急具咨星夜馳送，似爲便當。【按[246]是月是日，先生在成川，本無出使越江之事，此狀啓明是他人事。竊恐以傳聞謄錄於狀啓中邪，姑存之.】

12월 20일(을사)

약방(藥房)에서 문안하였다.

○지난밤 왕세자가 머물던 임시숙소에 불이 났다.

○이날 또 장계 2통을 봉하여 행재소에 올렸다.

○동궁에게 오톨도톨하게 과립이 돋았던 증세가 없어져 편안해졌다는 것을 이달 18일 봉해 올린 서장(書狀) 중에 이미 아뢰었으나, 같은 날 오후에 몸 상태가 여전히 가슴 답답함을 느끼며 열이 나는데다 목구멍도 헌 듯해 미음조차 넘기기가 어렵다고 하였습니다. 신(臣)과 의관들이 충분히 상의하여 증상에 따른 약을 올렸는데, 가

---

244 攔截(난절): 가로막음.

245 江沿臺(강연대): 遼東의 九連城 보다 약간 북쪽에 설치한 堡.

246 협주에서도 언급되어 있지만, 이 장계가 정탁의 일과 관련된 것이 아님은《宣祖實錄》1592년 12월 17일 5번째 기사의 내용을 참고하면 될 듯하다.

감박하전원(加減薄荷煎元)·사화진미음(舍化陳米飮)·삼두음(三豆飮)·녹두죽(菉豆粥)·생리즙(生梨汁)을 연달아 올려 삼키도록 하였습니다. 그날 밤에 목구멍으로 잠시 넘길 수 있어서 곽갱화연반(藿羹和軟飯) 몇 숟가락을 올렸고, 또 원미진미음(元米陳米飮)을 두세 차례 올렸는데, 정화수(井花水)로 빈번히 입안을 헹구었습니다. 19일에는 열나는 증세가 3분의 2정도로 덜해졌고, 이마와 볼에도 먼저 돋았던 곳이 점차 가라앉았습니다. 20일 아침에는 몸 상태가 마찬가지였지만, 이경(二更: 밤 10시 전후)에 잠이 들자 사지와 가슴·복부에 뒤늦게 돋았던 곳 또한 가라앉았으며, 가슴이 답답하고 열이 나던 것도 많이 내렸고 목구멍의 통증 또한 덜하였습니다. 단지 삼경(三更: 밤 12시 전후) 가량에 동궁의 막사 바깥에다 새로 지은 세 칸에서만 불이 났었으나, 이때 마침 자지 않고 깨어 있었던 까닭에 놀라서 피하는 지경에는 이르지 않았습니다.

○풍천 부사(豐川府使) 황윤용(黃允容)이 순찰사(巡察使) 이정암(李廷馣)의 장계로 파직되어서 남억(南嶷)을 임시로 임명하였습니다. 황윤용이 범한 죄의 경중은 알지 못하나, 풍천(豐川)은 연해(沿海)의 요충인 고을입니다. 황윤용은 근력도 그다지 쇠약하지 않았고 또한 풍천부의 민심도 얻고 있는 데다 군사 장비 및 성의 둘레에 있는 해자(垓子)도 잘 보수한 지 이미 오래인데, 이렇게 사변이 한창 급박한 때에 남억으로 교체하면 방비하는 일이 서툴러서 그르치는 폐해가 없을 수가 없고, 본읍(本邑: 풍천)의 백성들이 찾아와서 하소연하며 그대로 유임하기를 간청하였습니다. 민심이 이와 같으니 조정에서 참작하여 처리함이 온당할 듯합니다.

二十日(乙巳)。

藥房問安。○去夜, 王世子寓所假家火。○是日, 又封狀啓二道于行在所。○東宮癍疹證候平順, 本月十八日, 所封書狀中, 已爲啓達, 而同日午後, 氣候猶覺煩熱, 咽喉似爲爛疼, 粥飮難下云。臣與醫官等, 十分商議, 隨症進藥, 以加減薄荷煎元 · 舍化陳米飮 · 三豆飮 · 菉豆粥 · 生梨汁, 連進下咽。是夜, 喉門暫開, 進藿羹和軟飯數匙, 又進元米陳米飮二三度, 井花水[247]頻頻嗽口。十九日, 熱勢減三分之二, 額頰先發處, 漸至消歇[248]。二十日朝, 氣候一樣, 二更入睡, 四肢胸腹追發處, 亦至消歇, 煩熱太減, 喉症亦歇。但三更量, 東宮依幕外新造三間失火, 而時適睡覺, 故不至驚動矣。○豐川府[249]使黃允容[250], 巡察使李廷馣啓聞罷黜[251], 以南嶷假差。允容罪犯輕重, 知不得, 而豐川, 乃沿海要衝之邑。允容筋力, 不甚衰替, 且得本邑民心, 軍器城池, 繕葺[252]已久。而當此事變方急之時, 代以南嶷, 則其防備之事, 不無疏誤之弊。而本邑民

---

247 井花水(정화수): 정성을 들이거나 약을 달이는 데 쓰기 위하여, 이른 새벽 남보다 먼저 길어 온 우물물.

248 消歇(소헐): 사라짐. 없어짐. 가라앉음.

249 豐川府(풍천부): 황해도 서북부에 있으며 동쪽으로 은율, 남쪽으로 송화 · 장연, 서쪽과 북쪽으로 서해에 접하는 곳에 설치되어 주민들을 관할하던 관청이자 행정구역.

250 黃允容(황윤용, 생몰년 미상): 본관은 長水, 자는 彦廓. 1566년 무과에 급제하였다.

251 罷黜(파출): 현직을 파면하는 동시에 官等을 貶下함.

252 繕葺(선즙): 가옥 등을 수선하여 고침.

人等, 委來呈訴[253], 懇請仍任。民情如此, 自朝廷參酌處置, 似爲便當。

12월 21일(병오)

약방(藥房)에서 문안하였다.

二十一日(丙午)。

藥房問安。

12월 22일(정미)

약방(藥房)에서 문안하였다.

二十二日(丁未)。

藥房問安。

12월 23일(무신)

약방(藥房)에서 문안하였다.

○또 장계 1통을 봉하여 행재소에 올렸다.

○동궁의 증세는 이달 18일과 20일 두 차례의 서장(書狀) 중에 이미 대략 아뢰었습니다. 21일 이후부터는 날마다 세 끼니때 안부를 물었는데, 열나는 증세가 감소한 듯하고 사지(四肢)에 먼저 돋았던 곳이 이미 절반 사라졌습니다만, 목구멍에서 나오는 거친 숨소리는 쾌히 낫지 않고 여전하여 가감박하전원(加減薄荷煎元)을 몇 차

---

253 呈訴(정소): 陳訴. 사정을 말하여 하소연함.

례 복용하고는 계속해서 용뇌말(龍腦末: 용뇌 가루)을 목구멍으로 불어 넣었습니다.

22일에는 잠자는 것도 안온했고, 목구멍의 통증도 점차 차도가 있으며, 열나는 증세도 많이 감소하였습니다. 차례로 다 아룁니다.

二十三日(戊申)。

藥房問安。○又封狀啓一道于行在所。○東宮症候, 本月十八日·二十日, 兩度書狀中, 已陳大槪。自二十一日以後, 逐日三時問安, 則熱勢似減, 四肢先發處, 已半消去, 而咽喉欬嗽, 如前未快, 用加減薄荷煎元數度, 繼以龍腦末, 吹入喉門矣。二十二日, 寢睡安穩, 咽喉漸至差歇, 熱勢大減。詮次善啓。

12월 24일(기유)

약방(藥房)에서 문안하였다.

○왕세자가 영의정(領議政: 최흥원)과 나를 불러 만나보고서 영변(寧邊)으로 옮겨갈 계획을 의논하여 결정하였다.

二十四日(己酉)。

藥房問安。○王世子引見領相及琢, 議定移向寧邊之計。

12월 25일(경술)

왕세자를 모시고 길을 떠나 함종(咸從)에서 묵었다.

○또 장계 1통을 봉하여 행재소에 올렸다.

○근래 성상(聖上)의 옥체(玉體)가 어떠한지 알지 못하여 몹시 염려스러운 마음을 견딜 수 없습니다. 신(臣)은 동궁의 행차를 모시고

서 당일 용강(龍岡)을 떠나 지금 함종현(咸從縣)에 이르러 유숙(留宿)하고 있는데, 행차한 후로 왕세자의 몸 상태는 탈이 없어 걱정이 없습니다. 내일 증산(甑山)으로 향해 갈 것인데, 겨우 회복한 지가 오래되지 않았는데도 추위를 무릅쓰고 길을 떠나는 것은 지극히 온당치 못한 것입니다.

오시(午時)에 신(臣)이 영의정 최흥원(崔興源) · 승지 류희림(柳希霖) · 사관(史官) 이진(李軫) 및 의관 이공기(李公沂) · 남응명(南應命) · 김중부(金仲孚)와 함께 들어가서 뵙고 동궁의 얼굴빛을 자세히 살피니, 얼굴이 졸지에 수척해졌지만 달리 열나는 징후는 없었고, 말하는 소리도 평소와 같았고, 오톨도톨하게 돋았던 과립도 아주 다 사라져 흔적이 없었습니다. 당일 행차가 증산(甑山)으로 향하여 출발할 것입니다.

二十五日(庚戌)。

陪王世子發行, 宿咸從。○又封狀启一道于行在所。○近未審聖體若何, 無任伏慮之至。臣陪侍東宮行次, 當日龍岡離發, 今到咸從縣留宿。行次之後, 氣候平安。明向甑山, 差復未久, 冒寒登程, 極爲未安。午時, 臣與領議政崔興源 · 承旨柳希霖 · 史官李軫[254]及醫官李公沂 · 南應命 · 金仲孚入侍, 候察[255]氣色, 則容顔暫瘦, 別無熱候, 語音如常, 癍疹消盡無痕。當日行次, 發向甑山矣。

---

254 李軫(이진, 1536~1610): 본관은 延安, 자는 君任, 호는 松塢. 군위 출신. 1593년 당시 좌랑으로서 閔汝慶과 함께 의주에서 경성으로 양곡을 수송하는 임무를 맡았다. 1597년 정유재란이 일어나자 정읍 현감으로서 순찰사 陣下에 들어가 왜적을 맞아 싸웠다.

255 候察(후찰): 觀察. 사물 등을 주의하여 자세히 살펴봄.

12월 26일(신해)

왕세자가 증산(甑山)에서 묵었다.

二十六日(辛亥)。

王世子宿甑山。

12월 27일(임자)

왕세자가 영유(永柔)에서 묵었다.

二十七日(壬子)。

王世子宿永柔。

12월 28일(계축)

왕세자가 안주(安州)에서 묵었다.

○서애 상공(西厓相公: 柳成龍)을 빈청(賓廳)에서 보았다.

二十八日(癸丑)。

王世子宿安州。○見西厓相公於賓廳。

12월 29일(갑인)

왕세자가 영변(寧邊)에 이르러 그대로 머물렀다.

二十九日(甲寅)。

王世子至寧邊, 仍留。

계사년
1593

1월 1일(을묘)

○장계 1통을 봉하여 행재소에 올렸다.

○왕세자는 병 증세가 이미 나아 회복하였습니다. 작년 12월 25일은 길을 떠나 함종(咸從)에서 묵었고, 26일은 증산(甑山)에서 묵었고, 27일은 영유(永柔)에서 묵었고, 28일은 안주(安州)에서 묵었고, 29일은 영변(寧邊)에 도착하여 그대로 머물러 있습니다.

다만 빈궁(嬪宮)이 지난달 26일부터 몸 상태가 편치 않아 두통에 가슴이 답답하고 열이 나는 데다 기침까지 함께 하였습니다. 27일과 28일은 몸 상태가 마찬가지였고, 29일은 오톨도톨하게 과립이 처음으로 돋았더라도 그리 빽빽하지 않아서 삼두음(三豆飮)·진미음(陳米飮)·원미희두토홍환(元米稀痘兎紅丸)을 올렸으며, 이달 초하루에는 몸 상태가 가슴이 답답하고 나른했으나 고열이 나지 않아서 원미진미음(元米陳米飮)을 가끔 올렸습니다.

지나온 곳이 적의 소굴과 멀지 않은데다 천병(天兵: 명나라 군대) 또한 오는 도중에 만날 수 있어서 형편상 행차를 멈추지 못하고 여러 날을 계속하여 행차하게 되었으니 지극히 답답하고 염려스럽습니다.

癸巳年 正月初一日(乙卯)。

封狀啓一道于行在所。○王世子證候, 已爲平復[1]。去十二月二十五日發行, 宿咸從；二十六日, 宿甑山；二十七日, 宿永柔；二十八日, 宿安州；二十九日, 到寧邊, 仍留駐。但嬪宮, 自前月二十六日, 氣候未寧, 頭疼煩熱, 欬嗽兼發。二十七八日, 氣候一樣, 二十九日, 癍疹始見, 而不至稠密。進三豆飮·陳米飮·元米稀痘兎紅丸。則本月初一日, 氣候煩困, 不至太熱, 間進元米陳米飮。所經之地, 賊藪不遠, 天兵且臨中路, 勢不得停行, 以致連日行次, 極爲悶慮。

1월 2일(병진)

약방(藥房)에서 문안하였다.

初二日(丙辰)。

藥房問安。

1월 3일(정사)

제독(提督) 이여송(李如松)을 문안하는 일로 동궁의 명을 받고 안주(安州)로 가는데, 아들 정윤목(鄭允穆)이 따랐다.

初三日(丁巳)。

以李提督如松問安事, 承東宮命, 往安州, 子允穆從。

1 平復(평복): 병이 나아 건강이 회복됨.

1월 4일(무오)

안주(安州)에 다녀온 결과를 아뢰었다.

初四日(戊午)。

復命[2]。

1월 5일(기미)

정원(政院: 승정원)에 〈견문록(聞見錄)〉을 올렸다.

○신(臣)이 어젯밤 삼경(三更: 밤 12시 전후)쯤 안주(安州)에 도착하였는데, 오늘 아침 일찍 역관(譯官) 진효남(秦孝男)을 시켜 제독(提督) 이여송(李如松)에게 고하기를, "노야(老爺)가 천조(天朝: 명나라 조정)의 명을 받아 하방(下邦: 조선)을 위하여 적을 토벌하러 멀리서 왔으니, 하방의 신하들과 백성들이 감격하여 울지 않는 사람이 없습니다. 저군(儲君: 왕세자)이 병마(兵馬: 전쟁)의 일을 임시로 도맡아서 60리 떨어진 영변(寧邊)에 와 주둔하고 있습니다. 노야(老爺)가 우리 국경에 당도한다는 소식을 지금 듣고는, 오는 길가로 나아가서 삼가 맞이하기를 원하였으나 아직 왕세자로 봉해진 사실을 황조(皇朝: 명나라 조정)에 아뢰지 못한 까닭으로 사정이 온당치 않아 감히 그렇게 하지 못하였습니다. 이에, 배신(陪臣)을 보내어 노야(老爺)의 안부를 묻게 하였습니다."라고 하니, 제독이 답하기를, "중신(重臣)을 보내어 치례(致禮)의 말을 하니 매우 감사하오." 하였습니다.

이달 3일에 제독 이여송이 안주에 도착하자 곧 역관 진효남을 불

---

2 復命(복명): 명령받은 일을 집행하고 나서 그 결과를 보고함.

러서 시켜 체찰사(體察使) 류성룡(柳成龍)에게 묻기를, "적의 형세가 어떠하오?"라고 하니, 류성룡이 즉시 관대(冠帶)를 갖추고 제독의 막사 밖까지 나아가 역관을 시켜 고하기를, "어둡고 깊은 밤이라 감히 뵙기를 청할 수 없겠으나 일이 군사 기밀과 관계될 것이니, 응당 노야(老爺) 앞에 나아가 묻는 것마다 답변하겠습니다." 하자, 제독이 말하기를 "어둡고 깊은 밤이라도 무슨 상관이 있겠소?" 하고 급히 관대를 갖추고서 만나보려 하며 앉아 맞아들였는데, 류성룡에게도 함께 앉아 논의하자고 청하였습니다. 류성룡이 소매 속에서 지도를 꺼내어 주자, 제독이 이를 탁자 위에 펼쳐 놓고 평양성 밖에 이르기까지 자세히 보고서 정양문(正陽門)을 손가락으로 가리키며 말하기를, "이 모퉁이의 지형에 군사를 전진시킬 수 있소이다."라고 하니, 류성룡이 대답하기를, "노야의 말이 옳소이다."라고 하였습니다.

류성룡이 또 말하기를, "우리 군사들은 전투하는 것을 익히지 않아 앉고 서고 나아가고 물러서는 절차를 알지 못하오. 만약 이들을 몰아서 선봉대로 삼는다면 군율을 어기는 자가 많이 있을까 두렵소. 바라건대 노야(老爺)가 여러 차례 되풀이하여 자세히 명령한 뒤에 그들을 시험하여 써 주오."라고 하자, 제독이 말하기를, "평양성 밖의 산 아래쪽은 응당 우리 군사를 먼저 매복시키고, 그대 나라의 병사들을 써서 적을 유인하여 나오도록 하면 닥치는 대로 공격해 남김없이 섬멸할 것이오. 만약 적이 나오지 않으면 또한 대군(大軍)을 진격시켜 무너뜨릴 것이오." 하였습니다.

류성룡이 또 말하기를, "제가 평양성(平壤城)에 있을 때 항상 이 적들이 강가에서 포 쏘는 것을 볼 수 있었는데, 포탄이 성안으로 날아들었고 포탄의 파괴력이 아주 대단하였습니다. 바라건대 노야가 이를 특별히 더욱 헤아려 잘 생각해야 하오이다."라고 하자, 제독이 말하기를, "왜적의 포탄이 날아가는 거리가 일마장(一馬場: 5리의 거리 미만)에 지나지 않아 멀리 날아가면 파괴력이 약해져서 사람을 죽이지 못하지만, 우리의 포탄은 5리 밖으로 멀리 날아가도 또한 능히 사람을 죽일 수 있으니 왜적의 포탄이야 걱정할 만한 것이 못되오. 듣건대 그대 나라의 사람 중 적진에 들어간 자가 많다고 하니, 전장에 나갔다가 투항한 자를 죽이지 않는다는 깃발을 한 곳에 세운다면 그대 나라의 사람 중 왜적에게 빌붙은 자들이 반드시 죄다 도망쳐 돌아올 것이오. 이윽고 평양(平壤)의 적들을 섬멸하면 그대의 나라 사람 중 산림 속으로 달아나 숨은 자들도 팔뚝에 불끈 힘을 주고 눈을 부릅뜨고서 군사를 이끌고 일어나지 않는 자가 없을 것이니, 이것이 며칠 안에 적을 섬멸하는 방법이오. 짧은 시간에 모름지기 이 적을 섬멸한다면, 2월 어느 날에는 응당 국왕을 도성으로 돌아가도록 하여 개선가를 부르는 군대가 될 것이오. 앞길의 숙천부(肅川府)에도 또한 원수(元帥)가 있다고 하니, 내일 함께 가서 같이 의논하여 처리할 수 있을 것이오." 하였습니다.

제독이 또 말하기를, "나의 선조(先祖)는 본래 조선 사람이오. 아버지가 길을 떠날 때 경계하기를, '네가 이번에 가서 힘을 내어 속히 적을 멸하고 국왕을 도성으로 돌아가도록 해놓고 오너라.'라고 하였소." 하였습니다.

류성룡이 물러난 후, 제독이 금선(金扇: 금박을 입힌 부채)에 근체시

(近體詩)를 써서 류성룡에게 보내왔는데, 그 시는 다음과 같습니다.

군사 이끌고 밤새 압록강 건넌 것은	提兵星夜渡江干
삼한 나라가 불안하다고 말해서라네.	爲說三韓國未安
밝은 군주가 날마다 승전보 기다리니	明主日懸旌節報
이 신하 밤마다 즐기던 술잔 놓았네.	微臣夜釋酒杯歡
동쪽에서 온 살기에 마음 더욱 장대하고	春來殺氣心愈壯
요기 이제 없애려니 뼛속 이미 서늘하네.	此去妖氛骨已寒
농담이라도 감히 승산이 없다고 말하랴	談笑敢言非勝事
꿈속에서도 항상 말안장 타기를 생각네.	夢中常憶跨征鞍

初五日(己未)。

呈〈聞見錄〉于政院。○臣昨日夜三更, 到安州, 今日早朝, 使譯官秦孝男, 告李提督如松, 曰: “老爺受天朝之命, 爲下邦遠來討賊, 下邦臣民, 莫不感泣。儲君權摠兵馬, 來駐寧邊六十里之地。今聞老爺, 行至境上, 竊願起居[3]道左, 而時未稟封於皇朝, 故事勢非便, 不敢焉。玆遣陪臣問安於老爺下執事[4]矣.” 提督答曰: “委遣重臣致辭, 多謝多謝.” 本月初三日, 提督李如松到安州, 卽招譯官秦孝男, 問於體察使柳成龍, 曰: “賊勢如何?” 成龍卽具冠帶, 詣提督幕外, 令譯官告曰: “昏夜不敢請謁, 而事係軍機, 當進

---

3 起居(기거): 손님을 맞으러 일어남.

4 下執事(하집사): 본래 측근에서 신변의 일을 처리하는 사람. 옛날에는 상대방을 직접 호칭하는 것을 결례로 생각하여 하집사 또는 좌우라고 써서 공경하는 뜻을 표시하였다.

老爺前, 隨問陳之." 提督曰: "昏夜何妨?" 亟具冠帶求見, 坐交接[5], 請成龍共坐交接。成龍袖地圖以進, 提督展諸牀上, 觀至平壤城外, 指點正陽門[6]曰: "此隅形勢, 可以進兵." 成龍答曰: "老爺之言是也." 成龍且曰: "我軍不習戰鬪, 不識坐作進退之節。若驅使爲先鋒, 則恐多有犯律者。願老爺三令五申[7], 後試用之." 提督曰: "平壤城外山下, 當先伏我軍, 用爾國兵, 誘賊以出之, 仍縱擊[8]殲滅無遺。賊若不出, 亦可進大軍崩之矣." 成龍且曰: "俺在平壤城時, 常見此賊, 放砲於江邊, 丸入城裏, 丸氣甚烈。願老爺別加商量." 提督曰: "倭丸不過一馬場[9], 遠則氣弱, 不至斃人, 我丸至過五里之外, 而亦能斃人, 倭丸不足患矣。聞爾國人, 多有入賊者, 臨戰竪投降者勿殺旗於一方, 則爾國人付賊者, 必盡奔還矣。旣滅平壤賊, 則爾國奔竄山林者, 莫不奮臂瞋目, 提兵以起, 此所以不日殲滅者也。會須殲滅此賊, 二月日, 當還國王于都城, 奏凱旋師矣。前頭肅川府, 亦有元帥云, 明日可偕往, 同議處之." 且曰: "我之先, 本朝鮮人。老父[10]臨行, 戒之曰: '爾今往勉之, 亟滅賊, 復國王於都城而來'云"。成龍退後, 提督用金扇, 題

---

5 交接(교접): 맞아들임. 논의함.

6 正陽門(정양문): 평양성 내에 있는 中城의 남문.

7 三令五申(삼령오신): 3번 명령하고 5번 말한다는 뜻으로, 여러 번 되풀이하여 명령함을 이르는 말.

8 縱擊(종격): 제 마음대로 함부로 침.

9 一馬場(일마장): 5리나 10리 미만의 거리.

10 老父(노부): 남에게 자기 아버지를 이르는 말.

近體詩送贈, 其詩曰: "提兵星夜渡江干, 爲說三韓國未安. 明主日懸旌節報, 微臣夜釋酒杯歡. 春來殺氣心愈壯, 此去妖氛骨已寒. 談笑敢言非勝事, 夢中常憶跨征鞍."

1월 6일(경신)

약방(藥房)에서 문안하였다.

○이날 또 장계 2통을 봉하여 행재소에 올렸다.

○날씨가 매우 추운데, 성상(聖上)의 옥체(玉體)가 어떠한지 알지 못하여 삼가 몹시 염려스러운 마음을 견딜 수 없습니다. 신(臣)은 동궁을 모시고 지난달 29일 영변부(寧邊府)에 도착하였습니다.

이곳으로 행차한 이후에 동궁의 몸 상태 또한 평안하고, 빈궁의 오톨도톨하게 돋는 증상은 지금 이미 5일이 지나서 그 증세 또한 없어져 매우 편안해졌습니다.

행차를 처음부터 모셨던 장관(將官) 김우고(金友皐)・이시언(李時彦: 李時言의 오기)・정희현(鄭希賢: 鄭希玄의 오기)・박종남(朴宗男) 등은 모두 방어사(防禦使)로 나누어 보냈으며, 그 나머지 당하관(堂下官) 장사(將士)로 이를테면 윤건(尹健)・이유직(李唯直: 李惟直의 오기)・김신원(金信元)・이홍보(李弘輔)・박진남(朴震男)・신경복(申景福)・이상민(李尙閔) 등은 또한 모두 고을 수령으로 임명하여 보냈습니다.

왕세자를 모시고 호위하는 무리 중에는 한 사람도 믿을 만한 자가 없었으니, 지난번 용강(龍岡)에 있었던 때에는 적진이 멀지 않은 데다 성을 지키는 것이 단출해서 상황이 매우 절박하여 부득이하게 증산 현령(甑山縣令) 조의(趙誼)를 불러와서 중위장(中衛將)의 임무를 맡겼고, 본현(本縣: 증산)에는 선전관(宣傳官) 김진선(金振先)을 가장(假將)으로 임명하여 보냈습니다. 행차가 이동할 때는 행군(行軍)을 정돈해야 하니 더욱이 주장(主將)이 없을 수 없어서 조의(趙誼)가 그대로 통솔하여 왔으며, 본현(本縣: 증산) 가장(假將) 김진선은 사람됨이 수령의 임무를 감당할 만했으므로 이에 임시로 임명하였습니다.

그리고 본부(本府: 영변부)의 판관(判官) 이제(李霽)는 인물이 혼미하고 변변치 못해서 직무를 전혀 잘 수행하지 못했으니, 빈궁의 행차가 영변부로 들어올 때 말을 탄 채 그대로 지나간 일은 너무도 해괴하고 경악스러웠습니다. 죄는 응당 파직해야 하나, 본부(本府: 영변부)가 지금 행차에 필요한 물자 조달 및 성을 지키는 절차 등의 사무가 한창 급하여 여러 날 동안 관직을 비워둘 수 없으니, 본부(本府: 영변부)의 판관은 문관(文官)이라도 임시로 임명할 계획입니다.

○날씨가 여전히 추운데, 성상(聖上)의 옥체(玉體)가 어떠한지 알지 못하여 삼가 염려스러운 마음을 견딜 수 없습니다. 신(臣)은 동궁을 모시고 그대로 영변(寧邊)에 머물러 있습니다. 동궁의 몸 상태가 평안해진 지 이미 오래고, 빈궁의 증세 또한 조금씩 회복되어 기쁘고 다행함을 이길 수 없습니다.

전날 천장(天將: 명나라 장수: 이여송)이 도착한 안주(安州)는 영변부(寧邊府)와 단지 2정(程) 거리 정도 떨어져 있습니다. 일찍이 듣건대 조 총병(祖總兵: 祖承訓)이 동궁이 머물러 있는 곳을 물으면서 서로 멀지 않은 거리인데도 안부를 전하는 일이 전혀 없으니 온당치 않은 듯하다고 했었습니다. 그래서 신(臣)이 신이 안주로 나아가 통성명하고서 다만 말하기를, "왕세자가 길가로 나아가서 맞이하려 하였으나 아직 왕세자로 봉해진 사실을 천조(天朝: 명나라 조정)에 아뢰지 못한 까닭으로 사정이 온당치 않아 신(臣)을 시켜서 하집사(下執事: 이여송)에게 문안드리도록 하였소." 하자, 천장(天將)이 답하기를, "중신(重臣)을 보내어 치례(致禮)의 말을 하니 매우 감사하오."라고 운운하였습니다.

이곳 영변부의 성(城)은 넓으나 군졸이 많지도 않아서 방어하는 일이 허술한 듯합니다. 지사(知事) 신잡(申磼)이 수성장(守城將)으로 본부(本府: 영변부)에 머물러 있으면서 다스린 지 여러 날이 되어 동궁에게 이미 아뢰고 그를 시켜 종전대로 주관하도록 하였습니다. 그리고 사리를 갖춰 듣건대 큰길가에 비축해둔 말먹이와 군량이 넉넉하지 않아 천병(天兵: 명나라 군대)이 지나가는 곳에 자못 물자가 부족할까 근심이 있다고 하여 신속하게 조치하지 않을 수 없었습니다. 그래서 동궁의 하교(下敎)를 좇아 백관(百官)의 복마(卜馬: 짐 싣는 말) 및 말을 가진 군사의 말들을 가려내어 숙천(肅川)의 근방에 가서 마른 풀이라도 베게 하고 차관(差官: 임시 관원)이 도원수(都元帥)에게 바치도록 하였습니다. 그리고 본부(本府: 영변부)의 황두(黃豆: 누런 콩) 1천 석을 또한 판관에게 숙천부로 실어 날라서 수일 내에 기어코 모두 바치도록 하였습니다.

初六日(庚申)。

藥房問安。○是日, 又封狀啓二道于行在所。○日候甚寒, 未審聖體何如, 無任伏慮之至。臣陪侍東宮, 去月二十九日, 到寧邊府。行次之後, 氣候亦爲平安, 而嬪宮癍疹之症, 今已五日, 症勢亦甚平順。行次自初陪行將官金友皐·李時彦·鄭希賢·朴宗男[11]等, 皆以防禦使分遣, 而其餘堂下將士, 如尹健·李唯直·金信元·李弘輔[12]·朴震男·申景福·李尙閔等, 亦皆以守令差送。陪衛[13]之中, 無一人可恃, 前在龍岡, 賊陣不遠, 而城守孤單, 事甚憫迫, 不得已甑山縣令趙誼[14]招來, 委以中衛將之任, 本縣則以宣傳官金振先[15], 假將差送矣。行次移動之時, 整理行軍, 尤不可無主將, 仍以率來, 而本縣假將金振先, 爲人可堪守令之任, 故仍爲權差。而本府判官李霽, 人物昏劣, 專未理職, 嬪宮行次, 入府之時, 馳馬過去, 事甚駭愕。罪犯應罷, 而本府今以行次支供及

---

11 朴宗男(박종남, 1549~1601): 본관은 密陽, 자는 子胤. 무과에 급제하였으며 重試에 다시 급제하여 선전관이 되었다. 1583년 북쪽 오랑캐 尼湯介를 칠 때 공을 세워 折衝將軍에 승진하였고, 비변사의 천거로 富寧府使가 되고 이어서 길주·온성 부사를 지냈다. 1592년 임진왜란 때는 春川府防禦使로서 적의 북진을 막아 여러 차례 공을 세웠다. 세자 광해군이 함경도에서 군사와 백성들을 위무할 때 호위대장으로 광해군을 호위하였으며, 그 뒤 分朝의 동부승지·병조 참의로 임명되었다. 1593년에는 진주목사로서 부산에 주둔해 있던 왜군의 북상 기도를 저지하였고, 도원수의 휘하에서 鷹揚都別將을 지냈다.

12 李弘輔(이홍보, 1557~?): 본관은 陽城, 자는 忠伯. 1583년 무과에 급제하였다.

13 陪衛(배위): 세자를 시종하는 일. 임금을 시종하는 일을 侍衛라 한다.

14 趙誼(조의, 1548~1621): 본관은 漢陽, 자는 景由. 1579년 무과에 급제하였다. 1592년 임진왜란이 발발했을 때 증산 현령, 1593년 전라도 조방장, 남원 부사 등을 지냈다.

15 金振先(김진선, 생몰년 미상): 본관은 淸道, 자는 善汝. 1592년 임진왜란이 일어나자 의주로 파천하던 宣祖를 호종하였다. 1593년 한양으로 환궁할 때 선조는 자신을 호종했던 사람들을 위로하기 위하여 永柔縣에서 임시로 무과를 실시하였는데, 김진선이 급제하였다. 그리고 얼마 후 鄭琢의 건의로 증산 현령으로 부임하였다. 1597년 9월 利川府使를 거쳐 영암군수, 理山郡守, 김해부사, 황해도 병사 등을 지냈다.

守城節次事務方急, 不可累日曠官, 本府判官, 欲以文官權差計料矣。○日候尙寒, 不審聖體若何, 無任伏慮之至。臣陪侍東宮, 仍留寧邊。東宮氣候, 平安已久, 嬪宮症候, 亦已差復, 不勝喜幸。前日天將到安州, 去府只隔二程[16]。曾聞祖摠兵[17], 問東宮所駐之地, 相距不遠, 而專無致意[18]之事, 似爲未安云。故臣進去[19]安州通名, 只陳: "儲君欲起居途左, 而時未受命於天朝, 故事體未安, 俾臣問安于下執事."云, 則天將答曰: "委遣重臣致謝, 多謝多謝."云云。此府城子寬廣, 軍卒不敷, 防守之事, 似爲虛疎。知事申磼[20], 以守城將, 留在本府, 經理有日, 已稟東宮, 使之仍前勾當[21]。而詮聞沿途儲峙芻糧不裕, 天兵經過之處, 頗有匱乏之

---

16 二程(이정): 10리나 20리 정도의 거리. 一程이 한 마장이란 말과 같은 바, 5리나 10리가 못 되는 거리를 이른다.

17 祖摠兵(조총병): 祖承訓을 가리킴. 임진왜란 때 명에서 파견된 장군 가운데 하나. 파병 당시 직위는 摠兵. 1592년 7월에 기마병 3천을 거느리고 평양을 공격하게 하였으나 이기지 못한 채 퇴각하여 요동으로 되돌아갔다. 그 뒤 12월에 다시 부총병 직위로 이여송 군대와 함께 다시 와서 평양성을 수복한다.

18 致意(치의): 안부를 전함. 인사함. 정성을 다함.

19 進去(진거): 앞으로 나아감.

20 申磼(신잡, 1541~1609): 본관은 平山, 자는 伯俊, 호는 獨松. 1583년 정시 문과에 급제하여 正言·持平·우부승지를 거쳐 이조 참판·형조 참판을 지냈다. 1592년 임진왜란 때에는 비변사 당상으로 활동하였고, 1593년 병조참판을 거쳐 평안도 병마절도사로 부임하였으나, 관내 철산군에 탈옥사건이 발생하여 그 책임으로 파직되었다. 1593년 다시 기용되어 밀양 부사·형조 판서를 거쳐 特進官·동지중추부사가 되었다. 1600년에는 호조판서를 거쳐 병조판서 겸 세자 빈객이 되었다. 이어 함경도 관찰사·氷庫提調 등을 역임하고, 1606년 개성 유수를 끝으로 관직에서 물러났다.

21 勾當(구당): 사무를 담당함.

憂, 不可不斯速措置。故因東宮下教, 百官卜馬及有馬軍士馬匹抄出, 使刈取茭草於肅川近境, 差官領納于都元帥。而本府黃豆一千石, 亦令判官搬運肅川府, 數日內期於畢納矣。

1월 7일(신유)

약방(藥房)에서 문안하였다.

初七日(辛酉)。

藥房問安。

1월 8일(임술)

약방(藥房)에서 문안하였다.

○이날 밤에 듣건대 이 제독(李提督: 이여송)이 7일 군사를 일으켜 평양성(平壤城)을 수복했다고 하였다.

初八日(壬戌)。

藥房問安。○是夜, 聞李提督, 以初七日擧兵, 克復平壤城。

1월 9일(계해)

약방(藥房)에서 문안하였다.

○세마(洗馬) 한수겸(韓守謙)이 정주(定州)에서 왔다.

○밤에 총부(摠府: 오위도총부)에서 숙직하였다.

○평양(平壤)에서 대첩하였다는 기별을 들었다.

初九日(癸亥)。

藥房問安。○洗馬韓守謙[22], 來自定州。○夜直摠府。○聞平壤大捷之奇。

1월 10일(갑자)

약방(藥房)에서 문안하였다.

○부솔(副率) 이덕홍(李德弘)이 행재소로 갔다.

○이날 밤 듣건대 평양(平壤)의 토굴에 있던 적들이 토굴을 나와 달아났다고 하였다.

○또 장계 2통을 봉하여 행재소에 올렸다.

○날씨가 여전히 추운데, 성상(聖上)의 옥체(玉體)가 어떠한지 알지 못하여 삼가 염려스러운 마음을 견딜 수 없습니다. 신(臣)은 동궁을 모시고 그대로 영변부(寧邊府)에 머물러 있습니다.

삼가 듣건대 평양(平壤)의 적들은 이미 소굴에까지 들어가 정벌하여 거의 다 섬멸되었다고 하니, 여러 적들이 이를 듣고서 아마 반드시 무너질 것이며, 국가를 다시 세우는 책략의 실마리가 여기에 달려 있으니 기뻐해 마지않습니다.

지난번에 대가(大駕)가 평양을 떠날 때 종묘(宗廟) 각실(各室)의 신주(神主) 및 영숭전(永崇殿)의 영정(影幀: 태조 이성계)을 관찰사 송언신(宋言愼)에게 비밀히 묻어두도록 하였습니다. 평양이 지금 이미 수복되었고 송언신 외에도 또한 그것을 아는 사람이 있으니, 신속히 찾아내는 일을 조정에서 처리하는 것이 어떠하겠습니까?

평양이 지금 비록 수복되었다고 하나 북쪽의 적이 여전히 배후에

---

22 韓守謙(한수겸, 1570~1622): 본관은 清州, 자는 仲益. 廣興倉守를 거쳐 1592년 임진왜란을 맞아 宗廟避亂을 도왔으며, 世子가 북도, 호서 등지로 피난 갈 때 도왔다.

있으니 닥쳐올 환란을 염려하지 않을 수 없습니다. 천장(天將: 명나라 장수)이 군사 일부를 빼내어 나누어서 북쪽의 적을 무찌르도록 허락하였다고 한 까닭에, 체찰사(體察使) 류성룡(柳成龍)의 장계를 따라 동궁이 자신을 호위하는 정예병 300명을 뽑아 군기 판관(軍器判官) 조신도(趙信道)를 장수로 삼고 조방장(助防將) 박명현(朴名賢)과 함께 상국(上國: 명나라)의 군대와 합동으로 먼저 북로(北路)로 갈 수 있도록 하는 일을 도체찰사(都體察使)가 있는 곳에 이미 분부하였습니다.

그리고 천병(天兵: 명나라 군대)이 군사를 보내려는 즈음 이들을 맞이하며 음식물을 대줄 사람이 없어서는 안 되었는데, 청천군(淸川君) 한준(韓準)을 임시 순찰사로 삼아 그에게 일로(一路)를 담당하였다가 양덕(陽德) 지역에 이르러서는 순찰사 홍세공(洪世恭)에게 대신 넘겨주고 되돌아오도록 하였습니다. 대개 홍세공은 북로의 요충지를 차단하고 지키라는 명을 받았으니 본래의 임무가 아닌 듯합니다만, 오래도록 변경에 있었는지라 형편을 자세히 잘 아는 데다 장수와 군졸들을 도맡아 거느리고 있었으므로 부득이 홍세공에게 책임을 지운 것입니다.

그리고 평양 판관(平壤判官) 이응해(李應獬)가 관직에서 물러난 채로 종군(從軍)하였으며, 본부(本府: 영변부)에서 조세를 거두어들이는 일을 조금도 늦출 수 없었던 까닭에 체찰사의 장계를 좇아 전 현감(前縣監) 신홍점(申鴻漸)을 가판관(假判官: 임시 판관)으로 임명하여 보내는 것을 조정에서 또한 처리함이 어떠하겠습니까?

○풍원 부원군(豐原府院君) 류성룡(柳成龍)에게 단지 평안 체찰사

(平安體察使)만을 맡길 것인지 그 여부를 신은 자세히 알지 못합니다. 만약 명을 받고 평안도(平安道)에만 있게 된다면 해서(海西)로부터 동쪽으로 모든 조치가 허술하거나 잘못되는 근심이 생길까 두렵습니다. 게다가 천장(天將: 명나라 장수)이 류성룡과 또한 간혹 서로 의논할 일이 있을 수도 있으니, 류성룡이 응당 그대로 맡아 행해야 할 듯합니다. 조정에서 깊이 숙고하여 처리함이 또한 온당할 것입니다.

初十日(甲子)。

藥房問安。○副率李德弘, 如行在所。○是夜, 聞平壤窟賊, 出窟逃走。○又封狀啓二道于行在所。○[23]日候猶寒, 不審聖候何如, 無任伏慮之至。臣陪侍東宮, 仍留寧邊府。伏聞平壤之賊, 旣已抵巢勦征, 幾盡殲滅, 諸賊聞之, 想必瓦解, 國家再造之策, 端在於此, 歡抃無已。前者, 大駕離發平壤之時, 宗廟各室之主及永崇殿[24]影幀, 使觀察使宋言愼秘密埋置。平壤今已收復, 而言愼之外, 亦有識認之人, 急速搜出事, 自朝廷處置, 何如? 平壤, 今雖克復, 北賊猶在背後, 將來之患, 不可不慮。天將許撥出一枝兵馬, 分勦北賊云, 故因體察使柳成龍狀達, 東宮抄出陪衛精兵三百, 以軍器判官趙信道[25]爲將, 與助防將朴名賢[26], 和上國兵

23 《宣祖實錄》 1593년 1월 15일 7번째 기사임.

24 永崇殿(영숭전): 조선시대 평양에 있던 太祖 李成桂 眞殿.

25 趙信道(조신도, 1554~1595): 본관은 咸安, 자는 仲由. 1583년 무과에 급제하여 溫陽郡守로 재직 중 임진왜란이 발발했는데, 義州까지 宣祖를 호종하였다.

26 朴名賢(박명현, ?~1608): 본관은 竹山. 朴命賢·朴明賢으로도 쓴다. 1589년

馬, 前去北路事, 都體察使處, 已爲分付。而天兵行師之際, 不可無接應供頓[27]之人, 以淸川君韓準[28], 權稱巡察使, 使之勾當一路, 到陽德[29]地, 替付巡察使洪世恭[30]而還。蓋世恭受北路把截之命, 則似非本任, 而久在境上, 備諳事勢, 且有管領將卒, 故不得已責於世恭。而平壤判官李應獬[31], 革職[32]從軍, 本府收斂之事, 不可

무과에 급제하여 1592년 임진왜란 때 별장을 거쳐 討捕使 · 虞侯 · 護軍을 지냈으며, 1596년 李夢鶴의 난 때 洪州牧使 洪可臣의 밑에서 洪州城을 지키고, 난군을 靑陽까지 추격하여 진압하였다. 1597년 정유재란 때는 충청도 방어사 · 전라도 병마절도사 등의 요직을 거치면서 공을 세웠다. 1608년 무장 高彦伯과 함께 臨海君을 추대하려 하였다는 죄목으로 잡혀 문초를 받다가 죽었다.

27 供頓(공돈): 먹을 것과 물건을 대어 줌.

28 韓準(한준, 1542~1601): 본관은 淸州, 자는 公則, 호는 南崗. 1566년 별시 문과에 급제하여 예문관에 등용되었다. 예조 좌랑 · 장령 · 좌승지 · 전라도 관찰사 · 호조 참판 등을 지냈다. 1588년 우참찬이 되어 聖節使로 명나라에 다녀와 황해도 관찰사가 되었다. 이듬해 안악 군수 李軸, 재령 군수 韓應寅 등이 연명으로 鄭汝立의 모역 사건을 알리는 告變書를 조정에 비밀 장계로 올렸다. 그 공으로 1590년 平難功臣 2등이 되고 좌참찬에 올라 淸川君에 봉해졌다. 1592년 임진왜란 때 호조 판서로 順和君을 호종, 강원도로 피난하였고, 이듬해 한성부판윤에 전임되었으며, 進賀兼奏聞使로 다시 명나라에 다녀와 이조판서가 되고, 1595년 謝恩兼奏請使로 또다시 명나라에 다녀왔다.

29 陽德(양덕): 평안남도 동부에 있는 고을. 동쪽은 함경남도 영흥군 · 고원군, 서쪽은 성천군, 남쪽은 황해도 곡산군, 북쪽은 맹산군과 접한다.

30 洪世恭(홍세공, 1541~1598): 본관은 南陽, 자는 仲安, 호는 鳳溪. 1567년 생원이 되고, 1573년 식년문과에 급제, 여러 벼슬을 거쳐 1588년 平安道救荒敬差官이 되었다. 1592년 임진왜란이 일어나자 평안도 調度使가 되어 明軍의 군수 조달의 책임을 졌다. 이어 함경도 도순찰사가 되어 영흥의 적정을 보고하였으며, 1594년 전라도 관찰사로 전주 부윤을 겸하여 곡창지대인 호남지방의 양곡을 調度하였다. 1596년 좌부승지를 거쳐 우승지 · 참찬 등을 역임하였다.

31 李應獬(이응해, ?~1624): 판관이었다 해임되어 있던 중 1592년 왜군이 평양성을 향하여 공격하자, 白衣로 一陣을 지휘하였다. 성이 함락되어 군사들이 물러

少緩, 故因體察使狀啓, 以前縣監申鴻漸[33], 假判官差送, 自朝廷亦爲處置, 何如? ○豐原府院君柳成龍, 只任平安體察使與否, 臣詳知不得。若受命, 只在平安道, 則自海西以東, 凡百措置, 恐有疏誤之患。且天將, 與柳成龍, 亦或有相議之事, 柳成龍似當仍行。自朝廷商量處置, 亦爲便當。

1월 11일(을축)

약방(藥房)에서 문안하였다.

十一日(乙丑)。

藥房問安。

1월 12일(병인)

동궁이 비변사 당상(備邊司堂上)들을 불러들여 만났다.

十二日(丙寅)。

갈 때 홀로 남아서 뒤를 막아 군졸들의 피해를 막았는데 그 공으로 다시 평양부 판관이 되었다. 그 뒤 평안도 별장을 거쳐 1601년 온성 부사로 右衛將이 되어 여진족 소굴을 소탕하였다. 전라 좌수사·제주 목사, 行護軍 등을 거쳐, 1613년 전라 병사가 되었는데 把摠 崔弘潤을 杖殺한 죄로 파직당하였다. 1619년 舟師廳이 설치되자 주사 대장이 되고 이듬해 동지중추부사를 역임하였다. 1622년 경상우병사로 재직 중 仁祖反正으로 숨어 있다가 慶尙右道宣諭御史 李惟達에게 체포되었다. 1624년 권력자의 비호 아래 백성을 침탈하여 많은 재물을 축재하였다고 하여 軍門에 梟示되었다.

32 革職(혁직): 관직에서 물러나게 함.

33 申鴻漸(신홍점, 1551~1600): 본관은 高靈, 자는 冲擧. 申光漢의 손자이다. 1588년 식년시에 급제하였다. 마전 군수를 지냈다.

東宮引見備邊司堂上。

1월 13일(정묘)

약방(藥房)에서 문안하였다.

十三日(丁卯)。

藥房問安。

1월 14일(무진)

약방(藥房)에서 문안하였다.

○또 장계 1통을 봉하여 행재소에 올렸다.

○날씨가 매우 추운데 성상(聖上)의 옥체(玉體)가 어떠한지 알지 못하여 삼가 염려스러운 마음을 견딜 수 없습니다. 신(臣)은 동궁을 모시고 그대로 영변부(寧邊府)에 머물러 있습니다.

이달 10일 삼가 이원익(李元翼)의 보고를 보건대, 천장(天將: 명나라 장수)이 온당하지 못하다는 말을 많이 하였으니 동궁이 가까운 곳에 머물러 있는 만큼 달려가 사례하는 것이 합당하며 아울러 말먹이와 군량을 독려해야 한다고 하였으나, 천장(天將)이 평양(平壤)을 떠난 지 지금 이미 여러 날이 되어 벌써 멀리 간 뒤라서 형편상 미치기 어렵습니다. 뒤쫓아가기를 기약하고 앞으로 나아가기를 그치지 않더라도, 날짜가 빠를지 늦을지는 미리 정할 수가 없습니다. 종묘사직의 신주(神主)를 모시고 다니는 것이 온당한지 그렇지 않은지에 대한 의론이 일치하지 않으니, 조정에서 지휘하는 것이 합당한 듯합니다.

이조 참의(吏曹參議) 심충겸(沈忠謙)이 올린 차자(箚子)의 주된 내용은 전적으로 동궁이 물러나 먼 곳에 있으면서 단지 천장(天將: 명나라 장수)만 보내는 것이 온당하지 못하다는 데 있으나, 그 속에는 또 제본(題本: 명나라 공식 관용 문서)에 군사를 돌려 돌아가겠다고 한 우려도 있으니 또한 반드시 그럴 리가 없다고만 할 수는 없을 것입니다. 만약 혹시라도 훗날의 후회가 있으면 동궁의 행차는 그만둘 수 없을 것이나, 대조(大朝: 행재소)에 아뢰지 않고 먼저 행차하는 것이 온당하지 못하니, 이에 그간의 곡절을 감히 이처럼 우러러 아룁니다. 그리고 이원익(李元翼)의 보고와 심충겸(沈忠謙)의 차자(箚子)를 함께 봉하여 정원(政院: 승정원)으로 올려보냅니다. 삼가 바라건대 성상께서 재결하는 것이 어떠하겠습니까?

十四日(戊辰)。

藥房問安。○又封狀啓一道于行在所。○[34]日候甚寒，未審上體若何，無任伏慮之至。臣陪侍東宮，仍留寧邊府。本月初十日，伏覩李元翼所報，則天將多有未安之言，東宮留在近地，所當馳謝，兼督芻糧云，而天將平壤離發，今已有日，其行旣遠，勢所難及。期於追去，前進不已，則日月遲速，未能預定。廟社主陪行便否，議論不一，自朝廷指揮似合當。吏曹參議沈忠謙上箚，主意專在於東宮退在遠地，只送天將爲未安，而其中又有題本[35]旋師[36]

34 《宣祖實錄》 1593년 1월 17일 3번째 기사임.

35 題本(제본): 중국 明清시대 모든 公事에 관해서 황제에게 올리는 문서. 사적인 일에 관한 것은 奏本이라고 한다.

之慮, 亦不可謂必無是理。

若或有後日之悔, 則東宮之行, 似不可已, 而不稟大朝, 先行未安, 玆將此間曲折, 敢此仰稟。而李元翼所報 · 沈忠謙箚子同封, 政院上送。伏惟上裁, 何如?

1월 15일(기사)

동궁이 망궐례(望闕禮)를 행하였다.

○약방(藥房)에서 문안하였다.

十五日(己巳)。

東宮行望闕禮[37]。○藥房問安。

1월 16일(경오)

약방(藥房)에서 문안하였다.

十六日(庚午)。

藥房問安。

1월 17일(신미)

평양(平壤)에서 대첩(大捷)을 거둔 일로 장차 종묘사직에 고제(告祭)를 지내려 하였다.

○나는 종묘사직(宗廟社稷)의 헌관(獻官)으로서 치재(致齋)하였다.

---

36 旋師(선사): 전쟁에 이기고 군사를 돌려 돌아옴.

37 望闕禮(망궐례): 궁궐이 멀리 있어서 직접 궁궐에 나아가서 왕을 배알하지 못할 때 멀리서 궁궐을 바라보고 행하는 유교 의례.

十七日(辛未)。

以平壤大捷事，將告祭廟社。○余以社稷獻官致齋[38]。

1월 18일(임신)

고제(告祭)를 지냈다.

○영의정(領議政: 최흥원)이 부름을 받고 대조(大朝: 행재소)로 향하였는데, 동궁이 면주(綿紬) 4필을 은혜롭게 하사하였다.

○약방(藥房)에서 문안하였다.

十八日(壬申)。

行祭。○領相承召，向大朝，東宮恩賜綿紬四端。○藥房問安。

1월 19일(계유)

왕세자가 영변(寧邊)에서 길을 떠나 샛길을 따라가 가산(嘉山) 지역의 인가(人家)에서 묵었는데, 직로(直路: 큰길)는 당병(唐兵: 명나라 군사)들이 길을 가득 메우고 있었기 때문이다.

十九日(癸酉)。

王世子自寧邊發行，從間路，宿于嘉山地人家，直路則唐兵塡塞[39]故也。

---

38 致齋(치재): 祭官이 된 사람이 입제하는 날부터 파제 다음 날까지의 사흘 동안을 齋戒하는 일.

39 塡塞(전새): 메어서 막힘.

1월 20일(갑술)

동궁이 정주(定州)에서 대가(大駕)를 만났다.

○이날 원외랑(員外郎) 유황상(劉黃裳)이 먼저 정주(定州)에 들어왔다가 지공(支供: 필요 물자 조달)이 너무 야박하다고 화를 내고는 임반(林畔)을 향해 가는 길에서 주상의 행차를 만났는데, 주상이 머무르기를 청하였으나 듣지 않고 가버렸다. 이에 영의정 최흥원(崔興源)이 뒤쫓아가서 사죄하여 마음을 풀도록 위로하고 돌아왔다.

○약방(藥房)에서 문안하였다.

二十日(甲戌)。

東宮會大駕于定州。○是日，劉員外黃裳[40]，先入本州，怒其支供太薄，發向林畔[41]，路遇主上之行，請留，不聽而去。領相崔興源，追往謝罪，慰解而還。○藥房問安。

1월 21일(을해)

당관(唐官: 명나라 관원) 두 사람이 왔다.

二十一日(乙亥)。

唐官二員來。

---

40 劉員外黃裳(유원외황상): 員外郎 劉黃裳. 임진왜란 당시 조선으로 파견되어 兵部主事 袁黃의 참모 역할을 한 명나라의 관리. 贊畫의 임무를 수행하면서 명군을 통제했지만 동시에 조선의 내정에 간섭하는 일이 많았다. 명군에 대한 군량의 요구나 무기 체제의 개발은 물론 조선의 풍속이나 의복 습관 등을 고치도록 요구하는 경우까지 있었다. 특히 조선의 관리들을 무시하고 무례하게 대하는 경우가 많았을 뿐 아니라 심지어는 국왕 宣祖에게도 무례한 행위를 하는 경우가 많았다.

41 林畔(임반): 평안북도 宣川郡에 있는 고을.

1월 22일(병자)

二十二日(丙子)。

1월 23일(정축)

주상이 황 지휘(黃指揮: 黃應陽)를 접견하고 다례(茶禮)를 행하였다.

○원 주사(袁主事: 兵部主事 袁黃)가 왔는데, 주상이 술을 돌렸다.

二十三日(丁丑)。

上見黃指揮[42], 行茶禮。○袁主事[43]來, 上行酒。

1월 24일(무인)

황 지휘(黃指揮: 黃應陽)가 안주(安州)를 향해 떠났다.

○원 주사(袁主事: 袁黃)가 계속 머물렀다.

○동지(同知) 김우옹(金宇顒)이 접대하였는데, 이날 주사(主事: 원황)가 《경국대전(經國大典)》을 구해 보았다.

○밤에 많은 눈이 내렸다.

二十四日(戊寅)。

---

42 黃指揮(황지휘): 黃應陽. 임진왜란 당시 조선과 일본의 연루설을 조사하기 위해 조선에 파견된 명의 관리. 戚繼光의 휘하에서 참모직을 수행하면서 전공을 세운 경험이 있었다. 임진왜란 당시 맡고 있던 관직은 指揮였다.

43 袁主事(원주사): 兵部主事 袁黃. 임진왜란 당시 조선에 파견되어 참모와 병참 역할을 한 명나라의 장수. 임진왜란 당시 명나라에서 맡았던 정식 관직은 병부의 職方淸吏司主事였다. 명나라의 정규군이 조선에 파견될 때 兵部員外郞 劉黃裳과 함께 찬획으로 파견되어 참모 역할 등을 수행했다. 특히 병참과 관련된 업무를 많이 담당해서 군량 문제 등을 조선 조정과 논의하는 경우가 많았다.

黃指揮, 發向安州。○袁主事留。○金同知宇顒[44]伴接, 是日, 主事求見《大典》。○夜, 大雪。

1월 25일(기묘)

원 주사(袁主事: 원황)가 임반(林畔)을 향해 떠났다.

二十五日(己卯)。

袁主事, 發向林畔。

1월 26일(경진)

송 경략(宋經略: 宋應昌)의 영위사(迎慰使)로서 주상에게 하직 인사를 하고 떠나 곽산군(郭山郡)에서 묵었는데, 아들 정윤목(鄭允穆)과 서리(書吏) 이자관(李自寬)이 따랐다.

二十六日(庚辰)。

以宋經略迎慰使, 拜辭發行, 宿郭山郡, 子允穆及書吏李自寬

---

44 金同知宇顒(김동지우옹): 金宇顒(1540~1603). 본관은 義城, 자는 肅夫, 호는 東岡·直峰布衣. 1582년 홍문관 직제학이 되고, 이어서 대사성·대사간을 거쳤으며, 1584년 부제학이 된 뒤 전라도 관찰사·안동부사를 역임하였다. 1589년 기축옥사가 일어나자 鄭汝立과 함께 조식의 문하에서 수학했다는 이유로 회령에 유배되었다가, 1592년 임진왜란으로 사면되어 의주 行在所로 가서 승문원 제조로 기용되고, 이어서 병조참판을 역임하였다. 이듬해 명나라 贊劃 袁黃의 接伴使가 되고, 이어서 동지중추부사로 명나라의 經略 宋應昌을 위한 問慰使가 되었으며, 왕의 편지를 명나라 장수 李如松에게 전하였다. 그 해 상호군을 거쳐 동지 의금부사가 되어 왕을 호종하고 서울로 환도하였으며, 한성부 좌윤·혜민서 제조 등을 역임하였다. 1594년 대사성이 되고, 이어서 대사헌·이조 참판을 거쳤다. 1597년 다시 대사성이 되었으며, 이어서 예조참판을 역임하였다.

從之。

1월 27일(신사)

선천(宣川)을 지나 거련관(車輦館)에서 묵었다.

二十七日(辛巳)。

過宣川[45], 宿車輦館[46]。

1월 28일(임오)

아침 양책관(良策館)에 도착하였다. 류영길(柳永吉)이 군량(軍糧)을 검사하고 살피는 일로 본관(本館: 양책관)에 머무른 지 이미 오래였다.

○양책관 군졸 서인정(徐仁貞)의 집에 임시로 머물렀다.【협주: 이하의 일록(日錄)은 없어짐.】

二十八日(壬午)。

朝到良策館[47]。柳永吉[48]德純, 以檢察軍糧事, 留本館已久。○

45 宣川(선천): 평안북도 북서부에 있는 고을.

46 車輦館(거련관): 평안북도 철산 북쪽에 있던 역참. 한양과 의주를 잇는 교통로상의 역 중에서 평안도에 위치한 역들은 관이라 호칭했다.

47 良策館(양책관): 조선시대 평안도 용천에 있던 역참. 동남쪽으로는 철주·선천 방면, 서북쪽으로는 의주 방면을 연결하는 평양~의주간 간선 교통로상에 위치하였다.

48 柳永吉(류영길, 1538~1601): 본관은 全州, 자는 德純, 호는 月峰. 柳永慶의 형이다. 1559년 별시 문과에 장원급제하였으며, 부수찬 · 정언 · 병조 좌랑 · 헌납 등을 거쳐 1565년에 평안도 도사가 되었다. 1589년 강원도 관찰사 · 승문원 제조를 지냈다. 1592년 임진왜란 때 강원도 관찰사로 춘천에 있었다. 이때 조방

寓館軍徐仁貞家【此下日錄, 逸.】

장 元豪가 여주 甓寺에서 왜군의 도하를 막고 있었는데, 檄書를 보내어 본도로 호출함으로써 적의 도하를 가능하게 하는 실책을 범하였다. 1593년 도총관 · 한성부 우윤을 역임하고, 다음해 賑恤使가 되었다. 1597년 정유재란이 일어나자 호군 · 연안부사가 되고, 2년 뒤 병조참판 · 경기도 관찰사를 역임하였으며 1600년 예조참판으로 치사하였다.

| 문헌 변주 |

초서본 〈용사일기〉(下)와 목판본 〈피난행록〉(下)의 이본 대조

목판본 〈피난행록〉은 1592년 4월 30일부터 1593년 1월 28일까지의 기록이나, 초서본 〈용사일기〉는 1592년 7월 18일부터 1593년 1월 12일까지의 기록이다. 초서본은 약포 정탁의 친필 초서본이 아니고 아마도 초서 정리본인 것 같다. 1592년 7월 28일과 8월 9일의 내용 가운데 394자가 정확히 일치하고 있기 때문이다.

避難行錄 下

萬曆壬辰 九月初一日(丁巳)。

初二日(戊午)。

◇[1]又封狀啓一道于行在所。○領議政崔興源，入去之時，曾已狀啓◇[2]，卽今未審上體若何，無任伏慮之至。臣等陪侍東宮，時留成川◇[3]。前見都元帥金命元馳報內，"唐將，與倭相約，限十里立標，不許出標"云。而今月初一日，防禦使李鎰馳報內，"倭船[4]二十隻，渡大同江◇[5]蛤灘，衝火刦掠"云。蛤灘[6]，距江東僅一息◇[7]，◇[8] 賊謀難測，極爲可慮。驪州牧使成泳[9]，遇賊接戰，三次得捷，斬獲甚多，馳狀報捷◇[10]，而[11]問持狀人，則不爲啓聞行在[12]

---

1 賓廳
2 爲白有在果
3 爲白齊
4 倭船：賊倭乘船
5 至
6 刦掠云 蛤灘：同灘
7 餘
8 如是一樣遠出
9 成泳：成詠

云。若待命◇[13]論功, 則殊失賞不踰時之義[14]。士卒等, 授[15]西班初仕[16]禁軍等職, 而[17]差帖則令兵曹依例成送◇[18], 其中◇[19]儒士, 則[20]不得已參奉除授, 而行次無吏曹官員, 不得成朝諭[21]以送。◇[22] 速命成送◇[23], 何如[24]? ◇[25] 前在各處, 些少所獻之鹹[26], 緣此處無鹽, 腐爛不得入送。今成泳所獻[27], 則[28]其數甚多◇[29], 監封上送◇[30]。李薦來現事, 前已狀聞[31], 臺諫請依律論罪, 而東宮只

---

10 爲白有矣
11 而: 없음
12 不爲啓聞行在: 行在所不爲狀啓
13 而
14 義: 意爲乎等乙用良
15 授: 없음
16 初仕: 初入仕
17 而: 없음
18 矣
19 以
20 則: 領軍力戰斬獲人等
21 朝諭: 朝謝
22 同朝謝 及前授職人員朝謝 竝以
23 爲白齊
24 何如: 없음
25 同成詠書狀二道 及邊應星書狀一道 政院以監封上送爲白齊
26 前在各處 些少所獻之鹹: 前者各處所獻之鹹 些少段
27 今成泳: 今次成詠
28 則: 段
29 乙仍于
30 爲白齊
31 狀聞: 狀啓爲白有如乎

令白衣從軍◇[32]。頃聞，北賊踰嶺向[33]谷山，令都摠都事金信元，領軍把截◇[34]，信元遇賊力戰，斬獲數級，爲[35]鐵丸中傷，功勞可嘉。故[36]都摠經歷除授官教[37]，成送伏望[38]。招討使李廷馣，斬倭二級，書狀來到，故同封◇[39]上送，軍功論賞◇[40]，自此已爲施行◇[41]，他餘事狀[42]，備錄以啓[43]。今見京畿觀察使沈岱書狀，廣州牧使朴宣·楊州牧使高彦伯牒呈，各陵經變之處，大槪具錄◇[44]，而[45]皆無親自奉審之語，似出傳聞◇[46]。事極重大◇[47]，待[48]烏山都正鉉，奉審回還◇[49]，更爲啓聞伏計[50]。

---

32 爲白齊
33 向：向于
34 爲白有如乎
35 爲：없음
36 故：乙仍于
37 官教：而信元已爲資窮 同官教
38 成送伏望：亦命成送爲白齊
39 書狀
40 段
41 爲白臥乎事
42 狀：段
43 以啓：狀啓爲白有在果
44 爲白乎矣
45 而：없음
46 白良置
47 同書狀 政院以封送 轉啓爲白在果
48 待：없음
49 後
50 伏計：없음

初三日(己未)。

詣[51]賓廳，得見行在所《備忘記》。○[52]

初四日(庚申)。

聞倭賊來逼馬灘[53]還退云，馬灘實在江東·平壤兩界中，賊意欲指成川故也。

初五日(辛酉)。

◇[54]又封狀啓一道于行在所。○[55]近◇[56]因往來人[57]，伏聞聖體[58]安康，無任抃[59]。臣等陪侍東宮，姑留成川◇[60]。頃日，伏見都元帥

---

51 詣: 없음

52 備忘記傳于賓廳曰 近者 備邊司惟爲打算軍功 磨鍊高下而已 未有以指揮措置運籌決策 無奈不可乎 粮餉柴草 更加一一措置 以待天兵 若臨時窘迫 唐將依軍令施行 則不可辭也 仄聞 一路各驛 往來上下人 侵虐驛卒 多般作弊 不堪其苦 或至於吹螺角 立步從 此何時而敢如是乎 似當糾察處 毋致後日窘乏之事 自前該官 不事其職 凡事委之下吏 中外大小萬弊 皆由於此 今若不痛革前習 雖能恢復 國之存亡 未可知也 所當惕然動念處也 我國弊習之流來 規模之未盡者 多矣 今後更立制度 設施布置 不如是 恐難以立國 然予則不久 當奉身以退 此在大臣深思設施 而其要尤在於協心相和 而勿蹈前習 予妄發數語 只喻予意而已

53 馬灘: 灘

54 賓廳

55 附

56 數日

57 往來人: 往來之人

58 聖體: 上體

59 無任抃: 無任欣抃之至

金命元 · 巡察使李元翼等馳報, "唐將, 與倭將面約, 五十日內, 不許兩國交戰, 限十五里, 又不許倭人刈取芻穀"云。而又見防禦使李鎰 · 助防將鄭希賢[61] · 江東縣監尹時忱等, 連續馳報內, "倭賊[62]數百成陣, 連日來犯江灘, 因我兵[63]戮力把截, 僅得退却[64]旣"云。限在十餘里, 而遠出一息之外, 倭賊先敗唐將之約, 我軍獨守其約, 坐受侵陵。使殘賊益肆兇談, 極爲痛惋◇[65]。若賊兵充斥, 則此處亦非萬全之地, ◇[66]移住儲駕之處, 自朝廷[67]◇[68]商議指敎伏望[69]。◇[70] ○是日行在所, 百官賜給銀兩至。○聞臨海 · 和順[71], 兩王子在會寧府, 陷賊中, 金貴榮 · 黃廷彧父子, 南北兵使若干員, 俱虜云。

---

60 爲白在果
61 鄭希賢: 鄭希玄
62 倭賊: 賊倭
63 我兵: 我軍
64 退却: 却退
65 爲白齊
66 而
67 自朝廷: 朝廷以
68 處置
69 伏望: 爲白齊
70 掌令李有中 以病遞差 掌令段別無公務 可以力疾察任 至今未一下批乙仍于行公不得 此處無臺官 事多妨碍爲白昆 下批
71 和順: 順和

初六日(壬戌)。

分賞賜銀, 堂上◇[72]二十兩, 堂下各十兩。○是日, 又封狀啓一道于行在所。○[73]今見北道巡察使宋言愼書狀, 聞書吏張福重所言, 不勝驚愕憤痛◇[74]。◇[75]書狀監封◇[76]輸送, 張福重并爲[77]起送◇[78]。◇[79] 東宮移適之所定州·寧邊, 視他邑, 果爲差彊, 脫有緩急, 於兩邑中, 擇便移住計料◇[80]。而[81]議者或云: "龍岡雖近於平壤, 其城子, 據險高峻[82], 軍糧亦裕, 且與海西安岳等邑, 只隔一水, 非如涉海之難, 舟通亦易, ◇[83]控制甚便[84], 而[85]黃海賊勢, 若衰歇, 則亦可以觀勢進退."云。此論, 未知[86]果當與否◇[87], 而[88]東

72 各
73 附
74 之至
75 同
76 政院
77 爲: 以
78 爲白臥乎事
79 去八月十九日 成貼右副承旨有旨 書狀有旨乙 臣在成川府 今九月初五日 祗受爲白置
80 爲白在果
81 而: 없음
82 高峻: 而峻
83 號令
84 甚便: 勢甚便捷劳不喩
85 而: 없음
86 未知: 不知
87 爲白齊
88 而: 唯只

宮自[89]聞兇賊聚兵西下之言，不勝痛愕，以爲[90]今若移退一步，則民心[91]不無沮撓之患，軍情亦有解體之虞，馴致賊勢之漸熾，◇[92]非所以爲君親救難之意也。◇[93] 臣等[94]，遵奉東宮至意，姑爲仍留此府，以觀前頭賊勢如何計料。

初七日(癸亥)。

送問安使于行在所。

初八日(甲子)。

◇[95]又封狀啓二道于行在所。○[96]頃日，書吏張福重，持狀啓去後，不審上體如何。福重所言，極爲驚痛。伏惟上懷[97]，無任煎慮之至。臣等奉東宮◇[98]，必欲[99]奪還之至意[100]，卽令宣傳官金克愊·◇[101]宗室漢城令濘，齎銀兩綿紬，分送咸鏡·江原巡察使處，京畿

---

89 自：없음
90 以爲：없음
91 民心：心
92 則
93 而近日賊兵 雖屢出城 每被我軍逖逐 殺傷亦多 比諸方張之賊勢
94 臣等：臣
95 賓廳
96 附
97 上懷：聖懷
98 至意
99 必欲：所以
100 至意：計

則付送于司評李忠之歸, 使之擧兵擊賊, 百計奪取, 若◇[102]不可爲, 則募人潛入賊中, 乘隙與之脫還事, 多般指授◇[103]。其必還與否, 未可預料, 極爲憫慮[104]。只祝天地祖宗默佑而已。東宮行次, 時住[105]成川◇[106], 而[107]近日平壤之賊, 無所顧忌◇[108], 日日東出, 遠遠焚掠。初三日, 賊徒三衛作陣, 來逼江東淺灘, 半渡之際, 江灘助防將◇[109]鄭希賢[110], 挺身突入, 爲士卒倡, 軍官六七人繼之, 無數發射, 中矢墮水而死者極多, 賊遂北[111]。此處, 賴以得安, 其功不細◇[112]。慶尙左道兵使朴晉啓本過去◇[113], 急於欲知賊勢, 稟于東宮開見, 後還封上送, 極爲未安。◇[114]此無[115]吏曹堂上, ◇[116]

---

101 及

102 勢

103 爲白有在果

104 憫慮: 悶慮

105 住: 留

106 爲川爲白在果

107 而: 없음

108 於西路之兵

109 軍器寺正

110 鄭希賢: 鄭希玄

111 北: 退北

112 爲白良尒

113 爲白去乙

114 一

115 此無: 없음

116 小小論功 亦不得爲 雖此處權差之人 政目書送 而官教朝謝 一切不來 在此侍陪官員 及己褒賞之人 皆施虛名而已 此事從速處置 一

平壤及各道巡察監兵等處所報, 則不得不直報于行在。其他小小伏兵將等處, 不多殺獲, 亦皆報于巡察。關由元帥, 轉啓朝廷, 其間動經時月, 有乖賞不留時之意。近日, 士大夫之往來列邑者來言: "側聽閭巷之言, 捕賊射斬之人, 久未蒙賞, 頗有解體之意云." ◇[117] ◇[118]此些少殺獲之來報于此者, 欲自此處卽爲論賞, 而不敢擅斷[119], 欲[120]推送于監司 · 元師等處。此則亦[121]何以處之? ○北道民心獰惡, 會寧之變, 言之痛慘。若朝廷不爲之早圖, 則倭賊雖退, 北方非國家有矣。聞北方之人, 最慕科擧與官爵云。今若差人持空名武科[122]紅牌及高爵官敎, 募人有能斬[123]會寧首惡之首[124], 則以紅牌, 官敎給之云[125], 則必有應募誅惡之人[126]。非但此也, 兩王子謀還之人, 亦以此爲賞, 則必有奪還者矣。且觀賊勢, 諸將不能當陣鏖戰, 只處處勦殺, 使之日漸消縮[127]而已。然則當以彼此多寡消長爲勝負, 若淹時月, 則我國之生靈盡矣。近觀民情, 雖除

---

117 皆賞不速行之故也

118 如

119 不敢擅斷: 未安

120 欲: 不得爲

121 亦: 없음

122 武科: 武擧

123 斬: 斬首

124 首: 人

125 云: 없음

126 之人: 者也

127 消縮: 銷縮

以五六品高職, 其心歉然, 不如得科名。當初, 因《備忘記》立條目, 以[128]一級許科, 近於過濫, 遂[129]不得行。今若分等級, 隨人地高下, 定首級多寡而給科, 則一國大小之人, 皆起而捕賊, 如將不及, 不日而賊[130]皆就捕矣。或云: "以軍功得科[131], 古無此例, 不可爲也." 議者言: "凡武學之藝, 皆爲殺賊而設。今之[132]親自殺賊者, 得第何妨?" 此言亦得, 亦望商議如何? ○[133]近日[134], 賊勢漸似衰縮[135], 我國兵力, 亦非不足, 而[136]只患諸將還視, 玩寇不擊, 以無事度日爲良策。領[137]卒數千者, 反不如團結鄉兵, 私自勦賊者, 或有受命數月, 不獻一級者[138], 此輩誅之, 則不可勝誅。如此之類[139], 令監司杖罰示警[140], 使之激厲如何? 不然, 則日漸委靡, ◇[141] 皆玩愒度日, 無力戰之意, 恢復之事, 終至於不可爲矣。

---

128 以: 則
129 遂: 勢
130 賊: 없음
131 得科: 登科
132 今之: 今者
133 있음
134 近日: 近觀
135 衰縮: 衰蹜
136 而: 없음
137 領: 聚
138 者: 없음
139 此之類: 此諸將及守令
140 示警: 警勅
141 凡領兵之人

初九日(乙丑)。

初十日(丙寅)。

十一日(丁卯)。

十二日(戊辰)。

聞賊掘破靖陵，陵上之變。○是日，◇[142]又封狀啓一道于行在所。○[143]卽日，烏山都正鉉，奉審宣靖兩陵，回還言內，“宣陵之上則平安，而丁字閣[144]等處，有破壞處，靖陵之上，莎土掘破”云，極爲驚愕。本道觀察使書狀，監封◇[145]輸送，烏山都正鉉，亦爲進去矣[146]。先陵[147]有變，禮當擧哀，變服以洩罔極之懷。而當此與賊對壘之日，若使擧哀之事，流播賊中，則彼賊聞之，自以爲幸，不無益肆兇變之慮。目今畿甸諸陵，皆[148]無把截守禦之備，將來之憂，有不可言[149]。不得已權寢擧哀之禮，只變服五日◇[150]，不知

142 賓廳
143 附
144 丁字閣：亭子閣
145 承政院以
146 矣：爲白置
147 先陵：陵寢
148 皆：必
149 言：勝言
150 妄料爲白在果

果合情禮與否[151]。

十三日(己巳)。

安邊府使金友皐，敎下◇[152]防禦使事。

十四日(庚午)。

十五日(辛未)。

◇[153]又封狀啓一道于行在所。○[154]近日，伏未審聖體若何，無任伏慮之至。臣等陪侍東宮，時留成川◇[155]。前禮曹判書鄭昌衍，率其老母，來到此處，將欲入歸行在所◇[156]，此處宰列之人乏少，欲使之仍留◇[157]，而[158]◇[159]擅便◇[160]未安[161]，仰稟[162]。近因軍功及各邑守令有闕之處，◇[163] 不得已權差◇[164]，而[165]一一狀啓，涉

---

151 與否: 爲白有良尒
152 兼
153 賓廳
154 附
155 爲白齊
156 爲白在果
157 爲白乎矣
158 而: 없음
159 不敢
160 爲白齊
161 未安: 없음
162 仰稟: 없음

於煩鎖, 移文于備邊司[166]。官教 · 朝諭[167], 趁速成送, ◇[168] 何如[169]? ○是日, 刑判李憲國, ◇[170]往行在所, 付送備邊司移文[171]。一: 近聞黃海道海邊一帶, 自安岳至海州 · 延安, 皆無賊云, 移往三和 · 龍岡等處, 舟渡安岳, 觀勢達于江華或湖西, 何如? 江華 · 湖西, 如不可達, 而江陰 · 平山之賊衰歇, 則姑留海州 · 延安, 亦似無妨。一: 各道監司 · 邊將 · 守令, 有罪犯者, 遞易而代以他人, 新舊替授之際, 事皆渙散。而當此時, 解職安便, 亦非[172]懲治之意。所易新者, 亦反不如舊, 以罪而見遞者, 亦不能棄, 旋擄他職, 於國事, 別無利益。中朝則多有帶職, 施罰之例, 如非重罪, 仍留本職, 示罰責效, 何如? 一: 近來聞諸道之事, 一道之內, 多有巡察等官, 各擁褊裨 · 武士 · 精卒, 多者至千餘人, 前日團結義兵, 捕賊之人及守令所率之兵, 亦皆勾取。且號令多門, 莫適所從, 牽制使不得自由, 賊勢日熾, 而終無獻級之人, 極爲寒心。一道文將之重疊者, 如不[173]減省, 則[174]文移各道, 使不得徒爲擁兵

---

163 馳來告急

164 一員

165 而: 없음

166 移文于備邊司: 備邊司移文爲白去乎

167 朝諭: 朝謝

168 敢稟爲白臥乎事

169 何如: 없음

170 欽哉

171 付送備邊司移文: 없음

172 非: 없음

自衛, 散布捕賊事。一: 變初, 自上憤無人[175]殺賊獻級, 以《備忘》傳教, 公私賤捕賊一級以上, 皆許及第, 備邊司以此成送公事[176]。行移八道, 張掛官門, 事寢不行, 民間以爲失信, 頗有怨詈之言。一級許科, 固不可施行, 今宜以諸邑之人, 分爲四等, 禁軍·士族, 三級及第, 無咎平人, 已許通庶孼雜類應赴擧者, 四級或五級及第；未許通庶孼雜類赴擧者, 五級或七級及第；公私賤, 七級或十級及第[177]。以定級數許科, 則一國之人, 皆起而捕賊。從前, 國家失信於民甚多, 今若泛然文移, 則必不聽信, 別爲差官[178], 出入民間, 知委何如? 一: 行次, 無吏曹堂上郎廳, 冒萬死遠來, 獻級希賞之人, 不得論賞, 雖微末初入仕之職, 不得成朝論[179]以給, 艱關遠來之人, 頗有缺望解體之色。其於恢復之圖, 更無可爲之事, 吏曹堂上郎廳及戶曹堂上, 各一員出送, 何如? 一: 順安之兵, 數不滿四千, 部分未整, 加以師老氣疲, 極爲可慮。將黃海已聚之兵, 或三縣之兵, 抄出添兵, 以壯軍勢, 何如? 北賊有西下之言, 尤不可孤單耳。一: 順安·成川, 分兩所, 設武科初試事。一: 牙山倉田稅米船[180]二十隻到泊云, 此處糧料乏絶, 從略取用事。

---

173 不: 未

174 則: 없음

175 人: 一人

176 成送公事: 成公事

177 禁軍·士族 三級及第 無咎平人 已許通庶孼雜類應赴擧者 四級或五級及第 未許通庶孼雜類赴擧者 五級或七級及第 公私賤 七級或十級及第: 없음

178 爲差官: 遣官差

179 朝論: 朝謝

一: 有城池大邑守令, 先自棄城遁竄者, 摘發尤甚◇[181]從重治罪事, 知委, 如有立功自效者, 贖罪事。一: 廟社主陪侍[182], 不可無禮曹堂上, 且以大禮當前, 禮曹堂上郎廳出送事。一: 唐將約和之後, 我軍慮有解弛之虞, 李蘋及李鎰軍中, 送[183]近臣往視戒飭事。◇[184]

十六日(壬申)。

領相崔興源, 自行在所, 奉皇勅及教書來。◇[185]

---

180 船: 없음

181 待事變後

182 陪侍: 侍陪

183 送: 遣

184 禁軍士族。三級及第 無咎平民 已許通庶孽 雜類應赴學者 四級或五級及第 未許通庶孽 雜類未赴學者 五級或七級及第 公私賤 七級或十級及第

185 附 王若曰 予以不辟 遭此前古所未有之賊變 三京失守 轉輾奔播 致令廟社丘墟 生民魚肉 其獲戾于天地 祖宗極矣 而獨賴我聖天子軫念矜恤 視同子姓之國 前後大發兵 萬里赴援 賜銀二萬餘兩 以爲軍需 至今支撑補苴 得保一隅者 秋毫皆皇恩也 今又持遣使臣 降勅宣諭 勉寡人以大孝 勉臣民以至忠 一於十行 丁寧懇惻 不啻若耳提而面命 捧讀未了 不覺聲淚俱發 自惟凉德 何以得此於天朝也 不幸之幸 莫大於此 凡有血氣者 觀此勅諭 孰不爲之感動激勵 思有以竭誠討賊也哉 玆用謄書別紙 揭示諸道 嗚呼 三百六十餘邑 豈少忠義豪傑之士 當初變起倉卒 恬嬉已久 固難效捍禦之力 今者人愈積怨 士愈思奮 賊亦衰於窮兇極惡之餘 天心悔禍 藹然可見 摧陷廓淸 正在此機 凡爾大小人民 雖不念寡人 獨不念我祖宗人遺澤乎 雖不念我祖宗之遺澤 獨不念聖天子之德意以報爾父母兄弟妻子之讐乎 勖哉勖哉 故玆教示 想宜知悉 萬曆二十年 九月初六日 皇帝勅諭朝鮮國王 爾國世守東藩 素效恭順 衣冠文物 號稱樂土 近聞倭奴猖獗 大肆侵凌 攻陷王城 掠占平壤 生民塗炭 遠近騷然 國士西避海濱 奔越草莽 念玆淪蕩 朕心惻然 昨傳告急聲息 已勅邊臣 發兵救援 今特差行人司

十七日(癸酉)。

十八日(甲戌)。

豐山君避亂，來謁東宮。

十九日(乙亥)。

二十日(丙子)。

二十一日(丁丑)。

◇[186]又封狀啓二道于行在所。○[187]倡義使金千鎰書狀，◇[188]恭陵參奉尹浩然牒呈，俱係陵寢重事，故[189]監封上送◇[190]，詮次◇[191]善啓。○近日，伏未審聖體若何，無任伏慮之至。臣等陪東

行人薛藩 齎勅諭爾國王 當念爾祖宗 世傳基業 何忍一朝輕棄 雪恥除兇 力圖匡復 更當轉諭該國文武臣民 各堅報主之心 大奮復讐之義 朕今專遣文武大臣二員 統卒遼陽各鎭精兵十萬 往助討賊 與該國兵馬 前後夾攻 務期勦滅凶殘俾無遺類 朕受天明命 君主華夷 方今萬國咸寧 四溟安靜 蠢玆小醜 輒敢橫行復勅東南邊海諸鎭 竝宣諭琉球暹羅等國 集兵數十萬 同征日本 直擣巢穴 務令鯨鯢授首海波 晏然爵賞茂典 朕何愛焉 夫恢復先世土宇 是爲大孝 急求君父患難 是爲至忠 該國君臣 素知禮義 必能仰體朕心 光復故物 俾國王奏凱還都 乃保宗廟社稷 長守藩屛 庶慰朕恤遠字小之意 欽哉故諭

186 賓廳

187 附

188 及

189 故：政院以

190 爲白去乎

宮, 時留成川◇[192]。箕城之賊, 時渡大同江, 出沒祥原 · 江東之地, 恣行搶掠, 此則[193]元非天將界限◇[194], 故如前伏兵勦殺◇[195]。北賊◇[196]先運, 已踰鐵嶺, 而餘賊◇[197]西向云[198], 而[199]出於民間傳聞之語◇[200], 未知虛的◇[201]。前日[202]京畿觀察使沈岱赴任時, 力請以[203]尹健◇[204], 除授仁川府使[205], ◇[206] 故以[207]尹健差出矣[208], 自[209]行在所, 以禹性傳除授。◇[210] ◇[211]性傳卽赴任所, 聚兵甚多, 畿甸募兵人中, 性傳之兵, 最多且精, 金千鎰欲擧事京

---

191 以
192 爲白齊
193 則: 了
194 所緣
195 爲白齊
196 段
197 雖有
198 云: 之言
199 而
200 云
201 爲白齊
202 前日: 前矣
203 力請以: 없음
204 乙
205 除授仁川府使: 仁川府使除授
206 率去事力請爲白去乙
207 故以: 同
208 差出矣: 除授後
209 自: 없음
210 尹健段 沈岱以軍官書狀帶率
211 而禹

畿, 而專倚此軍云。頃日, 伏覩行在所政目, 禹性傳遞授奉常寺正。竊恐性傳已聚之軍, 遞代之際, 不無潰散之弊, ◇[212]禹性傳仍任仁川, 似爲便益◇[213]。信川郡守李德男, 逢倭戰死, ◇[214]德男所聚之兵[215]亦多◇[216]。◇[217]不意陣亡, 所領之軍, 若久無主將◇[218], 必有星散之患◇[219], 極爲可慮◇[220]。適司僕寺判官李尙閔, 自北道徒步, 踰嶺◇[221]來現, 故卽以李尙閔權差信川郡[222], 戰馬弓矢覓給, 使之星火赴任矣[223]。

二十二日(戊寅)。

夜, 大雷霆以風。

二十三日(己卯)。

備邊司, 移排東別室。

---

212 同

213 爲白齊

214 同

215 所聚之兵: 聚兵率領

216 云

217 而

218 爲白在如中

219 爲白乎去

220 乙仍于

221 而

222 郡: 郡守

223 矣: 爲白臥乎事

二十四日(庚辰)。

二十五日(辛巳)。

東宮引見備邊司堂上。○李德馨來自行在所。

二十六日(壬午)。

兵曹參判丁胤福，往行在所。◇[224]

二十七日(癸未)。

前參判黃暹，爲假承旨。○前醫官金仲孚來，復屬內醫院。○是日，◇[225]又封狀啓一道于行在所。○[226]本月二十五日，大司憲李德馨，受由過去，伏審聖候康寧，不勝欣喜◇[227]。◇[228] 前以[229]龍岡城子堅固，有舟通海西便易之路，東宮[230]可以移住之意[231]啓稟矣[232]。卽今[233]天寒已迫， 如欲遷徙[234]， 則[235]須趁冬節未深之

224 □作□皆誤
225 備邊司
226 附
227 之至
228 臣等陪侍東宮 時留成川爲白有在果
229 前以：前矣三縣 如
230 東宮：없음
231 之意：東宮行次之意
232 矣：爲白有如乎節
233 卽今：없음

前。而久住一隅, 坐失民望, 殊非進取收復之計, 物情皆然。◇[236] 臣等之意, 欲奉行次, 移住龍岡。如不可久留, 則觀賊勢盛衰, 轉向海西, 隨勢漸進◇[237], 東宮別遣兵曹參判丁胤福, 仰稟矣[238]。北道事勢板蕩, 將無以收拾, 而[239]巡察使宋言愼, 尙未入界, ◇[240] ◇[241]南北兵使皆闕, 久未塡差, 極爲可慮, 斯速差遣◇[242], 可以及時措救◇[243]。◇[244] 而[245]江原道, 則[246]觀察使姜紳, 一[247]入◇[248]嶺東之後, 聲聞隔絶, 安峽 · 伊川 · 平康 · 鐵原等處, 復爲賊藪, 無一人措捕。事勢緊急◇[249], 不得已安峽 · 平康 · 伊川等處[250], 以有武才可堪人, 姑爲權差[251]。而召募官金漬[252], 方與僉知成渾 ·

---

234 欲遷徙: 有遷徙之擧
235 則: 없음
236 至發於臺官之論
237 計料爲白乎等用良
238 矣: 爲白齊
239 而: 없음
240 留住熙川
241 而
242 爲白良沙
243 爲白乎去
244 妄料爲白乎旀
245 而: 없음
246 則: 段置
247 一: 없음
248 向
249 乙仍于
250 等處: 等官
251 姑爲權差: 因本道假差權差爲白齊

開城留守李廷馨, 協力捕賊, 而今乃[253]移授麻田, 召募之事, 將爲解弛。故[254]成渾·李廷馨, 累次啓聞[255]。◇[256]金潰則[257]召募官仍任, 麻田郡守◇[258], 則以[259]前所權差[260]李亨男, 還爲權差◇[261], 允爲便當[262]。

二十九日(甲申)。

三十日(乙酉)。

十月初一日(丙戌)。

初二日(丁亥)。

迎敎印, 初度習禮。

252 而召募官金潰: 以麻田郡守金潰 以召募官
253 今乃: 없음
254 故: 없음
255 啓聞: 狀啓爲白有昆
256 同
257 則: 없음
258 乙良
259 則以: 없음
260 前所權差: 前矣權差爲白有在
261 爲白去乎事
262 允爲便當: 없음

初三日(戊子)。

迎教印，再度習禮。

初四日(己丑)。

王世子迎教印。都承旨柳根齎來，王世子爲柳根，行茶禮於中大廳。此禮似非，恐得已而不已者也。○是日，風。◇[263]

初五日(庚寅)。

初六日(辛卯)。

與領相崔興源 · 右相兪泓 · 承旨柳希霖 · 知事尹自新 · 前副提

---

263 附 教王世子權攝國事書 予將曷歸 值此兵戈之會 亂靡有定 畀爾軍之國權 幸因付托之得人 冀復祖宗之遺業 顧予望之良厚 念爾責之亦弘 多慙眇躬叨襲丕緖 勤勞兩紀 澤不逮於保民 疾疹半生 力已倦於莅政 欲投一朝之負荷 久察諸子之賢明 計實定於前時 儀未及於曰禮 屬玆島夷之侵突 適乘邦運之屯邅 民皆棄予 誰救綴旒之動天 或祚宋必資裕蠱之材 聿繫中外之心 不料被兵之深終迷稅駕之所 二百年傳祚 寧丁寡德覆亡時 數千里封疆 殆無一步乾淨地 七廟纏丘墟之痛 三宮罹播越之難 縱欲赴控於大邦 何忍輕棄之故土 迫蹙靡騁眄方隅而已窮 間關負行 望宗社之或保 鶴駕遙隔於彼此 驛馬難上其便宜 玆命世子權攝國事 賞罰除拜 便宜自斷 官爵毋及昵私 賞罰要出於正 謳吟爭起咸里拭目而改觀 仁孝夙彰 孰不延頸而效死 爲邦易基於多難 行德必速於置郵絶塞孤城 知我懷之愈苦 深山窮谷 聽爾音之幸蘇 宜因思漢之機 光啓昌唐之運 但雪薪膽之深憤 何恨寢敗 毋過執於撝謙 況當厭亂之期 已轉擒賊之歲 天兵協肅殺之氣 義旅奮果毅之忠 衆勝天而定勝人 物極當返 直爲壯而曲爲老惡積必誅 相築鯨鯢之屍 快洒山河之辱 周宣紹文武之烈 尙須賢臣 夏康興禹主之家 應有陰隲 慶昌獲覩 卽當誰居 洛陽之園陵 有神何將之 父老垂涕 雖於念於霜露 顧終副於雲霓 於戱 鑾輿整舊都之威儀 乾坤再造震宮 開山海之祥瑞 父子重歡 難罄至言 佇建丕績 故玆教示 想宜知悉

學沈忠謙, ◇[264]承東宮命, 會餞柳根于東別館。

初七日(壬辰)。

承旨柳根還。○是日, ◇[265]又封狀啓二道于行在所。○[266]本月初四日, 都承旨柳根, 賫到教書印章, 依該曹儀註[267], 無事行禮。臣民上下, 無不感激隕淚。而王世子, 承此恩命, 其於情禮, 不可闕然, 別遣知中樞府事鄭昌衍, 兼行問安之禮◇[268]。◇[269] 臣等陪侍東宮, 時留成川◇[270]。前京畿觀察使李準, 自以宰列之人, 雖在私服, 義不可退在, 欲向行在所, 來到成川[271]◇[272], 臣等稟于東宮, 起復留此, 與之共議, 策應軍務。◇[273]兵興之際, 糧餉最重, 而他道則尤被兵燹之禍, 只忠清·全羅兩道, 稍有保存之地, 且不至失稔。若不趁時收合, 至於歲翻穀貴, 則措置無路, 亟命該曹, 募粟節目, 磨鍊擧行, 似便當◇[274]。◇[275]

---

264 及
265 賓廳
266 附
267 儀註: 議註
268 爲白去乎事
269 因都承旨柳根來到 伏審近日 聖體康寧 無任欣喜之至
270 爲白齊
271 成川: 없음
272 爲白有去乙
273 爲
274 爲白乎去
275 妄料爲白昆

初八日(癸巳)。

刑判李憲國，自大朝還。

初九日(甲午)。

初十日(乙未)。

十一日(丙申)。

使令世雲，如行在所，因狀啓。○牛溪 成參判渾[276]，自遂安來謁東宮，仍留。○參判丁胤福，如大朝，行至嘉山，患苦痢危急，王世子命遣內醫往救。

十二日(丁酉)。

內醫金仲孚發行，路聞丁參判已至不救，還來。○咸興判官李弘業，齎兩王子及金貴榮等書，來自安邊賊中。○大司憲李德馨，來自安峽。○李弘業，因向大朝。

十三日(戊戌)。

備邊司，自東室移排于望江亭。○是日，因花陵正，聞慶胤[277]在西山時，爲賊虜去，德原正一家，移入江華云。【慶胤，德原正子，先

276 渾：浩源

277 慶胤：慶弼

生外孫[278].】

十四日(己亥)。

因臺劾, 李弘業及所率十二人[279], 押送于行在所。

十五日(庚子)。

十六日(辛丑)。

十七日(壬寅)。

雪。○夜, 雨。

十八日(癸卯)。

沈游擊寄平安兵使了書來。○牛溪成渾, 備邊司堂上除授。

十九日(甲辰)。

二十日(乙巳)。

---

278 慶胤 德原正子 先生外孫慶胤 德原正子 先生外孫: 없음

279 十二人: 二人

二十一日(丙午)。

扈從官僚，始散料。

二十二日(丁未)。

聞平壤賊添兵，備邊司會議。是時，亦有奴里峴北賊聲息，慮其◇[280]平壤賊合勢，欲移避，故會議也。

二十三日(戊申)。

備邊司面對。○夜，雨。

二十四日(己酉)。

雨。王世子嬪宮，先發向殷山，成川[281]溫井宿所，日晩始發行，夜深始至溫井，幾至闕餐云。

二十五日(庚戌)。

王世子發行。○是日，大風。○士大夫避亂者，或多徒步擕擔，顚躓道路者，不知其數，見者不覺出涕。○是夕，與柳訒之，宿奴盧萬鍾家，營吏金千輝，備酒饌來饋。

二十六日(辛亥)。

留。

---

280 與

281 成川: 成川地

二十七日(壬子)。

宿慈山。○◇[282]又封狀啓一道于行在所。○[283]日候甚寒，不審聖體若何，無任伏慮之至。臣等陪侍東宮，仍留成川◇[284]。◇[285]防禦使金友皐·助防將金信元等馳報內[286]，"今月二十三日，安邊之賊，指向永興倉，似有踰西之意."云[287]，◇[288]成川迫近賊路[289]，恐有窘急之患，移到殷山◇[290]。京畿監司沈岱，在朔寧郡，爲賊所襲，與其軍官及戶曹佐郞尹慶允，皆遇害，極爲慘酷◇[291]。畿甸賊勢，比來益熾，沈岱多般措置，僅得成軍，而不意遭變。其代不可不速出，而反覆思之，未得可合之人。開城留守李廷馨，多聚義兵，在長湍地，姑以廷馨◇[292]例兼留守，松京收復，別差留守，似爲便當◇[293]。李廷馨◇[294]官敎◇[295]，急速成送，◇[296] 何如[297]？正

---

282 賓廳
283 附
284 爲白有如乎
285 今月二十三日 安邊之賊 指向永豐倉 似有踰西之意是如
286 內: 爲白有去乙
287 今月二十三日 安邊之賊 指向永興倉 似有踰西之意云: 없음
288 以
289 賊路: 賊來之路
290 爲白有齊
291 爲不喩
292 權差
293 爲白昆
294 處
295 及諭敎書
296 宜當爲白齊

金潰 · 經歷沈禮謙 · 司祿柳敬元, 同爲召募, 聚兵已多, 屢有殺獲之功, 不可不照例論賞◇[298]。沈禮謙 · 柳敬元, 相當職陞授◇[299], 而[300]金潰則[301]曾經正三品實職, 自此論賞, 似涉重大◇[302], 自朝廷[303]處置 ◇[304] 何如[305]? 內贍寺正兪大進, 以召募使, 在廣州地, 聚兵將至二千人, 多有斬獲之獻, 似當與金潰一樣論賞, ◇[306] 故敢稟[307] ◇[308]。

二十八日(癸丑)。
宿順川。

二十九日(甲寅)。
留。

297 何如: 없음
298 是白乎等用良
299 爲白在果
300 而: 없음
301 則: 段
302 爲白昆
303 自朝廷: 朝廷以
304 宜當爲白置
305 何如: 없음
306 朝廷以處置
307 故敢稟: 없음
308 宜當爲白置

三十日(乙卯)。

留。

十一月初一日(丙辰)。

留。

初二日(丁巳)。

宿肅川。都元帥金命元·本道監司李元翼, 路謁東宮。

初三日(戊午)。

◇[309] 豐原府院君, 來謁東宮。○是日, ◇[310]又封狀啓一道于行在所。○昨因長興令張逈回還, 伏審聖體康寧, 無任欣抃之至。臣等陪侍東宮, 自順川, 今到肅川府。東宮欲留各鎭管[311], 勸勵諸邑◇[312], 本府及安·定兩州, 皆是唐將[313]所經之路, 勢難久留, 不得已欲駐寧邊◇[314]。以[315]龍岡形勢, 詳細看審事, 已爲發送沈忠謙[316], 姑待探還[317], 定奪計料◇[318]。而[319]唐將過去之時, 東宮

309 留

310 賓廳

311 鎭管: 陣地

312 爲白乎矣

313 唐將: 唐兵

314 爲白在果

315 以: 없음

316 已爲發送沈忠謙: 沈忠謙已爲發送

欲爲出見, 懇陳切迫之意◇[320], 而[321]相見之際, 恐或非便◇[322], 當行與否, 玆以仰稟[323]。前[324]以唐將五十日之限, 久稽討賊之擧, 師老卒惰, 兵糧將竭。若不趁當此沍寒之節, 急急致討, 則將爲難圖之患。今則約限已過, 天兵若不速下, 恐貽後時之悔。令諸將設策侵攻, 期於勦滅, 似當[325]◇[326]。◇[327] 自[328]朝廷◇[329]作急商確, 毋失期會◇[330]伏望[331]。成川爲府, 當西北賊路之衝, 江氷已合, 且無城郭, 防守甚難, 而府使李齊閔, 不解武事, 策應之際, 恐致疏虞[332], 極爲可慮◇[333]。故[334]依麗朝例[335], 權設判官[336],

---

317 探還: 還探
318 爲白齊
319 而: 없음
320 爲白乎矣
321 而: 없음
322 爲白乎去
323 玆以仰稟: 仰稟爲白齊
324 前: 없음
325 似當: 宜當
326 爲白乎去
327 妄料爲白齊
328 自: 없음
329 以
330 爲白齊
331 伏望: 없음
332 疏虞: 疎虞
333 乙仍于
334 故: 없음
335 麗朝例: 麗州將例

以[337]主簿朴震男◇[338]◇[339]權差，專委把截之事◇[340]，何如[341]？事變之後，武士逃竄者甚多。雖勤呼召，無一應者，聚軍之路未廣，故[342]朝廷◇[343]設科本道，◇[344]已聚累千◇[345]，其餘各道，亦依本道之例，乘隙擧行，允爲便益◇[346]。◇[347] 東宮行次，留駐成川之日，介於西北兩賊之間，形勢孤危◇[348]，故[349]本府八九月江邊立番[350]軍士，除赴防侍衛◇[351]，而[352]移駕之時，各處◇[353]◇[354]防守，衛卒不足，不得已十一月十二月立番[355]成川軍士，依前除赴防侍

---

336 權設判官：判官權設
337 以：없음
338 乙用良
339 先可
340 爲白齊
341 何如：없음
342 故：없음
343 以此
344 則
345 爲白有在果
346 爲白乎去
347 妄料爲白置 朝廷以定奪爲白齊
348 乙仍于
349 故：없음
350 立番：入蕃
351 爲白如乎節
352 而：없음
353 岐出
354 如
355 立番：入番

衛矣[356]。尹慶元·陳世雲等， 死於朔寧之變， 所賫銀鐵遺失[357]◇[358]， 高山驛吏辛祉， 覔送[359]一塊， 監司軍官慶龍， 一時賫來◇[360]，以[361]中部參奉朴文海◇[362]，準授上送事。

初四日(己未)。
留。

初五日(庚申)。
留。

初六日(辛酉)。
留。

初七日(壬戌)。
到安州。

356 矣: 爲白齊
357 遺失: 乘失
358 爲有去乙
359 送: 得
360 乙仍于
361 以: 說音
362 乙用良

初八日(癸亥)。

李貴謁東宮, 仍獻策。◇[363]

---

363 附 工曹佐郎李貴 達曰 前日春川之戰 監司使李邦弼朴宗男 左右夾擊 則賊徒窮縮入據 司倉李邦弼則進戰 而朴宗男則欲少退 犒軍以粥 而賊徒散出 因以見敗 沈岱敗死 江原不利之後 人心潰散 尤甚於邸下移駐伊川之初 方今收拾之計 莫如得一名將 使擁大軍 先擊賊之留屯大陣 乃可次第討平 而只以設伏追捕零賊 爲奇功 三道諸將中 當陣接戰 唯李時言一人 而所率之軍不夥 高彦伯亦以一時名將 士卒歸心 可委此人 討擊諸賊 而只守一邑 所領僅十餘人 討賊之時 只聚鄕兵 追捕零賊云 一賊纔捕 而翌日賊徒必大擧焚蕩 諸民多所受害 若遷延時月 但捕零賊 則朝廷以爲賊漸就捕 而不知我民之將無孑遺也 此由節制多門 號令不一 一道之中 例兼巡察 至於二三人 自擁精兵軍粮軍器 咸爲自衛之計 而不給力戰之將 纔聞賊奇 輒卽移避 如柳永慶之聞老里賊奇 而自遂安 退走安岳 權徵之多率眷屬 自朔寧 旋避江華 軍粮精兵 輸入海島 兼巡察之無益 據此可知 江原監司 則力量雖不足 而收拾人心 到處聚軍 例付戰將矣 大槪賊徒橫行 如入無人之境者無他 此緣各邑守令 各聚精兵 保其境土而已 及聞賊至 軍輒潰散 隣道近邑 邈不相救 使之恣行侵掠 無所不至 若令重臣特差 兼三道巡察之任 號令出一 官軍義兵 皆爲統制 令諸道別立事目 賊犯一邑之境 勢若相敵 則出而擊 却衆寡難敵 則據避近地 馳諭於前所約束之近邑領兵同會 可以擧事 則便卽進討 如難相敵 多設伏兵 互相出捕 違約者論報至一依軍律 則本是軍兵 見其他邑之來救 豈有不出之理哉 若行此計 則賊徒無四散恣行之弊矣 而連兵合勢 則土窟諸賊 亦易破擊矣 且朝廷特出召募官者此由官軍例 皆潰散不爲力戰 爲此不得已之擧 古人曰 徵兵滿萬 不如召募數千 近日追捕之功 亦多出於義兵之類 義兵褒奬之擧 在所當行 而但京都以西之所聚者 抑有一弊焉 散處鄕曲 只捕零賊 而恣行村巷 奪取民財 故人稱義兵之害 甚於倭賊 若以此爲貽弊 而等視倡義之南軍 則不幾於因饐而廢食者乎小人初募 慮有此弊 開誘發出 列付監司 監司及諸將守令 混同於官軍 而反受其苦 皆望論賞之擧 而還被怨募之誚 召募無益 於此已著 小人當伏負任之罪而反蒙超陞之恩 不勝感懼焉 大槪官軍冗雜 而義兵精銳 若混而臨陣 則官軍敗衄之時 義兵亦有潮退之患 故不欲與之同戰 理固然也 若驅爲逆志之擧 則及其潰散 何異於官軍哉 當初召募事目 應募者 例給空名告身 而雖至無功而中潰 無還收之法 故旣受之後 例皆逃散 自今以後 多出空名告身 多受精銳者以責其效 如有無功中潰者 卽令還收 則行虛惠 而受實效者此也 小人愚意 朝

廷何吝一片紙 而莫之爲耶 古人亦非不知此擧之苟且 而聳勸將卒 莫如賞職權宜之擧 不可不行也 今玆小人 所領來訓鍊奉事郭護 及精兵二十人 方在賊藪 而棄其妻子 跋涉勤王 只希酬勞之賞 而來匽二日 亦無朝夕之饋 大失所望 數十之軍 雖不足恤 而遠方聞風 恐沮歸向之意也 伏願 先褒此等人 一依召募事目 姑給告身 使之責效 聳動他人幸甚 各邑兵火之餘 閭里板蕩 軍粮旣竭 還上又盡 小人與五六邑品官 及流寓士大夫等 約束開諭 遍歷諸邑 募令出補 則諸民部 終多出斗米箭具等物 先倡勤募之人 勤勞亦多 爲先論賞 聳動他邑諸人 以今日行次定向事 廷論不一 或曰留此督戰 或曰及時渡南 當今事勢 唯此兩策 但邸下受監撫之任 恢復之策 專在一己 而近日擧措 多有所失 百官家屬皆隨一行 多差不急之官 徒費散料之資 貽弊列邑 怨讟崩興 若不改此弊 而將此擧措 則雖往南中 亦難恢復 古之人君 豈有君臣上下 皆率家屬 避賊東西 而兼爲恢復者哉 今宜自上先送嬪宮於大朝 管率謀國朝臣 及能成戰功者若干人 親督三軍 如細柳之爲 則猶可及圖也 邸下之躬率者如是 則孰敢率其私眷 以害中興之治化哉 敎曰 其意然矣 至於家屬分處 則未知如何 對曰 自古人君 豈有不忍人情 而能成大功者乎 留此督戰義理當然 若拘於唐兵 遲延時月 坐失幾會 則不得已當渡海 而不較事勢難易 卒爾登途 則倭賊長技 在於間牒 中路脫有警急 恐至狼狽 若秘其機微 從速得達 則簡率輕裝 倍道前進 不然 而整備威儀 則當令諸將及義兵等 一路窟穴處 皆設兵備然後 似爲萬全矣 敎曰 渡海之意已定 而第未聽大朝指揮 故遣文官 使之探報矣 小人當此宗社危亡之日特承引對之命 苟有所懷 敢不盡言 如此孔棘之時 朝論多岐 有同作舍道傍 坐失收復之責 此由朝臣無當事盡力之所致 凡事緩急 若有明燭 邸下斷以己意固守不變 雖大臣之言 有所不可 則不可苟從 若大臣之議皆是 則國事何爲至於此極 恢復亦何難哉 敎曰 言則然矣 重事則不可不問於大臣 對曰 邸下仁聲仁聞則至矣 英武剛斷 似爲不足 故發號施令 一以姑息爲事 古人以委靡不振爲恢復人君之大病 必於有病處 察而加藥焉 諸葛亮曰 宮中府中 俱爲一體 陟罰臧否 不宜異同 今者朝廷不幸 議論携貳 尙無和協之氣象 小人之師李珥 赤心憂國 欲調和兩間 齎志而沒 小人雖無似 竊欲不負亡師之公心 伏願 邸下一時人材 俱收幷蓄 使之各展其才抱然後 恢復可望矣 邸下頃在伊川時 凡弊於民者 悉皆禁斷 成川以後 漸不如初 小人聞之 一路內人宦官輩 作弊多端 至如鋪陳器物 亦皆取來 民怨甚多 必須嚴禁可也 敎曰 內人作弊 則不能細知 宦官之事 言官論之 故已令推考矣 未知何者如是云耶 對曰 不必的指一人而言 大抵邸下必嚴內治然後 可制驕橫之習矣 內人宦寺之輩 言雖似是 邸下必加裁抑

初九日(甲子)。

留。

初十日(乙丑)。

留。豐原府院君，乘月來訪。

十一日(丙寅)。

自安州，將發向寧邊，而羣議不一，不得已還詣肅川。晝停于雲巖院，夕宿于本府。○是日，◇[364]又封狀啓一道[365]于行在所。○[366]仁川府使尹健·安城郡守李夢台，死於朔寧之變。鐵原府使金軼，捕斬府民，交通倭賊者，其子附賊，欲殺軼。以此避在他境，勢難仍居[367]其職◇[368]，移授仁川。鐵原則[369]以[370]李唯直[371]代之[372]，安城郡守，則以[373]宋繼祖權差矣[374]。東宮留駐之地，將寧

謀諸外廷 而施諸行事 使奸細之徒 不得眩惑於其間 則宗社幸甚 敎曰 如是盡言 極嘉極嘉 對曰 小人所達 及裁來擧行節目 退與大臣議定 伏望 敎曰 依達

364 賓廳

365 一道: 二道

366 附

367 仍居: 仍在

368 乙仍于

369 鐵原則: 其代

370 以: 없음

371 李唯直: 李惟直

372 代之: 없음

373 則以: 없음

邊·江華二府, 曾已[375]狀稟, 待命安州◇[376], 而[377]本州凋弊已極, 加以唐兵直路, 勢難久留。移駐寧邊之際, 陪從諸宮, 扈衛士卒, 盈庭號訴[378], 以爲一向退縮, 坐失民望, 海路流澌, 則又難他適, 羣情憫鬱[379], 至欲遮路。人心如此, 不敢沮遏, 不得已發向◇[380]龍岡, 擬達於海西。如未能得抵江華, 則欲留海州◇[381]計料[382]。爲衆情所迫, 命下之前, 徑自發去, 極爲未安矣[383]。

十二日(丁卯)。

宿永柔。沈忠謙[384]自龍岡回程, 因護鶴駕於路上。◇[385]

十三日(戊辰)。

宿甑山。時天寒甚, 一行苦之。○判尹金睟, 自慶尙監司, 遞來

---

374 權差矣: 竝以權差爲白去乎

375 曾已: 已曾

376 爲白如乎

377 而: 없음

378 號訴: 呼訴

379 憫鬱: 悶鬱

380 發向

381 爲白在果

382 計料: 없음

383 矣: 없음

384 沈忠謙: 沈公直

385 是日 賓廳又封狀啓一道于行在所 附 冬至將迫 上體若何 無任伏慮之至 臣等陪侍東宮 欲向甑山爲白置

向大朝，過謁東宮。

十四日(己巳)。

留。

十五日(庚午)。

宿咸從。

十六日(辛未)。

到龍岡。王世子駐山城。

十七日(壬申)。

東宮仍留。衛率李德弘追至，扈鶴駕，得見《禮安倡義錄》。◇[386]

---

386 附 禮安某等 沫血飮泣 謹告于四隣同心同德之人 嘗謂守國不在城郭甲兵 而在於得人禦敵 不在富强威武 而在於忘身 此固平日之雅言 人孰不知 而豈意今日眞知其如此 而目見其驗之至此速耶 今之城郭兵食 非不完且富也 士卒機務 非不衆且備也 而倭船才泊 望風奔潰 雄藩巨鎭 一時陷沒 大小居官者 無一人敢拒 如入無人之地 纔經一旬 奄及都城 此何故耶 人皆以爲昇平已久 不識兵革之所致 或委諸天數 非人力所及 此皆不通之論也 愚以爲習俗淆漓 人心不古 巧詐於私 怠緩於公 唯知一身利害之迫切 不念親上死長之爲何事 此正今日之大患 而土崩瓦解之必然者 尙何守國禦敵可望乎 嗚呼 我國家休養人才不知其幾何 修講軍政 不知其幾年 常以變在朝夕爲戒 算無遺策 而直至今日孤賊一鼓 萬官失守 數百年宗廟社稷 變爲賊窟 百萬蒼生 爲魚爲肉 如在鼎沸之中 日望朝廷遣一官 發一號以救焚溺 而數月之間 寂然無聲 所云方伯連帥

者安在 所云兵使水使者何歸 嗚呼 小民之所依歸者 州縣守令 守令之所統屬者 方伯閫帥 而今也 方伯先自畏怯 鼠竄山谷 閫帥不接鋒刃 唯知逃遁 此固守令之可渙散 而萬姓之所以倉皇奔走 托死無所者也 嗚呼 古今天下 勝敗興亡何代無之 而以堂堂全盛之國 困於萬里海外之寇兵 未相交而遽至於此者 彼之方策 曾見有如今日者乎 此實吾東方萬古莫大之差恥 而究其所由 則其不在於國無人焉 正氣掃地者乎 大駕一動 松都猶未保 間關跋涉 寄寓西方 言念及此血淚如泉 吾等平日讀詩書 講禮義 常以尊主庇民孝親敬長爲心 至於今日 目擊殊言異服之徒 蹙踏吾土 困辱我主上 戕賊我生靈 亦已甚矣 擧目山河 慘不忍見 尙復胡顔偸生 苟活於戴履之間哉 吾等與其方在兵火之中 凜凜如不克自存 曷若各自奮勵 常礪枕戈臥薪之志 合萬人爲一心 約千里爲一家 憤膽張拳指天誓日 無復以入山投林爲意 日以荷戰死敵爲務 隨賊所在 合勢赴鬪 快雪君父之恥 而不知有其身可也 不幸而至於死 不作倭奴之奴 而得爲朝鮮之鬼足矣 人各有此心 孰不知此之爲可安 而至今不相爲謀者 難於家到而戶說 如寄焚林之上 而尙不爲之處 亦可哀也 往不可追 來猶可勉 縱恨失之於東隅 猶可奮翼于桑楡 祖鞭先着 不必待人之倡 溫裾當截 何暇斯行問 臨事之懼 寧可計也 不習之戰 何足論耶 四方有志者 聞吾一言 則吾知固有之心 油然興然 興起不啻影響之捷矣 以之守鄕 則一邑可保 四隣效之 則列郡可全 推之一國 無不同然 則苞桑之固也 盤石之安也 豈特一時之幸免 實保萬世之良策也 人或以爲不敎而戰 如以肉投虎 決不可爲也 此則不然 吾等不爲則已 爲則必有言 人貫蝨穿楊 寧有種乎 況制敵不在於武 而在於內守 則當今之時 雖瘖聾跛躄之人 尙不堪奮發之氣 吾等非瘖聾跛躄 而有志氣 則當可倍於當時之軍卒 明矣其忍坐視不共戴天之讐 恝然無爲 而一以深山窮谷 爲藏身之地乎 孟子有言曰能言拒揚墨者 聖人之徒 吾等亦曰能言討賊者 忠臣孝子者也 緩於討賊者 不忠不孝之人也 願諸公其亦念之哉 右 六月十一日 始倡通文 無知妄作老人某拭淚千行 再告于同鄕同志之人 吾等平日所學者 何事 所讀論者 何事 其不在於爲臣死忠 爲子死孝者乎 平日所學所讀論者 果在於此 則何獨今日 未見有一个半个死忠死孝者哉 死忠死孝 固不敢一一望之矣 不至於死 而先以全身遠害爲急 目見君上之困辱如是 親長之危迫如是 無一人倡義討賊 而且計山深谷邃之地 爲一身幸免之計 此何理耶 惟彼蠢蠢無知之氓隷 則無足怪也 吾黨固非無知之氓隷 而觀其所爲 則與氓隷無異 而或有甚焉者 語及討賊 則大言曰一國之力 尙不敢敵 況於吾輩乎 寧屈首於賊庭 而不欲與之戰 嗚呼 我國數百年休養人才 一至於此乎 此固彼賊之長驅矣 忘一擧而空其國者也 言念及此

老淚如泉 繼之以血也 伏願 諸公須知此身之爲何等身也 此變之爲何等變也 各令子弟 勿復爲巖穴之藏 而合官軍爲一體 共守要害之地 先以官軍設伏於前頭 次以吾黨爲之羽翼 賊入一面 則覘其賊徒之多少 少則當其面者 可以防之 多則合他面之軍 協力共拒 其有畏㥘不用命者 一以軍法制之 則縱不得大捷於旗鼓場中 猶能却賊 使不得入吾境 幸而殺賊得多 則非但保一方之民 忠君孝親之責 亦可仍此而少效矣 此之不爲 而每以入山投林 爲之良策 入山投林 亦有其時 賊至不意 計無所出 則不得不出此下計也 不如是 則固當多方設策 唯以却敵殺賊爲務 豈宜徒務偸生苟活之計 恬然忽視 而無所爲哉 今日吾輩之可愧可哀者 大槪同然 而其中尤甚者 莫如嶺南 嶺南之中 愚恐吾鄕尤甚者也 何以言之 自賊之入吾土 列邑之設伏殺賊者 前後相繼 而此邑 則無一馘之獻 義兵之出於士林者 遠近有聞 而吾鄕 則倡而不和 雖或有一二人名爲義擧 而特出於山藪避竄中 此則不過爲避竄中自保之計也 雖與退㥘不出者有間矣 謂之爲國討賊則未也 又有一二人 痛鄕人之不足與有爲 欲入避竄中假義者 亦可哀也 垂死老翁 不能爲有無於人世 而尙有一端忠憤 鬱屈於中 旣以一幅鄙文 遍告四隣 而未見其效 今復以一辭 更聒於鄕人 亦不自量己 不忍見窮天地無窮之變 不自知其言之極論之竭也 伏願 諸公察此血誠 哀其孤憤 不以人廢言幸矣 頃於龍宮一敗之後 若延數日 而設備如右 則猶可及其未入 而得禦矣 論已定而事未集 竟使穢類 蹴踏我山川 殘賊我民畜 亦已多矣 往者不可追 而來者尙可勉 惟願 諸公毋曰 賊退而無虞 及此稍定之日 約束如前 火急收聚 合爲一心 晝則講習武備 夜則枕戈嘗膽 未嘗須臾寧息 則外侮何從而爲侮 何難乎討賊 自聞賊退 今幾一旬 而吾黨之 猶岩穴中者過半 雖或書來 而悠悠度日 無異平常之人 此何故耶 此所以每不免入山投林之不暇也 此所以可愧可哀尤甚者也 詩云 豈曰無衣 與子同袍 王于興師 修我戈矛 與子同仇 此則秦俗强悍 樂於戰鬪 故平居而相與云云 其爲歡愛之情 足以相死如此 然在平日 則長如是過矣 若在今日 則不如是 不足以有爲 幸諸公勿以秦俗爲過也 右 七月二十一日

再起勸文 禮安居七十四歲翁某 刳肝瀝血 敢用一幅狂言 叫呼於兵使相公杖鉞之下 竊以爲事 雖貴於萬全 而策莫善於能斷 若徒務萬全 而不要能斷 則坐失事機 悔不可追者亦多 愚恐將軍今日之事 不幸而近於此也 自海寇之入吾土于今五閱月矣 百萬蒼生 如在鼎沸中 日望朝廷遣一官 發一號 以救魚肉 而數月之中 闃然無聞 六月中 有人傳言 兵使某公 自南中來駐靑松 半死之民 聞而踴躍 有若赤子之得慈母 其蘇之望 日甚一日 而猶聞聚軍之聲 未聞捕賊之令 於是 群情始疑 或曰 向所傳兵使來者 妄也 或曰 懦弱無謀之兵使 不足倚也

愚以爲將軍性本仁恕 不欲傷人 且念民散已久 倉卒難合 以弱卒赴敵 無異驅羊而攻虎 不如乘勢待時 不殺人而濟事 此實仁人君子之所大願也 然在平時而如是 善矣 今日則當如救焚拯溺之不暇 尙可以爲緩 而徐圖之乎 此時之淹延未決 其害有五 嘗聞將軍之來 密人從者有數百 其從來者 必有所爲 而越月踰時 至今無所用 其間亦必有怨讟思歸之人 愚恐淸人之詩 復出於密人 一也 遠近糾合之衆 皆出於奔竄困苦之中 今則皆知彼賊之形止情狀 思欲一戰 快洩憤惋者亦多 將恐此心久則還怠 不如乘此憤鬱而試之 二也 嶺南州縣 皆經陷沒儲蓄蕩盡 軍餉無計 升斗之斂 出於不得已也 而隨聚隨散 愈久愈難 趁此不竭而一快勝負 三也 將軍之至今未決 實畏傷人 而或往或來 賊勢日張 方在境內殺人日積 然則本欲生之 而反致多殺 此尤不可一日而恝然置之 四也 彼賊久屯豊山 日事焚蕩 將在主鎭 少無忌憚 其輕我甚矣 輕之不已 則將恐犯及主鎭圖我主將 亦不可知 及其未發 而先圖之 不可少緩 五也 伏願 將軍察此理勢快奮忠膽 毋執狐疑 率此憤鬱之衆 勦彼充斥之虜 上雪國家之羞辱 下救生靈之塗炭 正在今日 不知將軍其能不廢蒭蕘之言 而容我一得之慮乎 今聞豊山之賊 多不過千 而我軍所合 少不下萬 以萬劫千 吾不知其可也 失今不圖 每待時勢之可便 則愚恐時勢待之無期 而使賊黨日盛 賊謀日深 肆毒極兇 無所不至則不知將軍將何以處之 就令彼賊不復生謀 而全軍南下 亦非將軍之能事 而於閫寄之職 寧無愧乎 往在乙卯 湖南亦有此變 當時元帥 晩得告捷 而尙未免護送官之誚 今日之變 不啻乙卯之慘 而嶺南之將 未有湖南之捷 愚恐護送之誚將有甚於湖南之元帥也 似聞將軍惡聞人言 不知信然否 善乎 諸葛武侯之下令曰 凡有忠慮於我者 勤攻吾之闕 當大事者 不如是 不足濟大事 願將軍其亦念之哉 狂妄老人 慘見時事 幸値仁將 而但恐過於臨事之懼 短於能斷之勇 不顧庸賤 冒瀆如右 神昏氣甇 言不知裁 不勝戰慄之至 右 八月初 秋雨旅中 諸尊侍意 況何如 苦則苦矣 其與西塞風霜之苦 較之 則孰深孰淺 孰輕孰重 昨者 伏見教書傳自京圻行伍中 讀未終篇 淚瀉如泉 凡有血氣者至此 其能知有其身乎人各不有其身 則彼虜不足乎 恢復可指日 而至于今 使醜類長驅充斥 遍滿一國 臣民不忠之之罪 於是極矣 況見教書中所褒擧義者十餘人 皆是南中人物吾四隣則無一介之稱 其可謂上道有其人乎 吾所以極言竭論 而不知止者也 三復 天書 至末段 尤不能爲懷 知諸公之甚於我也 推此心以往 則何事不可濟耶如我半鬼之物 不得齒列於執戟之後 苟活一隅 寢息都忘 惟願諸公百分奮勵毋爲有愧於中 而取譏於人 則幸矣 右 上一直誓淸所 右 禮安居 七十四歲翁進士李叔樑 倡義勸義責義文 合三首 嗚呼 理義固根於秉彜之天 而志氣或挫

十八日(癸酉)。

冬至日也。藥房問安。

十九日(甲戌)。

藥房問安。

二十日(乙亥)。

黃正言愼獨啓, 請拿鞫備邊司有司, 不允。夜雪。○是日, ◇[387]又封狀啓一道于行在所。○[388]日氣寒沍, 伏未審聖體何如, 無任伏慮之至。臣等陪侍東宮, 本月十一日, 離發安州[389], 十五日, 來到龍岡[390]。初因衆情, 欲向海西, 及到此地, 東宮旨意, 不敢決去, 留駐本縣, 觀勢進退計料◇[391]。前巡察使趙仁得, 自黃海道, 入向行在所, 遇於甑山縣。仁得新遞海西方伯, 備諳本道事勢。東宮如向海西, 則相議策應, 必有所益。使之留此矣[392]。◇[393]

於危亡之日 則理爲欲所梏 義爲勢所餒者 皆是 孰謂七十四歲之翁 而乃有此凜烈之義氣乎 吾乃今知天地間正氣 特鍾於是翁 而砥柱於頹波之中也 翁乃私淑於宣城退陶先生之門者 隱居丘園 充養有素 觀於三首之文 則其精義正脈之有所傳 可知矣 噫 我東方大小文武士 覽是翁之文 庶其立矣 隣鄕小子 鄭士信伏論

387 賓廳

388 附

389 離發安州: 安州官離發

390 來到龍岡: 龍岡縣來到爲白在果

391 爲白齊

392 矣: 爲白置

二十一日(丙子)。

留。

---

393 大朝朝報 府啓 柳永吉身居宰列 當此討賊危急之時 不以協心共濟爲意 妄爲肆說 輕斥大臣 請命罷職 有貽書于臺諫之事 答曰 不須罷職 院啓不允 ○院啓全羅防禦使郭嶸 依律定罪事 答曰 問于備邊司 ○府啓 金睟罷職事 入啓 答曰罷職 ○備邊司啓曰 府院君柳成龍 頃以安定 有鎭大軍事 特爲大將號 今復不必以都體察使 加之也 答曰 依啓 ○府啓 前判尹金睟 削奪官職事 答曰 問于備邊司 ○兩司合啓 知事洪汝諄 爲人鷙悍兇貪 縱恣無忌 喜事樂禍 疾善如讐 附托權奸 作爲心腹 締結近習 以張聲勢 奴顔婢膝 無所不至 得志之後 恣行胸臆 節弄威福 氣焰所灼 人莫敢誰何 凡所以積失人心 怨歸於上者 無非此人之罪也 及長司馬 其所施爲大拂群情 變生之初 抄軍等事 一任私情 使軍民憤怨 賊勢長驅 按律定罪 自有常刑 其他罔上自恣之狀 有難枚擧 而王法不加 中外之憤極矣 及弟李弘老 性本悖妄 得以陰邪 托迹權門 奴子近習 腸脥跳踉 往來交通 生纔嫁禍 朝廷假勢使氣 略無顧忌 及其身負軍律 末減定罪 而猶不自戢 覬覦探識 當國家急難之日 期舊鬼蜮之謀 其所設心 實爲叵測 物情莫不痛憤 請命遠竄 前參判宋言愼 人物分麤厲 素無行檢 不容於淸議 久矣 爲權奸所汲引濫齒顯列 曲意承奉 有若奴隷 寅緣攀附 締結賤竪 凡濁亂傾陷之事 無不贊成其失節無恥 交構不靖之狀 人莫不痛憤 其他縱恣無忌 失律僨事之罪 亦難悉數 請命竄黜 答曰 此何等時 而有此論乎 此人等之罪 至於如此 予所未知 但知此人等 頗劾鄭澈之奸耳 不允 ○昨日 備忘記傳曰 前日尊號削去事 云云非一所謂尊號 未知是何號也 命曰 斥賢用邪 失性喪國 殿下云 則當謹而受之矣 前日所有尊號 卽日削減 此意捧承 傳政院 啓曰 通諭朝廷 答曰 知道 ○傳于政院曰 予精神茫昧 下人書字之際 不察居多矣 所見昨日批答 則下字未穩意 與文勢異 但知頗以某人爲奸云 與之意也 幸政院知此意 ○兩司合啓 洪汝諄等竄黜事 右議政兪泓 志節不可尙 □□計疎脫 處事或有顚倒 屢招物議 至遞體察 勢難仍在百揆 以傷體見 請命遞差 改卜賢德 黃克中啓曰 吏曹參議洪渾 非言責之官 而乃以右相兪泓 微細之失 輕加詆斥 於請對東宮之時 其不識事體 甚矣聞者莫不駭怪 請命罷職 答曰 寅緣交結等語 是何語 在昔攻李珥者 亦以如之說 累陳諸箚 予未嘗有一言以辨之 又今有如此說 此何習耶 不幾於設一機耶諺曰 鯨戰鰕死 但所論如此 依啓右相可遞 當否問于大臣

二十二日(丁丑)。

留。

二十三日(戊寅)。

留。

二十四日(己卯)。

司評李幼澄, 自行在所, 賫奉聖旨來。○子允穆, 自鄕家尋至。

二十五日(庚辰)。

二十六日(辛巳)。

李幼澄還大朝, 同知盧稷, 自大朝還。

二十七日(壬午)。

備邊司會議。

二十八日(癸未)。

右相兪泓, 以三道體察使, 發向江華。○是日, 大風。○西厓在安州, 時書來[394]。○藥房問安, 仍[395]請劑藥, 神秘湯二服劑進。◇[396]

---

394 書來: 來書

395 仍: 因

二十九日(甲申)。

藥房問安。

三十日(乙酉)。

入直都摠府。○◇[397]又封狀啓一道于行在所。○[398]昨因工曹佐郎李貴之來，伏審聖體康寧，無任欣喜之至。臣等陪侍東宮，時留龍岡◇[399]。初聞本縣城子險固，軍糧有裕，◇[400]可以留駐◇[401]，而[402]東宮每以移去[403]他道爲未安，　累下懇切之教。臣等不敢仰達，陪來于此。觀其形勢，則城基高峻，守堞之卒，凍傷可慮。內面狹窄，軍馬難容，累日露處，逃散居多，勢難久留，極爲憫迫[404]。若移他處，則只有海州，賊路不遠，亦非安便之地◇[405]，

---

396 傳聞 山城甚寒 不番扈衛何樣 仰慮仰慮 昨因榮川人宋福慶 知令胤遠覲 其慰可言 鄕園消息 今復如何 恨不得相値耳 此處尙免顚仆 但見世事日敗 欲死不得 沈將入城中 已數日 時無黑白 發行所言 大可駭 大槪以爲倭將欲見國王 親自講和 若留義州 恐難托辭 須越在鳳凰城等處云 此何言耶 極爲痛念 而前頭之事 未卜如何 未知令意如何 海道若未順 則龍岡終非久住之地 使人悶塞千萬 與扈行諸君 講求善策 至當歸一 毋如前日之悠悠 不勝幸甚 言不盡意 萬乞保重 謹狀 十一月二十八日 聞李宏仲來到云 蘇倒蘇倒 一書幸傳示

397 賓廳

398 附

399 爲白齊

400 行次

401 是如爲白沙餘良

402 而: 없음

403 移去: 移居

404 憫迫: 悶迫

而[406]他無差勝之處，不得已欲向海州◇[407]。右議政兪泓，陳疏請往江華，東宮下問便否之時，適聞大朝，以兪泓差黃海·江原·京畿三道體察使之奇。旣膺大朝之命，江華亦在巡審之中，故臣以可送爲對。兪泓急於討賊，本月二十八日發去◇[408]。前日有旨內，有[409]兩南弓箭，輸取之命[410]，故[411]宣傳官·部將等[412]，旣已分遣，收來後[413]，卽爲[414]入送計料◇[415]。而[416]兵曹堂上，此中[417]無一員，侍衛虛疏，至爲憫慮[418]。自[419]朝廷◇[420]處置◇[421]，何如[422]?

---

405 是白乎矣
406 而: 없음
407 爲白齊
408 爲白有齊
409 有: 없음
410 之命: 事段
411 故: 없음
412 等: 없음
413 後: 없음
414 卽爲: 卽時
415 爲白齊
416 而: 없음
417 此中: 없음
418 憫慮: 悶慮
419 自: 없음
420 以
421 爲白有良厼
422 何如: 없음

十二月初一日(丙戌)。

藥房問安, 杏仁五味子湯, 三服劑進。因入直都摠府。

初二日(丁亥)。

藥房問安。

初三日(戊子)。

藥房問安。○是日, 天氣甚寒。○憲府論右相。

初四日(己丑)。

藥房問安。○王世子還, 攝事。○李貴獻策。○◇[423]又封狀啓二道于行在所。○[424]倡義使金千鎰, 送其子象乾及其幕下士林欋, 備言京城及畿甸形勢甚詳。京城之民, 爲兇賊所毒虐, 日夜望官軍之至, 儲備軍器, 潛圖內應, 受約束於千鎰者, 幾數千人, 其餘欲應[425]成泳 · 李廷馨 · 禹性傳者亦多云。舊都遺民, 旣[426]欲爲國家至誠討賊[427], 而[428]◇[429]不於此時副應[430]民望, 則時移歲變, 民情

423 賓廳

424 附

425 其餘欲應: 其應

426 旣: 없음

427 爲國家至誠討賊: 爲國討賊

428 而: 없음

429 國家若

430 副應: 應副

與賊玩狃, 馴致淪胥, 更無恢復之望, 至爲可慮◇[431]。聞畿甸之人, 官軍之外, 團結鄕兵, 名以義旅者, 四十餘起, 多者各數千, 少不下四五百, 總以言之, 則不下數萬, 且京城及畿甸之民, ◇[432]亦不下數萬云。以此觀之, 兵非不足, 所患者, 總統之無人。所謂義兵者, 雖有誠深討賊之人, 而亦不無託名便私者, 行止任意, 不受節制, 只自保其鄕里而已。如不得人以統之, 則非但不爲之用, 將有後日可虞之端◇[433]。右議政俞泓, 懇切陳疏, 請往江華, 發行有日, 被臺論劾, 請還。愚臣妄意, 須另選一員重臣名位俱隆者, 委以都巡察職事, 督率畿內軍及[434]義兵, ◇[435]鼓向京城, 與京師之民, 內外合勢, 以圖收復, 則庶可成功。況今[436]天氣寒冷, 彼賊皆號凍無勇。若蹉過此時, 以至春暖添兵, 則更無可爲。且聞京城[437]及畿甸之賊, 皆恣意西下, 以敵唐兵云, 蓋以京師爲無足可慮, 欲[438]專力於西京, 今[439]若侵擾京城, 以分其勢, 則雖未能刻期掃盪, 亦可爲攻平壤之一助。事機至急, 時不可失, 陪行多官, 皆言當[440]陳達切急之意◇[441], 不敢沮遏, 敢此上聞◇[442]。○近日, 日

---

431 孶不喩
432 則
433 是白置
434 及: 없음
435 當鍊大小
436 今: 今春
437 且聞京城: 없음
438 欲: 合兵
439 今: 없음

氣極寒, 伏未審聖體若何, 無任伏慮之至。臣等陪侍東宮, 時留龍岡◇[443]。今月初一日, 平壤之賊, 大擧出向中和, 圍砲[444]林仲樑之軍, 仲樑則因病歸家。其代將金成彦, 領精兵百餘名, 設伏於[445]他處, 留陣之兵, 猝遇浩大之賊, 矢盡力竭, 不能抵敵, 擧陣皆被屠殺, 積屍如山, 軍糧器械, 亦盡散失。中和之民, 恃仲樑之陣, 以延朝夕之命, 而兇賊窺覦, 期於殲盡而乃已, 喪師之慘, 莫甚於此。大抵近來, 我師日老, 兵食日匱, 前日一千之兵, 則今未滿數百。賊氣日熾[446], 我勢漸蹙, 國家存亡·成敗之機, 不出於一兩月間, 而今又以天將之約, 列鎭諸將, 不得任意厮殺。天將所爲, 雖自謂有所布置, 而用兵之期, 日漸延緩, 今日之事, 極爲痛迫。臣等愚意, 相幾夬決, 速爲處置, 允爲便當◇[447]。◇[448]

---

440 言當: 欲

441 爲乎等用良

442 爲白置

443 爲白齊

444 砲: 炮

445 於: 于

446 日熾: 益熾

447 爲白置

448 ○李貴面達 一 小人當此危亡之日 苟有所懷 安敢不盡 以負 邸下哉 小人之言可採與否 伏請命召備邊司 有司堂上 及大臣臺諫 使之參聽 如有可施責效 卽於筵上 決其取捨 毋掩一刻 坐失機會 則小人志願 畢矣 一 嬪行次 別移于便安之處 當今切務 邸下任恢復莫大之責 一刻安可容身於自便 昔者 以句踐之陋臥薪嘗膽 則婦人必不近側 可知矣 唐肅宗之庸 臥榻常對山人謀議 則宮梱必不同行 可知矣 今時則爲如何哉 三都淪沒 爲賊藪 宗社流亡 乘輿播越 邸下縱不能親冒矢石 如漢之光武昭烈 中心自任 則安可退托 親撫三軍 如漢帝細柳

之爲 則猶可及圖也 然則 與百官家屬 皆隨一行 到處貽弊 恐無以激士卒之心也 且嬪宮利害言之 與其近於賊藪 不若姑擇僻安之地 與外戚親切 及一二臣僚 奉侍安過 以待賊平 不亦可乎 古人云 危然後安 伏惟 邸下留神焉 一 大臣皆推調 莫敢當事 此則今之一大不幸也 唐肅宗 才非撥亂 得一李泌而信任 故中興 德宗之昏暗褊猜 得陸贄而倚重 則不亡 且宋之徽欽 若任李綱 則豈至於南遷 高宗若任張浚 則豈不成功 古昔既往之跡 昭昭如此 則卽今大務 邸下得一賢大臣 而責任焉 爲大臣者 亦必以古人自任 忘身殉國 賊滅後已 今春大臣豈無謀畫才德 可補 邸下恢復之業 而但平時畏謹慮患之積習未祛 故莫敢當事凡一時機關之重 坐而失之者 多矣 如此而可望恢復之速耶 竊嘗痛憫焉 方今如漢之諸葛 身兼將相 鞠躬盡瘁 自任以征伐者 則誠難得也 古人云 才不借於異代 以邸下之仁聖誠心 求之任之 勿貳 則今日廷臣 豈無李泌陸贄者哉 況不爲李泌者 亦在於其中乎 一 書筵每講小學數章而已 不及於講論於復讐軍謀等事 夫君德培養 雖在倉卒顚沛 不可小緩 小學一編 固今日所當進講 但書筵進退 只爲文具而已 似若平時氣象 邸下以監撫之責 當此危急存亡之日 所當講論者 許多關重緊切之事也 小人愚意 逐日書筵講罷之後 仍命坐大臣及臺官一應時務講求謀畫 或於章疏 中有可卽行者 或於馳報中 有宜速施者 沛決無滯 皆趁機宜 或論將才 或論賞罰 凡復讐賊之責 一刻不遺 則度一日 必有一日之效矣 如有大段擧措 不能自處之事 論稟大朝 期於必施 其於恢復 裨益甚多矣 小人伏見趙宋金元之事 當時討賊行迹 是非得失 瞭然於一部宋史中 亦命進講 或常置案上 時時披閱 則邸下益有所憤激 而不自禁也 以激發臣僚 則非但小學書中 忠孝數章之感人心也 一 往日 幸伊川時 邸下凡所施 設聳動人心故人多奮勵 不日有恢復之望矣 竊見近日之事 漸不如初 凡間關遠道 爲上疏章而至者 豈盡無可採者哉 空言奬答 例下該司 了無施行 或多有缺望 而歸者矣 士子之心 且無以激勸 則況潰散失所之民心哉 今須優納蒭蕘之言 特示聳動之擧 毋爲一向菲薄而自謙 以失人心也 古昔撥亂之君 必有非常擧措然後獲非常功效 伏願 邸下留意焉 小人今者 忝承大朝之命 宣諭官稱號 將更向黃海江原京畿賊藪之傍 以宣布朝廷德意 招集義旅爲任 誠願得邸下平書開諭之文 特以布告 收拾人心 使之聳動 則小人玆以庶不辱朝廷之命 區區敢達 一 黃海江原京畿監司 例兼巡察 自擁精兵 避賊奔竄 自今以後 監司則抄發各邑軍卒 專付防禦使助防將等處 使之責效 巡行列邑 慰撫勸勵而已 則力戰之將 不患無兵矣 一 凶鋒毒奉之下 凡我八道民生 其父母兄弟妻子 橫罹慘禍者 何限彼愚氓 雖不知爲國討賊之義 至於志復私讐 憤憤欲起者 將不知爲幾何人哉

初五日(庚寅)。

藥房問安。

初六日(辛卯)。

大雪。

初七日(壬辰)。

藥房問安。○王世子，惠膳東宮僚屬。

初八日(癸巳)。

初九日(甲午)。

藥房問安。

初十日(乙未)。

以母忌齋祭事，與允穆，往宿客舍。

且士大夫 及或宰秩之人 其骨肉橫逢慘禍者 亦多有之 若以此宰秩之人 命爲一將 又以此士大夫 命爲從事官 號稱復讐軍 使之行募倡義 則將不日而雲集以之臨戰 無非敢死勇決之人矣 邸下亦親自爲文 激以復讐之義 遍諭八道 則凡有血氣者 孰不奮起 一 臺諫同參備邊司事 一 史官同參書筵記事事 一 陣亡將卒 褒奬致祭 使之聳勸 永復其後事 一 罪犯軍律 不卽致刑者 籍沒家産妻孥給付有軍功之人 待其功還給事

十一日(丙申)。

設祭。○兵曹參判洪麟祥, 回自大朝。

十二日(丁酉)。

以王世子急時移駐事, 入啓。○[449] ◇[450] 頃日, 鶴駕自安州回, 駕不入鐵甕而來此[451]者, 蓋以直向江都, 撫綏畿甸, 控制兩湖之計也。今則[452]江津不通, 旣失此計, 而尙留于此, 甚非計之得也。臣愚以爲山城, 形勢逼窄, 凝沍苦寒, 士馬凍餒, 不可用武, 賊若逼城, 則旣不得守, 又無所避, 勢實狼狽。眞兵家所忌[453], 天獄之形, 必敗之地, 決不可留。本縣客舍, 則雖藏風向陽, 賊藪甚近, 夜襲可慮。臣之愚計, 莫若亟往永柔, 留駐大軍之後, 觀勢進退之爲得也。或以爲山城天險可守, 此誠不思之甚也。臣竊憫[454]焉。伏願下問大臣, 及時移駐, 千萬幸甚。

十三日(戊戌)。

十四日(己亥)。

藥房問安。

449 附
450 輕冒極悚
451 而來此: 없음
452 則: 者
453 所忌: 없음
454 憫: 悶

十五日(庚子)。

藥房問安。○以移蹕事，再啓。○[455]移蹕便否，臣已略陳大槪，臨此危迫，不避煩瀆，敢盡愚見。其策有三。鶴駕向海西，入江都，號令中外，收復京城，掃盪大憝，以迎大駕，策之上也。而江津不通，旣失是策。亟往永柔，留駐大軍之後，以觀天兵之勢，順則由大路出，迎大駕于西，復東向成川，出[456]遂安海隅[457]等地。若不順則退保寧邊，策之中也。而如不速行，奉侍嬪宮，先移永柔，鶴駕姑留[458]客舍，明斥候，揀士馬，聞變急避，策之下也。彊滯山城，人馬凍斃，士卒怨苦，脫有警急，避守俱失，坐待自敗，誠爲無策。事理甚明，愚智皆知，旣失上策，復失中下策，無所避難，識者寒心。夫寧邊，古稱鐵甕，天險形勢，城中寬闊，人馬足以周旋，將士足以用武。且雪寒氷嶺，北賊無虞，譬諸此地，霄壤不侔。而猶欲彊[459]坐危地，淹延時日，已盈一朔。恐賊若生心，無所不至，不勝煎憫。計者，事之本，聽者，存亡之機，計失聽過，大事去矣。伏願快決無疑。但徽體愆和，不可輕動，唯望十分審裁，千萬幸甚。

---

455 附
456 出：或
457 隅：州
458 留：移
459 彊：强

十六日(辛丑)。

雪。藥房問安。○是日，王世子癍疹始形。

十七日(壬寅)。

藥房問安。

十八日(癸卯)。

藥房問安。○是日[460]，又封狀啓一道于行在所[461]。○[462]臘寒嚴沍，不審聖體安否若何，無任憂慮之至。且中東宮行次，尙留龍岡山城。而頃患欬嗽之症[463]，未幾平復，自本月十二日，復有未寧之候，而猶未廢書筵。十四日，詮次始聞失攝，問安則以平安答之。十五日問安，請令醫官李公沂·南應命·金仲孚入診，則頭痛煩熱，欬嗽[464]不止，六脈浮滑，蓋以前十二日夜，寢房過暖，開窓[465]感冒，仍致此症云。且審東宮，未經癍疹，證涉疑似，故◇[466]與醫官等，十分商議，◇[467] 煎進參蘇飮[468]，兼進生脈茶。十七日，早朝

460 是日: 없음

461 又封狀啓一道于行在所: 狀啓行在所

462 附

463 欬嗽之症: 咳嗽症

464 欬嗽: 咳嗽

465 開窓: 開胸

466 臣

467 加羌活川芎白芷 桑白皮杏仁 蘇子炒

468 煎進參蘇飮: 參蘇飮煎進

問安, 則症候一樣云。當日巳時末, 詮次聞之, 面上[469]癍疹始現[470], 箇數不稀不密。◇[471] 此症例爲煩熱, 故三豆飮·陳米飮·◇[472]生脈茶, 幷煎待候, 同日夕◇[473], 劑進荊防敗毒散[474]。◇[475] 十八日, 早朝問安, 則頭痛熱勢, 幷似[476]稍減, 額上所發, 稍覺先除, 大槪平順◇[477]。前此◇[478]閭閻, 大小瘡疹熾發, 醫官等, 告臣以稀痘兎紅丸之妙。臣言于[479]領相, 令本道[480]縣令申俔, 捉[481]得生兎一口。令醫官李公沂·南應命·金仲孚, 及臘八日取血, 一依方文劑入[482], ◇[483] 王世子卽依法進服云。但山城◇[484]苦寒, 居處疏冷[485], 深恐有妨調攝, 以此憫慮[486]不已◇[487]。詮次善啓。

---

469 面上: 面面
470 癍疹始現: 始現癍疹
471 瘢色鮮紅
472 及
473 問安 咽喉不云加 乾葛升麻 薄荷葉
474 劑進荊防敗毒散: 荊防敗毒散劑煎
475 陳米飮菉豆粥 靑田米飮 竝煎待候
476 似: 只
477 爲白有置
478 此處
479 言于: 告諸
480 本道: 本官
481 捉: 企
482 劑入: 劑出劑服
483 竝書以入
484 峽中
485 疏冷: 草次
486 憫慮: 悶慮

十九日(甲辰)。

藥房問安。〇是日[488], 又封狀啓一道于行在所[489]。〇[490] ◇[491]本月十九日, 於通遠堡道中, 逢李山甫, 細聞李提督進軍曲折。◇[492]且知[493]提督, 以[494]當日到通遠堡。臣仍進同堡, 具呈文待候, 申時, 提督入堡。臣卽詣通名, 提督先呼[495]譯官入來, 問呈文事理。譯官略陳, 則曰: "我已知道." 卽發牌文, 面勅◇[496]夜不收, 催發遼東落後軍馬矣[497]。仍召臣行禮, 卽爲[498]呈文, 則提督出立階上, 覽文至半, 顧授其弟如栢, 答曰: "我已知道, 已令催發軍馬矣." 臣告曰: "國王不知老爺已到遼東, 不得具咨。只令陪臣來候行色, 卽[499]仍行問安, 且令呈稟緊急事情矣。大軍[500]旣不發去, 賊若知幾先發, 則安定老爺, 決難抵當。願老爺急速進兵." 答曰:

---

487 爲白去乎
488 是日: 없음
489 又封狀啓一道于行在所: 狀啓大朝草
490 附
491 臣
492 臣旣受命來此
493 且知: 없음
494 以: 且
495 先呼: 先號
496 耳
497 矣: 없음
498 卽爲: 없음
499 卽: 없음
500 大軍: 없음

“義州先到將官, 請欲先進, 而[501]我慮先耗糧草矣。今聞爾言, 我當卽送三四千兵馬, 且發[502]已到義州南兵六千, 合一萬。令進駐順安.” 臣答曰: “此正小邦所望, 不勝感激。願聞何時發送?” 如栢在後眴之, 提督就聞其語, 仍下階下, 答曰: “我初欲送兵馬, 而不見國王咨, 爾可先送一譯, 具咨進來, 我當發兵。爾則計開兵糧, 數目以俱來, 當偕往鳳凰城, 送爾矣.” 仍戒勿往宋爺所。觀其意, 則李山甫進去時, 提督以呈咨經略, 呈文於己, 有[503]若以己左於經略, 而不爲具咨, 故今有是語, 而慮臣仍往宋處, 故欲與俱到鳳凰城矣.” 臣答曰: “當依下敎, 但小邦, 以賊之先發[504]西下爲慮[505], 更願先送兵馬.” 提督辟左右, 就立臣前, 語表廷老曰: “我非不欲先送兵馬, 而恐此賊聞奇先遁。且順安軍糧, 萬軍先往喫下, 則大軍後至, 爾國何以接濟? 爾謂倭子如是無謀乎? 渠極畏[506]天兵, 必不容易西向.” 仍又細語曰: “吾聞沈游擊, 潛通軍機◇[507], 深恐賊先遁去。豈[508]可先送偏師, 以泄其機邪?” 且問[509]: “黃海道, 亦有把截者邪?” 臣以李時彦 · 金敬老 · 李廷馣爲對。又

---

501 而: 없음

502 且發: 없음

503 有: 爲

504 賊之先發: 賊先發

505 慮: 悶

506 極畏: 疑畏

507 云

508 豈: 今

509 問: 없음

問: "平壤賊盡遁云, 信否?" 臣答曰: "小的在義州時, 則不聞此語, 只聞添兵矣." 提督仍怒, 呼沈家旺來, 適侈參將答應官, 押家旺來到, 家旺應聲來跪, 提督瞋睨曰: "儞言: '平壤賊盡遁, 黃海道旣有把截.' 則賊安能遁去邪?" 仍問平壤賊數, 家旺答以八千, 則提督怒罵曰: "雖有十萬, 我當盡勦, 我知汝詐矣。我受聖旨, 當還國王于京都, 汝言講和何邪? 我當拿唯敬[510]到順安, 入送平壤, 觀其所爲, 依律處之." 令左右保授家旺, 無令逸去。仍戒臣攔截江口, 無令雜人偸去。臣答, 曰: "願聞老爺何日渡江? 兵數幾何? 宋爺幾日當來?" 答曰: "我到江沿臺, 就整軍馬, 整了卽渡軍馬, 今廿五·六當畢至。我過江, 在廿七, 過江則可卽向順安。若到義州, 始爲整軍, 則恐費他糧料, 軍數則四萬。宋爺則只到江沿臺, 運糧草, 通文書而已, 何用過江?" 臣退具兵糧數, 明日依所命, 親呈後, 偕向鳳凰城計料◇[511]。而[512]呈文草, 幷爲謄書, 小通事金德連[513]處[514]準授, 先爲上送◇[515]。伏望[516]速將緊急事情, 急具咨星夜馳送, 似爲便當◇[517] ◇[518]。【按是月是日, 先生在成川, 本

---

510 唯敬: 惟敬

511 爲白遣

512 而: 없음

513 金德連: 金德達

514 處: 乙

515 爲白在果

516 伏望: 없음

517 爲白乎

518 去忘料爲臥乎事 詮此善啓

無出使越江之事, 此狀啓明是他人事。竊恐以傳聞謄錄於狀啓中邪, 姑存之[519].】

二十日(乙巳)。

藥房問安。○去夜, 王世子寓所假家火[520]。○是日[521], 又封狀啓二道于行在所[522]。○[523]東宮癍疹證候平順◇[524], 本月十八日, 所封書狀中, 已爲啓達◇[525], 而[526]同日午後, 氣候猶覺煩熱, 咽喉似爲爛疼, 粥飮難下云。臣與醫官等, 十分商議, 隨症[527]進藥, ◇[528]◇[529]以加減薄荷煎元・舍化陳米飮・三豆飮・菉豆粥・生梨汁, ◇[530] 連進下咽。是夜, 喉門暫開[531], 進藿羹和軟飯數匙, 又進元米陳米飮二三度, 井花水頻頻嗽口[532]。十九日, 熱勢減三分之二, 額

519 按是月是日 先生在成川 本無出使越江之事 此狀啓明是他人事 竊恐以傳聞謄錄於狀啓中邪 姑存之

520 火: 付火

521 是日: 없음

522 又封狀啓二道于行在所: 啓草一道

523 附

524 大槪段

525 爲白在果

526 而: 없음

527 隨症: 隨證

528 輒稟領相

529 卽

530 酸醬

531 暫開: 蹔歇

532 嗽口: 漱口

煩先發處, 漸至消歇。◇[533] 二十日朝, 氣候一樣, 二更入睡, ◇[534] 四肢胸腹追發處, 亦至消歇。◇[535] 煩熱太減, 喉症亦歇。但三更量, 東宮依幕外◇[536] 新造三間失火, 而時適睡覺, 故不至驚動矣[537]。◇[538] ○◇[539] ◇[540]豐川府使黃允容, 巡察使李廷馣啓聞罷黜, 以南嶷假差◇[541]。允容罪犯輕重, 知不得◇[542], 而[543]豐川, 乃沿海要衝之邑。◇[544]允容筋力, 不甚衰替, 且得本邑民心, 軍器城池, 繕葺已久。而當此事變方急之時, 代以南嶷, 則其◇[545]防備之事, 不無疏誤之弊◇[546]。而[547]本邑民人[548]等, 委來呈訴, 懇請仍任。◇[549] 民情如此[550], 自朝廷參酌處置[551], 似爲便當◇[552]。◇[553]

---

533 日出後 進羹飯二度 及元米陳米飮各少許
534 元米一度
535 蹔覺搔痒
536 處
537 矣: 爲白乎爾
538 朝來 龍腦末少少 點之喉門 砂糖入進爲白乎事 詮次以善啓
539 是日 賓廳又封狀啓二道于行在所
540 附
541 是如爲白臥乎所
542 爲白在果
543 而: 𢀸音
544 而
545 於
546 叚不喩
547 而: 𢀸音
548 民人: 人民
549 忠淸仍任爲白去等
550 民情如此: 民情不可掩置是白昆

二十一日(丙午)。

藥房問安。

二十二日(丁未)。

藥房問安。

二十三日(戊申)。

藥房問安。○又封狀啓一道于行在所[554]。○[555]東宮症候, 本月十八日·二十日, 兩度書狀中, 已陳大槪◇[556]。自二十一日以後, 逐日三時問安, 則熱勢似減, ◇[557]四肢先發處, 已[558]半消去, 而咽喉欬嗽[559], 如前未快, 用加減薄荷煎元數度, 繼以龍腦末, 吹入喉門矣[560]。◇[561] 二十二日, 寢睡安穩, 咽喉漸至差歇, 熱勢大減。

---

551 自朝廷參酌處置: 朝廷以參酌處置

552 爲白置

553 近日 未審聖體若何 無任伏慮之至 臣等陪侍東宮 時留龍岡爲白齊 東宮瘢疹症候段 本月十八日 曾已馳啓爲白在果 氣候煩熱 咽喉爛痛 內醫院提調鄭琢與醫官等 商議進藥 熱勢膽症 漸至差歇 軟飯米飮 逐日頻進 先發瘢紅 亦至消歇 症勢尤順 日向平復爲白齊 東宮外處 新造假家三間失火 入寢之前 預知火灾 不至驚動爲白置

554 又封狀啓一道于行在所: 啓草一道

555 附

556 爲白在果

557 追于

558 已: 爲

559 欬嗽: 咳嗽證

560 矣: 없음

◇[562] 詮次善啓[563]。

二十四日(己酉)。

藥房問安。○王世子引見領相及琢, 議定移向寧邊之計。

二十五日(庚戌)。

陪王世子發行, 宿咸從。○◇[564]又封狀啓一道于行在所。○[565]近未審聖體若何, 無任伏慮之至。臣陪侍東宮行次, 當日龍岡離發, 今到咸從縣留宿◇[566]。行次之後, 氣候平安。明向甑山◇[567], 差復未久, 冒寒登程[568], 極爲未安。◇[569] 午時, 臣與[570]領議政崔興源◇[571]·承旨柳希霖·史官李軫及醫官李公沂·南應命·金仲孚入侍, 候察氣色, 則容顔暫瘦, 別無熱候, 語音如常, 癍疹消盡

561 進和羹飯二題許 生雉熟一脚

562 進和羹飯一種子爲白事

563 詮次善啓: 없음

564 賓廳

565 附

566 爲白在果

567 爲白齊

568 登程: 登途

569 昨日昨日 臣與內醫院提調鄭琢 請對入侍 伏覩氣色 容顔蹔瘦 別無熱氣爲白置 ○內醫院狀啓草一道 東宮症 本月二十四日朝問安 則寢候平安 昨日進飯三匙許 生雉熟 生雁熟各小許 咳嗽大減 喉症亦歇 昨朝 進羹飯及生雉熟 生雁熟各小許

570 臣與: 없음

571 與臣琢

無痕◇[572]。當日行次，發向甑山矣[573]。

二十六日(辛亥)。

王世子宿甑山。

二十七日(壬子)。

王世子[574]宿永柔。◇[575]

二十八日(癸丑)。

王世子宿安州。○見[576]西厓相公於賓廳。

二十九日(甲寅)。

王世子[577]至寧邊，仍[578]留。

---

572 爲白等用良

573 矣：爲白事

574 王世子：없음

575 ○李如松牌文一道 附 欽差提督薊遼保定山東等處防海御不倭軍務中軍都督府都督李 爲禁約事 照得 海陬倭奴 罔知大邦神武 陷我屬國 罪惡滔天 王章莫容 本府欽承上命 恭行仁義之師 號令嚴明 軍旅整肅 卽日過江 長驅直搗 凡經過地方 秋毫無犯 誠恐十萬之衆 間有違犯紀律 或掠取財物 好淫婦女 逞生擾居民者 許被害人等 遮道口稟 審重則軍前斬首 輕則梱打 遊營將領 從重參處 中軍千把摠等官 分別連座 斷不姑貸 須至採者 萬曆二十年 十二月二十五日 採至安定徹提督府

576 見：拜

577 王世子：없음

癸巳年 正月初一日(乙卯)。

◇[579]封狀啓一道于行在所[580]。○[581]王世子證候, 已爲平復。去十二月二十五日發行, 宿咸從 ; 二十六日, 宿甑山 ; 二十七日, 宿永柔 ; 二十八日, 宿安州 ; 二十九日, 到寧邊, 仍留駐[582]。但嬪宮, 自前月二十六日, 氣候未寧, 頭疼煩熱, 欬嗽[583]兼發。二十七八日, 氣候一樣, 二十九日, 癍疹始見, 而不至稠密。進三豆飮 · 陳米飮 · ◇[584]元米◇[585]稀痘兎紅九。則◇[586] 本月初一日, 氣候煩困, 不至太熱, 間進元米陳米飮。所經之地, 賊藪不遠, 天兵且臨中路, 勢不得停行, 以致連日行次, 極爲憫慮◇[587]。◇[588]

初二日(丙辰)。

藥房問安。◇[589]

---

578 仍: 없음

579 內醫院

580 于行在所: 없음

581 附

582 留駐: 留住

583 欬嗽: 咳嗽

584 及

585 爲白在果

586 未前日 曾進服

587 爲白事

588 行平安道觀察使兼都巡察使 爲馳報事 査副摠兵無兵 只率家丁四十人 去十二月二十九日 到縣宿所 正朝行禮爲乎事是良尓

589 附 行平安道觀察使兼都巡察使 爲報事 査總兵當日夕時 與數三唐人 馳往降

初三日(丁巳)。

以李提督如松問安事，承東宮命，往安州，子[590]允穆從。

初四日(戊午)。

復命◇[591]。◇[592]

初五日(己未)。

呈〈聞見錄〉于政院[593]。○臣昨日夜三更[594]，到安州，今日早朝，使譯官秦孝男，告李[595]提督如松，曰:“老爺受天朝之命，爲下邦遠來討賊，下邦臣民，莫不感泣。儲君權摠兵馬，來駐寧邊六十里之地。今聞老爺，行至境上，竊願起居道左，而時未稟封於皇朝，故[596]事勢非便，不敢焉。玆遣陪臣問安於老爺下執事矣.”提督答曰:“委遣重臣致辭，多謝多謝.”本月初三日，提督李如松到安州，卽招譯官秦孝男，問於體察使柳成龍，曰:“賊勢如何?”成龍卽具冠帶，詣提督幕外，令譯官告曰:“昏夜不敢請謁，而事係

伏山 乘夜還來爲置有良介 平安觀察使馳報事 孫遊擊部下兵七百餘名段 肅川地二十里許 結陣爲遣 當日午後 先爲馳到爲有臥乎事

590 子: 없음

591 聞見事件

592 初五日呈

593 〈聞見錄〉于政院: 없음

594 三更: 二更

595 李: 없음

596 故: 없음

軍機, 當進老爺前, 隨問陳之.” 提督曰: “昏夜何妨?” 亟具冠帶求見, 坐交接[597], 請成龍共坐交接[598]。成龍袖地圖以進, 提督展諸牀上, 觀至平壤城外, 指點正陽門曰: “此隅形勢, 可以進兵.” 成龍答曰: “老爺之言是也[599].” 成龍且曰: “我軍不習戰鬪, 不識坐作進退之節。若驅使爲先鋒, 則恐多有犯律者。願老爺三令五申, 後試用之.” 提督曰: “平壤城外山下, 當先伏我軍, 用爾國兵, 誘賊以出之, 仍縱擊殲滅無遺。賊若不出, 亦可進大軍崩之矣.” 成龍且曰: “俺在平壤城時, 常[600]見此賊, 放砲[601]於江邊, 丸入城裏, 丸氣甚烈。願老爺別加商量.” 提督曰: “倭丸不過一馬場, 遠則氣弱, 不至斃人, 我丸至過五里之外, 而亦能斃人, 倭丸不足患矣。聞爾國人, 多有入賊者, 臨戰豎投降者勿殺旗於一方, 則爾國人付賊者, 必盡奔還矣。旣滅平壤賊, 則爾國奔竄山林者, 莫不奮臂瞋目, 提兵以起, 此所以不日殲滅者也。會須殲滅[602]此賊, 二月日, 當還國王于都城[603], 奏凱旋師矣。前頭肅川府[604], 亦有元帥云, 明日可偕往, 同議處之.” 且曰: “我之先, 本朝鮮人。老父臨行, 戒之曰: ‘爾今往勉之, 亟滅賊, 復國王於都城而來’云”。成

597 交接: 交椅
598 交接: 交椅
599 也: 없음
600 常: 嘗
601 放砲: 放炮
602 殲滅: 殲盡
603 都城: 京城
604 府: 없음

龍退後, 提督用金扇, 題近體詩送贈, 其詩曰: "提兵星夜渡江干, 爲說三韓國未安. 明主日縣旌節報, 微臣夜釋酒杯[605]歡. 春來殺氣[606]心愈壯, 此去妖氛骨已寒. 談笑敢言[607]非勝事, 夢中常憶跨征鞍." ◇[608]

---

605 酒杯: 灑盃

606 殺氣: 斗氣

607 言: 云

608 壬辰 十二月 二十四日 移咨諸將姓名 提督 李如松 副摠兵都督 李如松 中衛 楊元 副摠兵都指揮 張世爵 提督中軍參將 方時春 義州圍參將 李如梅 統領蘇鎭遵化參將 李芳春 統領蘇鎭遊擊都司 方時輝 統領薊鎭建昌營都司 王問 統領薊鎭南兵遊擊 吳惟忠 統領宣府遊擊 周弘謨 統領宣府東路副摠兵 任自强 統領大司營遊擊 高策 谷遂 統領陽河營遊擊 高昇 寬奠咮副總兵 佟養正 原任副摠兵 孫守廉 王惟貞 祖承訓 王有翼 吳布翰 李大受 原任參將 駱尙志 張應种 楊紹先 郭夢徵 蘇國賦 戴朝弁 原任遊擊 戚金 王承恩 統領表下親丁遊擊(手決) 李寧 統領眞定遊擊 趙文明 統領保定遊擊 梁心 統領陝西遊擊 高徹 統領山西遊擊 施朝卿 原任參遊摠督 葉邦榮 張奇功 陳邦哲 沈惟敬 廣寧先鋒遊擊 葛逢夏 李如梧 佟卷中 胡鸞 趙之牧 李郁 原任都司 王必迪 監督車兵 樓大有 李鎭中 吳夢豹 其餘 各營把摠等官 甚衆 難以遍開 守備指揮元數 亦多 未開 提督椽史 錢學易 柴逢春 張乾悅 于世斜 毛大腨 劉朝輔 宋業志 黃淸 劉恩 王加會 宋業志 張喬松 遊擊 錢世禎 建呂營委官 杜鳴遠 計開 一 分主客 照得 兵馬過江 原爲救援朝鮮 則朝鮮有主道 天朝蒭粮 皆助其不給也 兵馬經過 止用朝鮮沿途粮草 江沿轉運之物 與彼國人馬負載 逼迫平壤 惟放庶積貯預 而軍馬屯箚所持矣 一 均平色 照得 朝鮮米有五色 稻與粟米 邈然不同 一概支給 軍心不無喜怨 相應調停酌量多寡 如一處 稻多粟小 或盡數俱放稻米 如一處 稻粟相半 或斟酌兼放 不許獨給一營 庶米色均 而三軍稱悉平矣 一 別先後 照得 四萬雲集待食 勢必擁擠 亂呼爭先 委官其何能理 合無預期 製有柄長牌拾數面 上大書幾起字樣 再製黃布旗拾餘面 用長五高杆 字樣與牌同 如其營 先投牌 卽給一起牌 付頭目執領 餘倣此 粮草之時 將一起旗竪立 一起軍士 執牌赴領 以次看旗序領 不惟軍士不得攙越 卽委官亦便支放矣 一 速支放 照得 軍士遠征 艱辛萬狀 飼餉必須及時 使一一較量 未免稽懼 合無放朝鮮糧粮 卽較

初六日(庚申)。

藥房問安。◇[609] ○是日，◇[610]又封狀啓二道于行在所。○日候

准該國每包米若干 可折上國若干 查照號單 磨算某營該用若干包 每包一等照數支散 如放遼東轉運粮料 卽用布袋 閑暇之時 責令委官軍役人等 每袋倉穀五斗 預先裝定 臨機照數 散籌發袋 眼同軍士 任意抽摯數袋 不許短少 卽令將空袋送還 暇時再裝 庶支放速 而三軍無後食之之嗟矣 一 審權宜 照得 行粮號軍日支一張 蓋防軍士冒領折色之弊 至朝鮮 盡支本色 雖冒領 亦無用矣 況臨機或戰 因時制宜 使必一一支放 須用把摠前來 未免有妨軍機相應 從權議處會同 提督隨其所便 或幾日一支 但在磨算明確 庶事體簡 而兵食再稱便矣 一愼出納 照得 兵馬粮蒭 一粒一芥于儀 錢穀便非 隨時開造 豈惟日後不便稽考且難以會計接濟 合無本府印空簿五者 每扇拾葉 移送貴司 將朝鮮舊管 遼東轉運幷加除還官 爲新收支過爲開除 未支爲實在 分立四柱 候順日月 備將收放 摠撥登造簿內 一扇完 日隨本部住箚 差人送徼 再登一扇 徼完四扇 本部卽行印發 不令間斷 庶稽考有憑 而會計盈縮 陸續轉運 自無匱乏之慮矣 行平安道觀察使 爲馳報事 親丁遊擊李寧 率騎兵千餘 當日到陣爲有臥乎事 平安道觀察使 爲馳報事 查遊擊 以沈遊擊家丁 及張通事等相見事 當日早朝 微服往斧山院 平安道觀察使 爲馳報事 軍職段 天朝大將處 軍事收稟事 來到肅川爲有在果 兵使馳報內 査總兵又往斧山院 倭將相見事 具酒果亦爲去乙 酒甁及盤果餠食 幷以措備 今晨馳往 行節度使兼巡邊使 爲馳報事 昨日唐將査總兵斧山院出去爲有如乎 同處體探軍官李大坤 進告內 倭賊一名 步倭三名 率來于斧山院 同倭等 唐將前 跪伏拜語 體探軍三十餘名列立 飮食供饋後 還送是如爲尒 唐將書持來爲有去乙 謄書上送爲在果 査總兵又往斧山院 倭將相見事具酒果 今晨馳往爲臥乎事

609 附 都元帥 爲馳報事 天將行軍緣由 當日曉已爲馳啓爲白如乎 午初 傳通內 唐將斧山院結陣 令我軍已抄三千名 先入城底是如爲白乎尒 未末 再次傳通內倭二三人 登牧丹峯 望見而退縮 唐兵已登同峯是如爲如爲有如乎 申初 三次傳通內 倭人三十餘名捧旗 牧丹峯以出來 見唐兵還入城中 唐兵還入城中 唐兵牧丹峯越邊岾登立爲有去乙 誤見牧丹峯是如 馳告云云爲有齊 四次傳通內倭賊牧丹峯建旗 入瓦家 放砲二三度 外唐兵不知其數放炮 倭賊更不得放炮唐兵捧防牌漸進爲尒 謂指路我軍曰 射軍外雜軍乙良姑退 我兵獨討是如爲尒普通門以 七星門至 唐兵結陣守城 倭賊極罕是如 馳告是白在如中 勝勢果有所在爲白去 極爲喜幸 更待後報事 當日申末 狀啓

甚寒, 未審聖體何如, 無任伏慮之至。臣陪侍東宮, 去月二十九日, 到寧邊府。行次之後, 氣候亦爲平安, 而嬪宮◇[611]癍疹之症, 今已五日, 症勢[612]亦甚平順◇[613]。行次自初陪行將官金友皐·李時彦[614]·鄭希賢·朴宗男等, 皆以防禦使分遣, 而其餘堂下將士, 如尹健·李唯直[615]·金信元·李弘輔·朴震男·申景福[616]·李尙閔等, 亦皆以守令差送。陪衛之中, 無[617]一人可恃◇[618], 前在龍岡◇[619], 賊陣不遠, 而城守孤單, ◇[620] 事甚憫迫[621]◇[622], 不得已甑山縣令趙誼招來, 委以中衛將[623]之任, 本縣[624]則以宣傳官金振先, 假將差送矣[625]。行次移動之時, 整理行軍, 尤不可無主將, 仍以率來, 而[626]本縣[627]假將金振先, 爲人可堪守令之任◇[628], 故仍

---

610 賓廳
611 久患
612 症勢: 證勢
613 爲白齊
614 李時彦: 李時言
615 李唯直: 李惟直
616 申景福: 申景祚
617 無: 爲
618 㽔不喩
619 時
620 百計思之
621 憫迫: 悶迫
622 乙仍于
623 中衛將: 中衛大將
624 本縣: 同縣陣
625 矣: 爲白有如乎

爲[629]權差◇[630]。而[631]本府[632]判官李霽，人物昏劣，專未理職◇[633]，嬪宮行次，入府之時，馳馬過去，事甚駭愕。罪犯應罷，而本府今以行次支供及守城節次事務方急，不可累日曠官，本府[634]判官，欲[635]以文官權差計料矣[636]。○日候尙寒，不審聖體若何，無任伏慮之至。臣[637]陪侍東宮◇[638]，仍留寧邊◇[639]。東宮氣候，平安已久，嬪宮症候[640]，亦已差復，不勝喜幸。前日天將到安州，去府只隔二程。曾聞祖摠兵，問東宮所駐之地，相距不遠◇[641]，而[642]專無致意之事，似爲未安云[643]。故[644]臣◇[645]進去安州通名，只陳：

---

626 而：없음
627 本縣：同縣段
628 爲乎等乙用良
629 故仍爲：없음
630 爲白有齊
631 而：없음
632 本府：本
633 쬥不喩
634 本府：同本
635 判官 欲：없음
636 計料矣：爲白齊
637 臣：臣等
638 症候
639 爲白齊
640 症候：症懼
641 之處
642 而：없음
643 云：乙仍于
644 故：없음

“儲君欲起居途左[646], 而時未受命於天朝, 故事體未安[647], 俾臣問安于下執事.”云, 則天將答曰: “委遣重臣致謝[648], 多謝多謝.”云云◇[649]。此府城子寬廣, 軍卒不敷, 防守之事, 似爲虛疏[650]◇[651]。知事申磼, 以守城將, 留在本府, 經理有日, 已稟東宮, 使之仍前勾當◇[652]。而[653]詮聞沿途儲峙芻糧不裕, 天兵經過之處, 頗有匱乏之憂, 不可不[654]斯速措置◇[655]。故[656]因東宮下敎, 百官卜馬及有馬軍士馬匹抄出, 使刈取茭草於肅川近境, ◇[657]差官[658]領納于都元帥◇[659]。而[660]本府黃豆[661]一千石, 亦令判官搬運肅川府, 數日內期於畢納[662]矣[663]。

---

645 鄭琢
646 途左: 道左
647 事體未安: 未敢
648 致謝: 致辭
649 爲白齊
650 虛疏: 虛疎
651 爲白在果
652 爲白齊
653 而: 없음
654 不可不: 없음
655 事
656 故: 없음
657 官員
658 差官: 差定
659 爲白遣
660 而: 없음
661 黃豆: 太
662 畢納: 畢輸

初七日(辛酉)。

藥房問安。◇[664]

---

663 矣: 爲白置

664 附 都元帥爲馳報事 昨昨日 提督敎以相接後 因急報遽出 未及成禮乙仍于 到順安要見爲白乎去 臣昨日 馳向戰所 兼探擧事節次爲白如乎 中路 見李元翼馳報 則當日李提督 出坐大廳 拿致摠兵李寧 及其手下將官一人 以昨日倭人逃躱之罪 將行刑 諸將等詭品請饒 提督怒甚 起向大門 督令下輩行刑 諸將以下攔道啼哭 提督之怒稍止 還坐大廳 綑打兩人爲有齊 當日晩夕良中 提督傳令我軍 全數聚會于平壤城外 而其中可用軍三千人 今夜三更 斧山院以待令亦爲有臥乎等良 時方擧行云云爲白有去乙 臣申時末到縣 則日昏始有接見之令與李元翼李鎰 共遣以候 而只見李鎰 問調兵進師之由 不與從容商議 前日分營之計 不復講定 其所施設之策 有未及知 似有未盡之慮 只以軍容甚雄 有壓卵之勢 以此爲慰爲白齊 被逃倭人段 今更詳問 則捕斬十五名 生縛三名 只五名未捕 而其失誤之責 不在於查摠兵是白置 行軍節次段 當日四更初吹 未明時發行乙仍于 臣段姑留于此 以待捷音爲白臥乎事是良尒 〇都元帥 爲馳報事 昨日初昏 追到兵使傳通內 唐兵等放炮爲如可 火藥樻失火 唐人一名爛傷 我軍二名延火 衣服付火爲有旀 永明寺乙 倭人等衝火是如爲尒 雜藥山候望 則賢卜岾建旗 普通以下 無守城之倭 遮可毁城 而勢難論議 只待指揮是如爲白齊 初更追到傳通內 火藥樻失火之後 謂我軍之所誤 我軍一名拿去 依軍令計料次 沈將曰 此國之人 亦欲討滅 豈故爲之乎 退陣還放 我軍乙良退陣 一切勿進亦 言說是如爲白齊 二更追到傳通內 牧丹峯放炮時 唐兵等 鐵防牌 催促排列 地字銃筒 放下施爲 而防牌蔽眼 不得瞭望 賊倭七八名 不意突出 唐兵惻退防牌軍一名 肩臂逢環刀 三四名達逢鐵丸 不至重傷 鐵防牌二十餘立 地字銃筒竝以 被奪爲尒 日暮退陣時 倭賊無數出來 尾擊計料次 浙江炮手等逆逐 多發神機箭 賊倭恐或還入其穴 唐兵等向城長蛇陣 我軍段 唐兵指揮以 降福坪結陣是如爲白齊 當日巳時 追到兵使傳通內 唐將言內 七星門了段 唐兵陷入我軍乙良 含毬門以 陷入上說導乙仍于 領軍率去是如爲等如 傳是白在如中他餘接戰辭緣以乎 大槪已爲馳啓爲白有在果 經夜之際 恐致不虞 極爲憫慮爲白如乎 奸賊乘夜謀擊 反爲炮手所逐 未得逞兇 姑爲慰幸 今觀其計 直欲入城而腹內之事 未及詳知 不無疑慮爲白良置 追到炮手 又添三千 軍容甚盛 必致大捷爲白乎去 苦待後報事 當日午時 狀啓爲置 都元帥 爲馳報事 當日初昏 追到傳通內 申時量 倭賊含毬門邊 城子六庫破毁 向我兵 突出相戰之際 逢環刀

初八日(壬戌)

藥房問安。○是夜，聞李提督，以初七日擧兵，克復平壤城。◇[665]

者一名 逢丸者二者 逢箭者一名 而我軍逆逐 多數射中 或奪馬 或斬級 賊徒退還走入爲乎矣 今日勢已暮 唐兵時未進戰乙仍于 今通事稟達于提督是如 傳通是白齊 二更初 追到傳通內 含毬門接戰辭緣 提督前馳告 則令我軍蹔退 唐兵自爲云云爲去乙 卽結陣于唐陣之後爲有在果 前兵使李潤德 所斬倭頭 及頭口馬匹段 提督前已爲輸送是如爲白齊 一時到付 韓允輔告目內 今日欲攻城 而占則不吉 又以大砲 及落後軍馬三千 未及到 今夕竝來 後明日當擧矣 我軍則從南面分攻 兩處天兵 亦相雜進攻云云 午後 使我軍 陣于南面 倭賊百餘人 突出接戰 我軍直衝 斬一級 納于提督前 提督驗訖深喜 賞銀二十兩 仍謂小的等曰 爾國丘馬 亦可用云云 且自普通門 賊倭破城六處乙 提督率兵馬 巡審是爲有在中 其施設有序 似非率爾 凡于形勢 必先審視 賞功示奬 亦及我軍 觀其所爲 頗有將家之風 明日之捷 姑有所恃 軍功各一段 更待各將手本得實 馳啓計料事 當日三更狀啓 遼東都司軍政僉書管此兼局捕都指揮爲緊急倭情事蒙欽差提督李 白牌 照得 大兵此聚安定 攻勦平壤賊 查得本處粮草不敷 與用命行調 取爲此牌 仰本司 照牌事理 卽將收置積貯粮草 星夜潛運 前來未定支用 不許爲誤定 以軍法從事等 因蒙此擬 合行速催 爲此牌仰 本官卽便督同調度使柳東立 令柳議政幷 前差戶曹及調度使 將各郡縣支放米盡粮草 作速搬運大兵處 接濟支用 如或遲延 會國王定以軍法寔治 決不輕貸 須至牌者

665 附 當日 天兵陷入平壤城辭緣段 大槪已爲馳達爲白有在果 提督於早朝 親自卜日 喫朝飯訖 約束諸將 除出左右營士馬 結陣於牧丹峯牧丹峯下 七星普通含毬等門近處 而提督居中指揮 小人等在降福望見 則辰時末 諸軍鱗次漸進 各樣銃砲 一時齊發 聲震天地 大野晦瞑 適音風從東南來 烟氣散漫西靡 外城及三縣了諸路 若隔重霧 咫尺不分 俄而火起密德賦窟 赤焰亘天 西風回次 延爇殆盡 天兵鼓噪薄城 而南方炮手 遼薊弓兵 與負牌持矛槍者 相雜入城下 或發射 或放火 或仰刺 守牌之賊 放鐵丸 揚湯灌灑 用石塊投下 天兵死傷相繼 而愈益爭先登城 賊不能支吾 稍自引退南 十餘人從七星門傍邊 毁城而入 遂開七星門 騎步闌入 提督身先士卒 督諸將進戰 一起與我軍 入含毬門 一起入普通門 一起入密德 迤東城頹處 四面驅勦 賊徒窮蹙 散入人家 天兵自七星門由密德長慶門大同館 至永崇殿等處 大小廬舍 盡爲焚燒 斬殺之賊 時未記的

數爲白齊 餘賊聚居七星門迤東土窟 普通門土窟 牧丹峯土窟 及風月樓城處其窟極堅固 攻之未易撞破 提督以終日鏖戰 士馬飢困 卷兵還營 小人等就嬋娟潤下 看尋形止 暮詣提督轅門乞行 扣頭謝拜 會諸將俱來賀 提議計策 辭以戰畢相見 使譯官傳謂曰 黃海一路 粮草火急 移文收聚待候 且曰 賊慮我軍設伏 必不敢遁去 雖或潛遁 我已抄三大營精騎各三千 家丁㺚子一千 可卽追逐殲滅 明當蓐食入城 盡殺此賊是如爲邇 又聞黃海繼緩之人 又賊已到中和 而提督以爲自送死是如爲白齊 今日之戰 提督中軍方時春 及千總一員 中鐵丸而不傷云 一刻之內 攻拔堅城 許多將官 俱得完全 天意助順 據此可知是白齊 有一把摠傳 賊將平行長 長言 不知老爺致怒至此 不早回還 願貸性命 容令謝罪云云 提督令金子貴 入城 謂行長曰 爾與去素來此 扣頭乞哀 則可恕 否則終戮汝 子貴上國之人 爲因救援我邦 觸冒矢石 致見傷損 極見矜惻不安爲白齊 粮草一事 前亦屬爲狀啓 而大同江以東 辨出尤難 徒切悶慮 今方移文黃海道 兼令備待 朝廷以各別講究措置 俾無後悔爲白臥事 萬曆二十一年 正月初八日三更 漢城府判尹 李 工曹判書 韓 兼都巡察使 李 正月 初五日 唐兵盡到順安鎭 城外西邊結陣 翌日三更初 我兵先行斧山院結陣 唐兵卯時 過斧山 自七星外牧丹峯 先到斥候 餘兵普通門外越邊庫庫結陣 我兵密德東邊次次結陣 而牧丹斥候唐兵 同峯土窟放炮爲白良置 堅固守 無意出戰 日暮酉時 唐兵退陣峯下之際 倭賊起動 尾擊計料爲白去乙 同唐南兵 示弱反逐 神機箭如雨放之 賊徒不勝 北入窟內 唐兵乘峯上 無數放炮 日到初更 各還陣所 翌日初七日 我軍則普通門 或退或追 誘引賊倭 三百餘名出來追擊 我兵遂逐 破城窄路 無數射中 斬頭一級 奪馬十餘匹 日暮各還陣所 初八日 天大將 普通門外作越邊結陣唐兵牧丹峯七星門普通門三處 我兵及唐炮手 相雜含毬門 至一時圍急 大小角竝吹 唐鐵丸與大碗口 一時俱發 有若雷聲 以次唐兵與我兵 一時陷城頭 賊倭或投石塊 有若踏縮 陷城之後突衝 則賊倭不勝被逐 或唐兵所斬 或我軍所殺顚屍如積 我軍所斬段 唐兵盡奪乙仍于 只射殺是白齊 城內之賊段 峴伏岾瓦家 土窟分入 兩處間或放炮爲白去乙 天兵我軍圍立 神機箭與碗口 無數放之良久封戰 同留窟出火 無餘盡燒 又大闕與大同門 分入爲有去乙 終日放炮 大闕段置起火 或燒死 奔出之賊 大同門上投入 庶幾衝火 適音日暮乙仍于 天將下令內 我軍斯速撤兵 亦再再待令爲白去乙 中和祥原郡守 及左防禦使 左助防將 先鋒十都將軍竝 三千餘名乙 慮有賊脫遁逃之患爲乙去 大同越邊進陳上下出入之賊 勦滅亦約束爲有如乎 天將再度下令內 大同門遮截 則不得出去斯速撤兵亦 發怒爲白去乙 中和祥原郡守段 大同門近處 或伏兵 賊勢這這馳

初九日(癸亥)

藥房問安。○洗馬韓守謙，　來自定州。○夜直摠府。○聞平壤大捷之奇。◇[666]

報亦爲有如乎 初九日卯時 天兵與我兵 如前俠入搜探 則餘賊夜半遁逃乙仍于 天兵三千餘名 逐擊次以 馳進中和乙仍于 左防禦使 左助防將乙 粮草等事 指揮亦馳送中和爲有段 賊勢馳報不冬爲在 中和祥原郡守段 爲先治罪良 結報都元帥有臥乎事 都元帥 馳報事 昨夜 書狀發送後 唐人二名與通事 來到臣所寓處 言曰 欲率生擒倭以去 前日所授倭馬與旗 出給亦云云爲白去乙 深怪其言 更令通事物色 則非提督 乃沈惟敬也 惟敬到順安後 即授參將之職 兼差摠督中軍之任是如爲白如乎 囚倭二名 押來解鎖 同宿一處 平明時率往 其處置之意 未知如何 招差備通事李愉問之 則沈曰 當日入送張大膳 諭以竝收各處散在之賊 次第退去 不然則將盡殺乃已云 答曰 當依敎退去矣 死則已分 不怕云云 故更教大膳入送問 俺曰 爾可又入城中乎 答曰 唯命是從 即仍令俺 率此二倭以來 而大計所在 有未及知是如爲白去等 惟敬非不參聞 而秘不肯言爲白乎旀 提督不是無算之人 必不見中 而大槪日寒城堅 似有持難之意 主於行計爲白臥乎去 妄料爲白如乎 即刻來呈韓胤輔等 昨昏成貼告目內 提督使張大膳再與家丁一人入城 通文倭賊 欲爲講和 提督招小的等 謂曰 倭賊平壤及京城出去云 倭奴甚恐我軍 欲爲出去 如此則可乎否 答曰 此賊不共戴天之讐 豈敢放過乎 提督曰 起居了 小的等 未知何以爲之 明日不肯攻城 即可知其計 仔細聞知 更告計料是如爲白有去等 參觀前後所言 則似有許退之意 不勝痛悶 李元翼與韓應寅李德馨 同往釜山 必已周旋 告以不可不討之由 而更通諭 使之再三懇請 期揭討賊大義爲有臥乎 當日未暮 安州離發爲白如乎 纔出門外 得聞唐人捧白旗馳來 報捷是如爲去乙 躬往詳問亦 還向城中爲乎亦中 唐人急於星火 不得相遇爲白遣 問于牧使 則通事來言 往曉 大軍陷入勦蕩 賊徒窮縮 只得一番放炮㢱是遣 或斃或逃 已據內云 此言雖未十分詳盡爲白良置 事係大關不敢達㢱不喩 喜躍之中 不省顚倒之報爲白臥乎事

666 附 都元帥 爲馳報事 都巡察使李元翼馳報內 當日卯時 始叱 天兵及我軍 分道攻城 炮聲震動天地 天兵打破七星門 陷城闌入 時方廝殺爲在果 追于採得結末 馳報計料爲乎味 牒呈是白沙余良 委來宣傳官李德悏 親往自見而去 不勝喜慶之至 爲先馳報爲白臥乎事 備邊司郎廳劉汝量 初九日 亥末 來告 都元帥爲馳報事 昨日陷城曲折 及提督分付之言 李元翼已爲馳啓乙仍于 苦待當日全

初十日(甲子)

藥房問安。○副率李德弘, 如行在所。○是夜, 聞平壤窟賊, 出窟逃走。◇[667] ○◇[668] ◇[669]又封狀啓二道于行在所。○日候猶寒,

---

捷之報爲白如乎 未時到付 中和郡守李恭達 初八日貼馳報內 郡守亦召募官節制 導良文殊峰結陣 待變爲如乎 當日古生陽館陣代將許瓊等告目內 申時量窟賊盡數北走駒峴 屯聚爲有去乙 同賊窟卽爲衝火 守城軍士 率領追擊爲臥乎味 牒呈是白齊 申時末到付 兵使李鎰傳通內 倭賊中夜逃走乙仍于 中和以領軍追擊是如爲白有去等 空城曲折 今早已知 而李元翼馳報 卽刻始到 至爲稽緩 設使乘時逃出 而許多三處見圍之賊 時無一處追擊之報爲白沙餘良 過江唐兵四千 豈皆相違於遮截之路乎 反覆思量 至爲駭怪 只待黃州等處馳報爲白在來 李鎰等已向中和 提督亦果追躡 則臣段置 尙參虛號 不可退在 行軍節制 雖出於天將 而前進之後 則漸遠朝廷 隨機贊晝 決非小臣之所堪 前屢稟達 未見回下 必至僨事 加于悶慮爲白齊 北賊勦捕 嶺路把截 亦不可緩 都體察使已爲狀 啓 朝廷以別爲措置事 ○今月 初七日 爲始接戰 初八日大擧 雷振天地 入城如入無人之境 倭賊專數 散入閭家 及普通門大同門 風月樓土窟等處爲去乙 散入閭家者 盡爲勦滅 門樓土堀等處段 日暮乙仍于 未及捕捉 退兵結陣 九日朝 更良行軍 入城爲乎矣 盜賊夜半某時 逃走爲乎喩 無一名留在 唐兵及我軍中和了以 追逐二十許里 僅斬十餘級而還 其餘逃賊段 不知所向 大概籠中之賊 不謹設伏 多數失捕 莫不痛憤 此外細微之事 非口難盡 略陳大綱爲白臥乎事 ○當書初十日下 都元帥 爲馳報事 陷城捷音 成貼發送後 臣欲躬到望見馳報 竝古介與李元翼等 同坐觀望 具聞其言 則各處所接 及分出拒戰之賊段 盡爲廝殺 其數幾至二三千 而大鬭後 風月樓牧丹峯等 三處土窟 則天兵時方圍抱 百計擊破爲乎矣 窟制甚固 賊亦放炮 時未廝殺 牧丹之窟勢 尤高逈 頻頻放炮 鼎中之魚 尙且示其垂絶之毒加于 痛憤爲白齊 提督自初 先入城中 七星門內結陣 令大軍迭出更休 相遞圍炮爲白乎尒 散賊二百餘名 逃出大同江面者幾爲唐軍所斬 東邊我軍 亦多射殺是如爲白乎矣 時未馳報 只見天淵所率僧軍(則多射殺是如爲白乎矣)守仁等 所持三級爲白齊 唐(時未馳)兵死傷 雖未的知而所見擔扶者 不爲不多 極爲矜愍 得見箕城 莫非 皇恩 未知國家將何以報之只自感泣爲白置 沈將率去生擒倭段 卽爲還送 仍囚爲白有如可 當日卽刻 張大善叚 還率去是如爲白臥乎所 必有提督處置之計爲白乎去 時方聞見事 狀啓爲遣

不審聖候何如, 無任伏慮之至。臣[670]陪侍東宮, 仍留寧邊府◇[671]。伏聞[672]平壤之賊, 旣已[673]抵巢勦征, 幾盡殲滅, 諸賊聞之, 想必瓦解, 國家再造之策, 端在於此, 歡抃無已[674]◇[675]。前者, 大駕離發平壤之時, 宗廟各室之主[676]及永崇殿影幀, 使觀察使宋言愼秘密

---

667 附。都體察使。爲傳通事。卽見都元帥金命元傳通。平壤入窟之賊。初八日夜間。無數延逸。兵使及天兵。次第追去是如有白乎尒。都巡察使李元翼馳報。夜中倭倭人。向土窟全數逃去。天將曉來始覺。深怒我軍不爲瞭望。而亦未卽發軍追逐。午初。始爲發軍出去。倉卒之間。軍粮未及輸運。極爲悶慮是如爲有置。當初。我軍在城下居。兵使則防禦使之軍。在含毬門外。而中和祥原諸陣。及曺好益之軍。結陣於大同江越邊。四面合勢中間。李鎰因唐將之令。與左右防禦使。俱在含毬門外。八日之戰。我軍先自含毬門入。與賊相戰。奔北。我軍進至玄卜岾。唐兵自七星門密德而下。驅出我軍。使不得在於城中。李鎰之軍。則有唐將一人。卒軍士四人。監制進退。而旣無譯官。言語不得相通。進退之際。少違其意。輒以劍背毆打。使不得任意。故我軍凡有斬獲。亦爲所奪是如爲白在果。唯只軍中之事。制在主將。不可專聽唐將號令。而一不爲措手。李鎰雖退陣於普通門外。而若留防禦使一軍。在詠歸樓近處。遮過南下之賊。則不至於全無獲是白去乙。處置未免疎闊。使籠中之兎。得尋生路。其爲痛心。無此爲甚爲白置。黃海一路。軍粮接濟事。臣已屢爲移文成送。且令傳通於京畿江原道。官軍義兵。使之糾合。兵馬合勢。勦捕亦爲白有在果。　朝廷以急急別遣使臣。措置爲白良沙。庶無狼狽之患爲白乎去。敢此屢達爲白乎尒。臣段別無體察他道之 命乙仍于。未敢擅便指揮。只待 朝廷處置亦。大朝以狀 啓爲有置。

668 是日

669 賓廳

670 臣: 臣等

671 爲白齊

672 伏聞: 없음

673 旣已: 없음

674 無已: 莫旣

675 爲白齊

埋置。平壤今已收復，而言愼之外，亦有識認之人◇[677]，急速搜出事，自[678]朝廷◇[679]處置◇[680]，何如[681]？平壤，今雖克復，北賊猶在背後，將來之患，不可不慮。天將許◇[682]撥出一枝兵馬，分勦北賊云，故因體察使柳成龍狀達，東宮抄出陪衛精兵三百◇[683]，以[684]軍器判官趙信道爲將[685]，與助防將朴名賢，和上國兵馬[686]，前去北路事，都體察使處，已爲分付◇[687]。而[688]天兵行師之際，不可無接應供頓之人，以淸川君韓準，權稱巡察使[689]，使之勾當一路◇[690]，到陽德地，替付巡察使洪世恭而還[691]。蓋[692]世恭受北路把截之命◇[693]，則[694]似非本任[695]◇[696]，而[697]久在境上，備諳事勢，且

676 主：室
677 爲白乎喩
678 自：없음
679 以
680 宜當爲白齊
681 何如：없음
682 以
683 名
684 以：없음
685 爲將：定將
686 兵馬：軍馬
687 爲白在果
688 而：없음
689 權稱巡察使：巡察使稱號
690 爲白如可
691 還：使之還來爲白有齊
692 蓋：없음
693 爲白去等

有管領將卒◇[698], 故[699]不得已責於世恭◇[700]。而[701]平壤判官李應獬, 革職從軍, 本府收斂之事, 不可少緩◇[702], 故[703]因體察使狀啓, 以前縣監申鴻漸, 假判官差送◇[704], 自[705]朝廷◇[706]亦爲處置◇[707], 何如[708]? ○豐原府院君柳成龍, 只任平安體察使與否, 臣[709]詳知不得◇[710]。若受命, 只在平安道, 則自海西以東, 凡百措置, 恐有疏誤之患◇[711]。且[712]天將, 與柳成龍, 亦或有相議之事, 柳成龍似當仍行◇[713]。自[714]朝廷◇[715]商量處置◇[716], 亦爲便當[717]。◇[718]

---

694 則: 없음
695 本任: 元任
696 是乎矣
697 而: 없음
698 爲白乎等用良
699 故: 없음
700 爲白齊
701 而: 없음
702 乙仍于
703 故: 亦
704 爲白有昆
705 自: 없음
706 以
707 宜當
708 何如: 없음
709 臣: 臣等
710 爲白在果
711 叅不喩
712 且: 없음
713 是白昆
714 自: 없음

十一日(乙丑)。

藥房問安。◇[719]

十二日(丙寅)。

東宮引見備邊司堂上[720]。◇[721]

---

715 以

716 爲只爲

717 亦爲便當: 없음

718 ○提督府 爲申勅國法 戒諭怠玩事恭蒙聖命 念汝小邦 被倭所陷君臣播遷 人民逃涉 特命大將 鼓師各鎭官兵 遠涉海山 極援危弱 迄自十二月二十五日 渡下以來 體察朝鮮國 首臣柳成龍尹斗壽等 不以臥薪嘗膽爲心 雪恥除胸注念 宴安私家 恣酒自樂 非唯藐慢天朝 抑且自欺國主 悖禮蔑敎 殆有甚焉 且官軍野屯露宿 捨命捐軀 得克平壤 可謂汝等無國而有國 無家而有家 若以責備 過失罪咎粮匱 無坐視觀望 違慢軍機 疏聞當宁 製兵旋遼 同汝就斃 使有國者 復至無國 有家者仍悲無家 本府討賊 稟忠貞寸衷爲主 不以小過介心 堅持乾綱大體 兵兵平壤 撫綏運籌 隨時進發 揆機制勝 奠安汝等家國 直待事妥民寧 得旨復命 爲此牌仰 朝鮮國大小陪臣傳知 首臣火速赴府廳 議進勦機 宜料理應用粮草若再慢違定行 題參正法 從重示戒 斷不姑息 須至牌者 正月初十日差 夜不收 執牌傳諭

719 附 平安道觀察使兼都巡察使 爲馳報事 天(兵五萬初十日發向王京後)朝大將王京了時未發行爲白有(來十五)在果 馬步兵十五萬 初十日發向京京 後來十五萬兵馬 繼至是如 白牌良中書塡 王京了當日 發送爲白臥乎事 欽差(部)督府照 今大兵進勦王京倭賊 經過大東江 時屆春融 各鮮相應預備 爲此牌仰 朝鮮國陪臣 卽便沿途修治 浮橋船隻 務期堅固 聽候 兵馬往回渡涉 毋得怠緩 致誤軍機未便 若悞斬首.

720 堂上: 없음

721 附 初七日 試攻牧丹峯土窟 而不用大銃筒 故不得撞破 還于營 初八日巳時 天將率諸將圍城 大砲連發 天地掀動 大野盡晦 提督身先士卒 自七星門先入 火起密德賊窟 烟焰漲天 我軍與天兵 一運入含毬門 一運入蘆門 天兵一運 入密德城頹處 四面勦賊 散入村家 天兵逐處火攻 賊燒死不知其數 斬級大槪二千

名云 南方砲手 直前無退 死者如麻 愈益力戰 故遊擊吳惟忠 所領南兵三千內死傷幾八百餘名 各營死傷 幷計三千餘名云 其日 提督以土馬飢困 卷兵出城餘賊聚據普通門練光亭牧丹峰土窟 夜三更 潛遁中和 留窟之賊 亦於攻城之日望見烟焰漲天 卽焚其巢穴 盡數遁走 黃州牧使金進壽 埋伏要路 賊約四千餘名 丑時末 走向黃州 追擊至洞仙峴 射殺千餘 斬首百餘 提督以前頭粮草不備大軍難於前進 賊遁之後 行到中和十里地而還 令祖承訓李寧錢世禎方時輝四將 領勇騎四千 追向開城府矣 我軍不爲候望 賊傾巢出去 了不覺悟 天將大怒若使 天兵 早追及於黃鳳之間 則可得勦滅無遺 而違悞事機 至爲痛憤 永崇殿盡燒 影禎埋安處尋覓 則賊已掘破 大同館淸華館愛蓮堂完全倉則半燒 舊陳稷百餘石遺在 天兵一營在竝峴 一營在密院 鐵甲眩耀 旗幟簇立 軍容極盛 井井堂堂 天兵之初攻牧丹峰 佯若不勝者 亦是謀計云 黃海一路之賊 已爲焚窟盡逃 天將欲以一萬兵 定將往討北賊 以精騎六萬 及南方砲手三千 急向王京 而粮蒭未知剩備與否 姑留平壤 明日發行云 李德馨所記行平安道觀察使 爲馳報事 今朝天將 招前日生擒賊將中軍稱名倭人 問之曰 倭賊精兵 在何處 咸鏡道賊 數幾許 倭賊對曰 精兵都在此城 咸鏡道賊數 當初約一萬餘名 多破殺傷 今不滿萬矣 天將曰 我率領十五萬衆 直向京城 此後 又有十萬軍馬繼來 渠能當我乎 倭賊叩頭曰 老爺威聲 已爲震動 京城及咸鏡之賊聞之 則必盡遁矣 何必過動兵馬 如是之多乎 提督欲率倭奴 前往京城 臨戰欲計云云 天將所騎馬 中鐵丸 令臣等 覓善馬一匹 將騎向京城 廣搜軍中 未有稱意之馬 天將謂□□曰欲移文國王 借得一匹云 提督及三大將 皆以朝廷不卽送人候問爲欠 而抚城之後 每問曰 陪臣已爲細報國王否 其意如此 不可不速爲勞慰是白齊 朝食後 天將欲備奠物 出祭陣亡軍士於普通門外 擧聲痛哭 悲不自勝 諸將以下 莫不流涕爲白乎旀 天將明日 又欲祭箕子墓 使之預備奠物爲白齊 平壤村民等 作餠六七石 犒餉天兵 天將出大同館門 招父老 含淚慰諭曰 我兵爲救活儞等 死傷幾千餘名 攻城時 儞們得見乎 百姓等 叩頭祝手 天將曰 我明日直向京城 盡殺倭奴 儞們安心奠居是如爲白齊 當日午後 天將招臣等 謂曰 倭賊從抄路遁之云 黃海道將兵官 何以違悞兵機 如此之甚乎 兵貴神速 我欲急向王京 前頭蒭粮 備得幾許 我兵死傷竝許幾 三千餘名 速令抄發爾國精兵三千餘名 着我國盔甲 使之別爲一隊亦分付爲白齊 謂臣元翼曰 儞可先往檢軍 臣對曰 黃海道則非該官地方 號令不令不及 而老爺有敎 當卽馳往 臣等拜謝而出 適晉商山君朴忠侃 以黃海道糧餉檢擧措置事 都體察使柳成龍起送 導良來到爲白去乙天將聞知 卽令速往前路乙仍于 臣元翼段 不爲前進爲白齊 提督又出白牌 以

十三日(丁卯)。※[722]

藥房問安。

十四日(戊辰)。

藥房問安。〇又封狀啓一道于行在所。〇日候甚寒, 未審上體若何, 無任伏慮之至。臣陪侍東宮, 仍留寧邊府。本月初十日, 伏覩李元翼所報, 則天將多有未安之言, 東宮留在近地, 所當馳謝, 兼督蒭糧云, 而天將平壤離發, 今已有日, 其行旣遠, 勢所難及。期於追去, 前進不已, 則日月遲速, 未能預定。廟社主陪行便否, 議論不一, 自朝廷指揮似合當。吏曹參議沈忠謙上箚, 主意專在於東宮退在遠地, 只送天將爲未安, 而其中又有題本旋師之慮, 亦不可謂必無是理。

若或有後日之悔, 則東宮之行, 似不可已, 而不稟大朝, 先行未安, 玆將此間曲折, 敢此仰稟。而李元翼所報 · 沈忠謙箚子同封, 政院上送。伏惟上裁, 何如?

領兵十五萬 前進之意 傳諭一路 及京城爲白遣 蒭粮一事 每以爲言 臣等悶慮罔措爲白齊 昨日議政了戒諭牌文 已爲發送爲白如乎 初昏 使之還爲取來曰 蒭粮時方運入云 更加檢勑云云爲白齊 諸(결락)藥房問安 (결락)房問安 〇賓廳又封狀啓一道于(결락)上體若何 無任伏慮(결락)東宮仍留寧邊府(결락)齊本(결락)覩李元翼所報 則(결락)未安(결락)在近地 所當馳謝 兼督蒭粮 而天將平壤離發 今已有日 其行旣遠 勢所難及 期於追去 前進不已 則日月遲速 未能預定 宗社主陪行便否 論議不一 朝廷以指揮爲當爲白齊 吏曹參議沈忠謙上箚大破.

722 초서본 〈용사일기〉는 이 날짜부터 결락 상태로 있음.

十五日(己巳)。

東宮行望闕禮。〇藥房問安。

十六日(庚午)。

藥房問安。

十七日(辛未)。

以平壤大捷事，將告祭廟社。〇余以社稷獻官致齋。

十八日(壬申)。

行祭。〇領相承召，向大朝，東宮恩賜綿紬四端。〇藥房問安。

十九日(癸酉)。

王世子自寧邊發行，從間路，宿于嘉山地人家，直路則唐兵塡塞故也。

二十日(甲戌)。

東宮會大駕于定州。〇是日，劉員外黃裳，先入本州，怒其支供太薄，發向林畔，路遇主上之行，請留，不聽而去。領相崔興源，追往謝罪，慰解而還。〇藥房問安。

二十一日(乙亥)。

唐官二員來。

二十二日(丙子)。

二十三日(丁丑)。

上見黃指揮，行茶禮。○袁主事來，上行酒。

二十四日(戊寅)。

黃指揮，發向安州。○袁主事留。○金同知宇顒伴接，是日，主事求見《大典》。○夜，大雪。

二十五日(己卯)。

袁主事，發向林畔。

二十六日(庚辰)。

以宋經略迎慰使，拜辭發行，宿郭山郡，子允穆及書吏李自寬從之。

二十七日(辛巳)。

過宣川，宿車輦館。

二十八日(壬午)。

朝到良策館。柳永吉德純，以檢察軍糧事，留本館已久。○寓館軍徐仁貞家【此下日錄，逸.】

찾아보기

ㅇ

ㅈ

영인

피난행록 하

避難行錄 下

출처 : 《약포선생문집》 권5, 1760, 서울대학교 규장각한국학연구원 소장

여기서부터는 影印本을 인쇄한 부분으로 맨 뒷 페이지부터 보십시오.

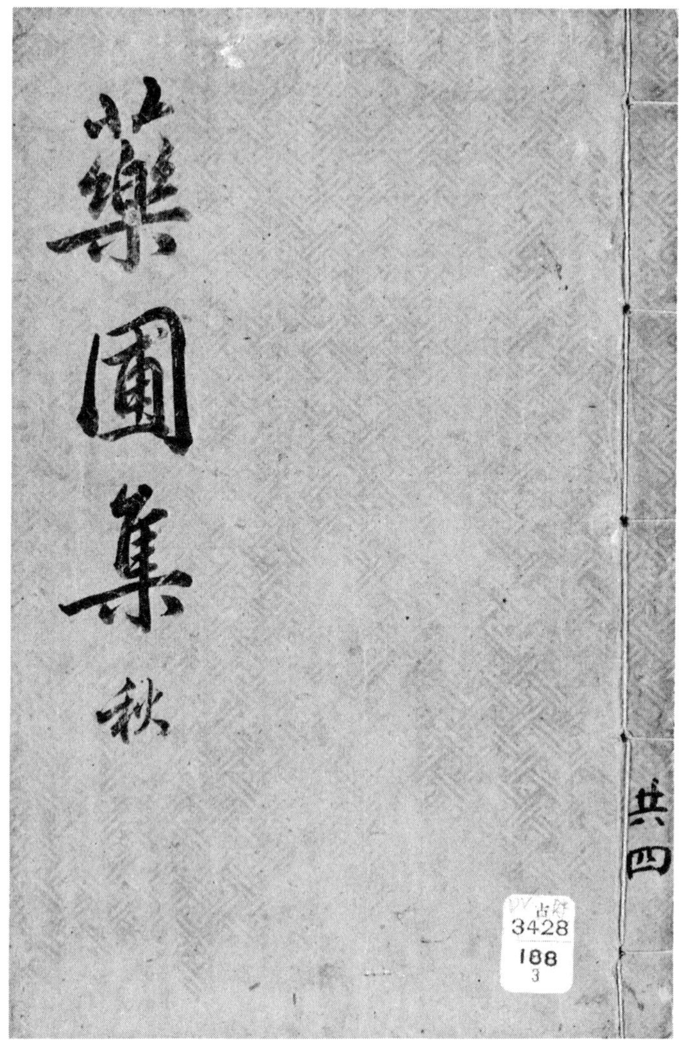

1

藥圃先生文集卷之五

避難行錄下

九月初一日丁巳

初二日戊午又封狀 啓一道于 行在所○領議政崔興源入去之時曾已狀 啓即今未審 上體若何無任伏慮之至臣等陪侍 東宮時留成川前見都元帥金命元馳報內唐將與倭相約限十里立標不許出標云而今月初一日防禦使李鎰馳報內倭船二十隻渡大同江蛤灘衝火刼掠云蛤灘距江東僅一息賊謀難測極爲可慮驪州牧使成泳遇賊

接戰三次得捷斬獲甚多馳狀報捷而問持狀人則不爲 啓聞行在云若待 命論功則殊失賞不踰時之義士卒等授西班初仕禁軍等職而差帖則令兵曹依例成送其中儒士則不得已叅奉除授而行次無吏曹官員不得成朝諭以送 逮命成送何如前在各處些少所獻之醎緣此處無鹽腐爛不得入送令成泳所獻則其數甚多監封上送李薦來現事前已狀聞臺諫請依律論罪而 東宮只令白衣從軍項聞北賊踰嶺向谷山令都摠都事金信元領軍把截信元遇賊力戰斬獲數級爲鐵丸中傷功勞

可嘉故都摠經歷除授官教成送伏望招討使李廷
馣斬倭二級書狀來到故同封上送軍功論賞自此
已爲施行他餘事狀備錄以 啓令見京畿觀察使
沈岱書狀廣州牧使朴宣楊州牧使高彥伯牒呈各
陵經變之處大槩具錄而皆無親自奉審之語似
出傳聞事極重大待爲山都正鈘奉審回還更爲
啓聞伏計
初三日己未詣賓廳得見 行在所備忘記
初四日庚申聞倭賊來逼馬灘還退云馬灘實在江
東平壤兩界中賊意欲指成川故也

初五日辛酉又封狀 啓一道于 行在所○近因往來人伏聞 聖體安康無任欣忭臣等陪侍 東宮姑留成川項日伏見都元帥金命元巡察使李元翼等馳報唐將與倭將面約五十日內不許兩國交戰限十五里又不許倭人刈取芻穀云而又見防禦使李鎰助防將鄭希賢江東縣監尹時忱等連續馳報內倭賊數百成陣連日來犯江灘因我兵戮力把截僅得退卻既云限在十餘里而遠出一息之外倭賊先敗唐將之約我軍獨守其約坐受侵陵使殘賊益肆兇燄極爲痛惋若賊兵充斥則此處亦非萬全

之地移住 儲駕之處自 朝廷商議指教伏望○
是日 行在所百官賜給銀兩至○聞臨海和順兩
王子在會寧府陷賊中金貴榮黃廷彧父子南北
兵使若干員俱虜云
初六日壬戌分賞賜銀堂上二十兩堂下各十兩○
是日又封狀 啓一道于 行在所○今見北道巡
察使宋言愼書狀聞書吏張福重所言不勝驚愕憤
痛書狀監封輸送張福重弃爲起送 東宮移適之
所定州寧邊視他邑果爲差彊脫有緩急於兩邑中
擇便移住計料而議者或云龍岡雖近於平壤其城

子據險高峻軍糧亦裕且與海西安岳等邑只隔一
水非如涉海之難舟通亦易控制甚便而黃海賊勢
若衰歇則亦可以觀勢進退云此論未知果當與否
而 東宮自聞兇賊聚兵西下之言不勝痛愕以爲
今若移退一步則民心不無沮撓之患軍情亦有解
體之虞馴致賊勢之漸熾非所以爲君親救難之意
也臣等遵奉 東宮至意姑爲仍留此府以觀前頭
賊勢如何計料
初七日癸亥送問安使于 行在所
初八日甲子又封狀 啓二道于 行在所○順日

書吏張福重持狀 啓去後不審 上體如何福重
所言極爲驚痛伏惟 上懷無任煎慮之至臣等奉
東宮必欲奪還之至意卽令宣傳官金克惺宗室
漢城令濘齎銀兩綿紬分送咸鏡江原巡察使處京
畿則付送于司評李忠之歸使之擧兵擊賊百計奪
取若不可爲則募人潛入賊中乘隙與之脫還事多
般指授其必還與否未可預料極爲悶慮只祝天地
祖宗默佑而已 東宮行次時住成川而近日平
壤之賊無所顧忌日日東出遠遠焚掠初三日賊徒
三衛作陣來逼江東淺灘半渡之際江灘助防將鄭

希賢挺身突入爲士卒倡軍官六七人繼之無數發
射中矢墮水而死者極多賊遂北此處賴以得安其
功不細慶尙左道兵使朴晉 啓本過去急於欲知
賊勢稟于 東宮開見後還封上送極爲未安此無
吏曹堂上平壤及各道巡察監兵等處所報則不得
不直報于 行在其他小小伏兵將等處不多殺獲
亦皆報于巡察闕由元帥轉 啓朝廷其間動經時
月有乖賞不踰時之意近日士大夫之往來列邑者
來言側聽閭巷之言捕賊射斬之人久未蒙賞頗有
解體之意云如此些少殺獲之來報于此者欲自此

處卽爲論賞而不敢擅斷欲推送于監司元師等處
此則亦何以處之○北道民心獰惡會寧之變言之
痛慘若 朝廷不爲之早圖則倭賊雖退北方非國
家有矣聞北方之人最慕科擧與官爵云今若差人
持空名武科紅牌及高爵官敎募人有能斬會寧首
惡之首則以紅牌或官敎給之云則必有應募誅惡
之人非但此也兩 王子謀還之人亦以此爲賞則
必有奪還者矣且觀賊勢諸將不能當陣鏖戰只處
處勦殺使之日漸消縮而已然則當以彼此多寡消
長爲勝負若淹時月則我國之生靈盡矣近觀民情

雖除以五六品高職其心歉然不如得科名當初因
備忘記立條目以一級許科近於過濫遂不得行
今若分等級隨人地高下定首級多寡而給科則一
國大小之人皆起而捕賊如將不及不日而賊皆就
捕矣或云以軍功得科古無此例不可爲也議者言
凡武舉之藝皆爲殺賊而設今之親自殺賊者得第
何妨此言亦得亦望商議如何近日賊勢漸似衰縮
我國兵力亦非不足而只患諸將環視玩寇不擊以
無事度日爲良策領卒數千者反不如團結鄕兵私
自剿賊者或有受 命數月不獻一級者此輩誅之

則不可勝誅如此之類令監司杖罰示警使之激厲
如何不然則日漸委靡皆玩愒度日無力戰之意恢
復之事終至於不可爲矣
初九日乙丑
初十日丙寅
十一日丁卯
十二日戊辰聞賊掘破　靖陵陵上之變○是日又
封狀　啓一道于　行在所○卽日烏山都正鉉奉
審　宣靖兩陵回還言內　宣陵之上則平安而丁
字閣等處有破壞處　靖陵之土莎土掘破云極爲

藥圃先生文集卷之五　六

驚愕本道觀察使書狀監封輸送烏山都正鉉亦爲進去矣 先陵有變禮當擧哀變服以洩罔極之懷而當此與賊對壘之日若使擧哀之事流播賊中則彼賊聞之自以爲幸不無益肆兇變之慮目今纔甸諸 陵皆無把截守禦之備將來之憂有不可言不得已權寢擧哀之禮只變服五日不知果合情禮與否

十三日己巳安邊府使金友皐 教下防禦使事

十四日庚午

十五日辛未又封狀 啓一道子〻行在所○近日

伏未審 聖體若何無任伏慮之至臣等陪侍東
宮時留成川前禮曹判書鄭昌衍率其老母來到此
處將欲入歸 行在所此處宰列之人之少欲使之
仍留而擅便未安仰 稟近因軍功及各邑守令有
闕之處不得已權差而一一狀 啓涉於煩瑣移文
于備邊司官教朝諭趁速成送何如○是日刑判李
憲國往 行在所付送備邊司移文
一近聞黃海道海邊一帶自安岳至海州延安皆無
賊云移往三和龍岡等處舟渡安岳觀勢達于江華
或湖西何如江華湖西如不可達而江陰平山之賊

衰歇則姑留海州延安亦似無妨
一各道監司邊將守令有罪犯者遽易而代以他人
新舊替授之際事皆渙散而當此時解職安便亦非
懲治之意所易新者亦反不如舊以罪而見遞者亦
不能棄旋據他職於國事別無利益 中朝則多有
帶職施罰之例如非重罪仍留本職示罰責效何如
一近來聞諸道之事一道之內多有巡察等官各擁
褊裨武士精卒多者至千餘人前日團結義兵捕賊
之人及守令所率之兵亦皆勾取且號令多門莫適
所從牽制使不得自由賊勢日熾而終無獻級之人

極爲寒心一道文將之重疊者如不減省則文移各
道使不得從爲擁兵自衛散布捕賊事
一變初自 上憤無人殺賊獻級以 備忘傳敎公
私賤捕賊一級以上皆許及第備邊司以此成送公
事行移八道張掛官門事寢不行民間以爲失信頗
有怨詈之言一級許科固不可施行今宜以諸邑之
人分爲四等禁軍士族三級及第無咎平人已許通
庶孽雜類應赴擧者四級或五級及第未許通庶孽
雜類赴擧者五級或七級及第公私賤七級或十級
及第以定級數許科則一國之人皆起而捕賊從前

國家失信於民甚多今若泛然文移則必不聽信別
爲差官出入民間知委何如
一 行次無吏曹堂上郎廳冒萬死遠來獻級希賞
之人不得論賞雖微末初入仕之職不得成朝諭以
給艱關遠來之人頗有缺望解體之色其於恢復之
圖更無可爲之事吏曹堂上郎廳及户曹堂上各一
員出送何如
一 順安之兵數不滿四千部分未整加以師老氣疲
極爲可慮將黃海已聚之兵或三縣之兵抄出添兵
以壯軍勢何如北賊有西下之言尤不可孤單耳

一順安成川分兩所設武科初試事
一牙山倉田稅米船二十隻到泊云此處糧料乏絕從略取用事
一有城池大邑守令先自棄城逋竄者摘發尤甚從重治罪事知委如有立功自效者贖罪事
一 廟社主陪侍不可無禮曹堂上且以大禮當前禮曹堂上郎廳出送事
一唐將約和之後我軍處有解弛之虞李薲及李鎰軍中送近臣往視戒飭事
十六日壬申領相崔興源自 行在所奉 皇勑及

教書來
十七日癸酉
十八日甲戌豐山君避亂來謁 東宮
十九日乙亥
二十日丙子
二十一日丁丑又封狀三啓二道于 行在所○倡
義使金千鎰書狀 恭陵參奉尹浩然牒呈俱係
陵寢重事故監封上送詮次善 啓○近日伏未審
聖體若何無任伏慮之至臣等陪 東宮時留成
川箕城之賊時渡大同江出没祥原江東之地恣行

搶掠此則元非 天將界限故如前伏兵勦殺北賊
先運已踰鐵嶺而餘賊西向云而出於民間傳聞之
語未知虛的前日京畿觀察使沈岱赴任時力請以
尹健除授仁川府使故以尹健差出矣自 行在所
以禹性傳除授性傳卽赴任所聚兵甚多畿甸募兵
人中性傳之兵最多且精金千鎰欲舉事京畿而專
倚此軍云頃日伏覩 行在所政目禹性傳遞授奉
常寺正竊恐性傳已聚之軍遞代之際不無潰散之
弊禹性傳仍任仁川似爲便益信川郡守李德男逢
倭戰死德男所聚之兵亦多不意陣亡所領之軍若

久無主將必有星散之患極爲可慮適司僕寺判官
李尙閔自北道徒步踰嶺來現故卽以李尙閔權差
信川郡戰馬弓矢覓給使之星火赴任矣
二十二日戊寅夜大雷霆以風
二十三日己卯備邊司移排東別室
二十四日庚辰
二十五日辛巳 東宮引見備邊司堂上○李德馨
來自 行在所
二十六日壬午兵曹參判丁胤福往 行在所
二十七日癸未前參判黃暹爲假承旨○前醫官金

仲孚來復屬內醫院○是日又封狀啓一道于
行在所○本月二十五日大司憲李德馨受由過去
伏審 聖候康寧不勝欣喜前以龍岡城子堅固有
舟通海西便易之路 東宮可以移住之意 啓稟
矣卽今天寒已迫如欲遷徙則須趁冬節未深之前
而久住一隅坐失民望殊非進取收復之計物情皆
然臣等之意欲奉 行次移住龍岡如不可久留則
觀賊勢盛衰轉向海西隨勢漸進 東宮別遣兵曹
參判丁胤福仰稟矣北道事勢板蕩將無以收拾而
巡察使宋言愼尚未入界南北兵使皆闕久未塡差

極爲可慮斯速差遣可以及時措救而江原道則觀
察使姜紳一入嶺東之後聲聞隔絶安峽伊川平康
鐵原等處復爲賊藪無一人措捕事勢緊急不得已
安峽平康伊川等處以有武才可堪人姑爲權差而
召募官金潰方與僉知成渾開城留守李廷馨協力
捕賊而今乃移授麻田召募之事将爲懈弛故成渾
李廷馨累次啓聞金潰則召募官仍任麻田郡守
則以前所權差李亨男還爲權差允爲便當

二十九日甲申

三十日乙酉

十月初一日丙戌
初二日丁亥迎 教印初度習禮
初三日戊子迎 教印再度習禮
初四日己丑 王世子迎 教印都承旨柳根賫來
王世子爲柳根行茶禮於中大廳此禮似非恐得
已而不已者也○是日風
初五日庚寅
初六日辛卯與領相崔興源右相俞泓承旨柳希霖
知事尹自新前副提學沈忠謙承 東宮命會餞柳
根于東別舘

初七日壬辰承旨柳根還○是日又封狀二道
于 行在所○本月初四日都承旨柳根賫到 教
書印章依該曹儀註無事行禮臣民上下無不感激
隕涙而 王世子承此 恩命其於情禮不可闕然
別遣知中樞府事鄭昌衍兼行問 安之禮臣等陪
侍 東宮時留成川前京畿觀察使李準自以宰列
之人雖在私服義不可退在欲向 行在所來到成
川臣等稟于 東宮起復留此與之共議策應軍務
兵興之際糧餉最重而他道則尤被兵燹之禍只忠
清全羅兩道稍有保存之地且不至失稔若不趁時

收合至於歲翻穀貴則措置無路亟 命該曹募粟
節目磨鍊舉行似便當
初八日癸巳刑判李憲國自 大朝還
初九日甲午
初十日乙未
十一日丙申使令世雲如 行在所因狀 啓○牛
溪成參判渾自遂安來謁 東宮仍留○參判丁胤
福如 大朝行至嘉山患苦痢危急 王世子命遣
內醫往救
十二日丁酉內醫金仲孚發行路聞丁參判已至不

救還來○咸興判官李弘業賫兩 王子及金貴榮
等書來自安邊賊中○大司憲李德馨來自安峽○
李弘業因向 大朝一
十三日戊戌備邊司自東室移排于望江亭○是日
因花陵正闓慶胤在西山時爲賊虜去德原正一家
移入江華云慶胤德原正子先生外孫
十四日己亥因臺劾李弘業及所率十二人押送于
行在所
十五日庚子
十六日辛丑

十七日壬寅雲○夜雨
十八日癸卯沈游擊寄平安兵使了書來○牛溪成
渾備邊司堂上除授
十九日甲辰
二十日乙巳
二十一日丙午扈從官僚始散料
二十二日丁未聞平壤賊添兵備邊司會議是時亦
有奴里峴扯賊聲息慮其平壤賊合勢欲移避故會
議也
二十三日戊申備邊司面對○夜雨

藥圃先生文集卷之五　十四

二十四日己酉雨 王世子嬪宮先發向殷山成川
溫井宿所日晩始發行夜深始至溫井幾至闕餐云
二十五日庚戌 王世子發行○是日大風○士大
夫避亂者或多徒步攜擔顚躓道路者不知其數見
者不覺出涕○是夕與柳訒之宿奴盧萬鍾家營吏
金千輝備酒饌來饋
二十六日辛亥留
二十七日壬子宿慈山○又封狀 啓一道于 行
在所○日候甚寒不審 聖體若何無任伏慮之至
臣等陪侍 東宮仍留成川防禦使金友皐助防將

金信元等馳報內今月二十三日安邊之賊指向永
興倉似有踰西之意云成川迫近賊路恐有窘急之
患移到殷山京畿監司沈岱在朔寧郡爲賊所襲與
其軍官及戶曹佐郞尹慶允皆遇害極爲慘酷畿甸
賊勢比來益熾沈岱多般措置僅得成軍而不意遭
變其代不可不速出而反覆思之未得可合之人開
城留守李廷馨多聚義兵在長湍地姑以廷馨例兼
留守松京收復別差留守似爲便當李廷馨官敎急
速成送何如正金潰經歷沈禮謙司祿柳敬元同爲
召募聚兵已多屢有殺獲之功不可不照例論賞沈

禮謙柳敬元相當職陞授而金凊則曾經正三品實
職自此論賞似涉重大自 朝廷處置何如內贍寺
正俞大進以召募使在廣州地聚兵將至二千人多
有斬獲之獻似當與金凊一樣論賞故敢稟
二十八日癸丑宿順川
二十九日甲寅留
三十日乙卯留
十一月初一日丙辰留
初二日丁巳宿肅川都元帥金命元本道監司李元
翼路謁 東宮

初三日戊午豐原府院君來謁 東宮○是日又封狀啓一道于 行在所○昨因長興令張迴回還伏審 聖體康寧無任欣抃之至臣等陪侍 東宮自順川今到肅川府 東宮欲留各鎭管勸勵諸邑本府及安定兩州皆是唐將所經之路勢難久留不得已欲駐寧邊以龍岡形勢詳細看審事已爲發送況忠謙姑待採還定奪計料而唐將過去之時 東宮欲爲出見懇陳切迫之意而相見之際恐或非便當行與否玆以仰稟前以唐將五十日之限久稽討賊之擧師老卒惰兵糧將竭若不趁當此冱寒之節

急急致討則將爲難圖之患今則約限已過 天兵
若不速下恐貽後時之悔令諸將設策侵攻期於勦
滅似當自 朝廷作急商確毋失期會伏望成川爲
府當西北賊路之衝江氷已合且無城郭防守甚難
而府使李齊閔不解武事策應之際恐致蹉虞極爲
可慮故依麗朝例權設判官以主簿朴震男權差專
委把截之事何如事變之後武士逃竄者甚多雖勤
呼召無一應者聚軍之路未廣故 朝廷設科本道
已聚累千其餘各道亦依本道之例乘隙擧行允爲
便益 東宮行次留駐成川之日介於西北兩賊之

間形勢孤危故本府八九月江邊立番軍士除赴防
侍衛而移 駕之時各處防守衛卒不足不得已十
一月十二月立番成川軍士依前除赴防侍衛矣尹
慶元陳世雲等死於朔寧之變所賫銀鐵遺失高山
驛吏辛祉覓送一塊監司軍官慶龍一時賫來以中
部參奉朴文海準授上送事

初四日己未留

初五日庚申留

初六日辛酉留

初七日壬戌到安州

初八日癸亥李貴謁 東宮仍獻策
初九日甲子留
初十日乙丑留豐原府院君乘月來訪
十一日丙寅自安州將發向寧邊而羣議不一不得
已還詣肅川晝停于雲巖院夕宿于本府○是日又
封狀 啓一道于 行在所○仁川府使尹健安城
郡守李夢台死於朔寧之變鐵原府使金軟捕斬府
民交通倭賊者其子附賊欲殺軟以此避在他境勢
難仍居其職移授仁川鐵原則以李唯直代之安城
郡守則以宋繼祖權差矣 東宮留駐之地將寧邊

江華二府會已狀 稟待命安州而本州凋弊已極
加以唐兵直路勢難久留移駐寧邊之際陪從諸宮
扈衛士卒盈庭號訴以爲一向退縮坐失民望海路
流澌則又難他適羣情憫鬱至欲遮路人心如此不
敢沮遏不得已發向龍岡擬達於海西如未能得抵
江華則欲留海州計料爲衆情所迫 命下之前徑
自發去極爲未安矣
十二日丁卯宿永柔沈忠謙自龍岡回程因護 鶴
駕於路上
十三日戊辰宿甑山時天寒甚一行苦之○判尹金

晬自慶尙監司遞來向 大朝過謁 東宮

十四日己巳留

十五日庚午宿咸從

十六日辛未到龍岡 王世子駐山城

十七日壬申 東宮仍留衛率李德弘追至扈 鶴

駕得見禮安倡義錄

十八日癸酉冬至日也藥房問安

十九日甲戌藥房問安

二十日乙亥黃正言愼獨 啓請拿鞫備邊司有司

不允夜雪○是日 又封狀 啓一道于 行在所○

日氣寒沍伏未審 聖體何如無任伏慮之至臣等
陪侍 東宮本月十一日離發安州十五日來到龍
岡初因衆情欲向海西及到此地 東宮旨意不敢
決去留駐本縣觀勢進退計料前巡察使趙仁得自
黃海道入向 行在所遇於甑山縣仁得新遞海西
方伯備諳本道事勢 東宮如向海西則相議策應
必有所益使之留此矣

二十一日丙子留

二十二日丁丑留

二十三日戊寅留

二十四日己卯司評李幼澄自 行在所賚奉 聖
旨來○子允穆自鄕家尋至
二十五日庚辰
二十六日辛巳李幼澄還 大朝同知盧稷自 大
朝還
二十七日壬午備邊司會議
二十八日癸未右相俞泓以三道體察使發向江華
○是日大風○西厓在安州時書來○藥房問安仍
請劑藥神秘湯二服劑進
二十九日甲申藥房問安

三十日乙酉入直都摠府○又封狀啓一道于
行在所○昨因工曹佐郎李貴之來伏審 聖體康
寧無任欣喜之至臣等陪侍 東宮時留龍岡初聞
本縣城子險固軍糧有裕可以留駐而 東宮每以
移去他道爲未安累下懇切之 教臣等不敢仰達
陪來于此觀其形勢則城基高峻守堞之卒凍傷可
慮內面狹窄軍馬難容累日露處逃散居多勢難久
留極爲悶迫若移他處則只有海州賊路不遠亦非
安便之地而他無差勝之處不得已欲向海州右議
政俞泓陳疏請往江華 東宮下問便否之時適聞

大朝以俞泓差黃海江原京畿三道體察使之奇
旣膺 大朝之命江華亦在巡審之中故臣以可送
爲對俞泓急於討賊本月二十八日發去前日有
旨內有兩南弓箭輸取之 命故宣傳官部將等旣
已分遣收來後卽爲入送計料而兵曹堂上此中無
一員侍衛虛踈至爲悶慮自 朝廷處置何如
十二月初一日丙戌藥房問安杏仁五味子湯三服
劑進因入直都摠府
初二日丁亥藥房問安
初三日戊子藥房問安○是日天氣甚寒○憲府論

右相
初四日己丑藥房問安○ 王世子還攝事○李貴
獻策○又封狀 啓二道于 行在所○倡義使金
千鎰送其子象乾及其幕下士林懽備言京城及畿
甸形勢甚詳京城之民爲兇賊所毒虐日夜望官軍
之至儲備軍器潛圖內應受約束於千鎰者幾數千
人其餘欲應成泳李廷馨禹性傳者亦多云舊都遺
民旣欲爲 國家至誠討賊而不於此時副應民望
則時移歲變民情與賊玩狃馴致淪胥更無恢復之
望至爲可慮聞畿甸之人官軍之外團結鄕兵名以

義旅者四十餘起多者各數千少不下四五百總以
言之則不下數萬且京城及畿甸之民亦不下數萬
云以此觀之兵非不足所患者總統之無人所謂義
兵者雖有誠深討賊之人而亦不無託名便私者行
止任意不受節制只自保其鄉里而已如不得人以
統之則非但不爲之用將有後日可虞之端右議政
俞泓懇切陳疏請往江華發行有日被臺論劾請還
愚臣妄意須另選一員重臣名位俱隆者委以都巡
察職事督率畿內軍及義兵鼓向京城與京師之民
內外合勢以圖收復則庶可成功況今天氣寒冷彼

賊皆號凍無勇若蹉過此時以至春暖添兵則更無
可爲且聞京城及畿甸之賊皆恣意西下以敵唐兵
云蓋以京師爲無足可慮欲專力於西京今若侵擾
京城以分其勢則雖未能刻期掃盪亦可爲攻平壤
之一助事機至急時不可失陪行多官皆言當陳達
切急之意不敢沮遏敢此上 聞○近日日氣極寒
伏未審 聖體若何無任伏慮之至臣等陪侍 東
宮時留龍岡今月初一日平壤之賊大擧出向中和
圍砲林仲樑之軍仲樑則因病歸家其代將金成彦
領精兵百餘名設伏於他處留陣之兵猝遇浩大之

賊矣盡力竭不能抵敵舉陣皆被屠殺積屍如山軍
糧器械亦盡散失中和之民恃仲樑之陣以延朝夕
之命而兇賊窺覦期於殲盡而乃已喪師之慘莫甚
於此大抵近來我師日老兵食日匱前日一千之兵
則今未滿數百賊氣日熾我勢漸蹙 國家存亡成
敗之機不出於一兩月間而今又以 天將之約列
鎭諸將不得任意廝殺 天將所爲雖自謂有所布
置而用兵之期日漸延緩今日之事極爲痛迫臣等
愚意相幾夬决速爲處置允爲便當

初五日庚寅藥房問安

初六日辛卯大雪

初七日壬辰藥房問安○　王世子惠膳　東宮僚屬

初八日癸巳

初九日甲午藥房問安

初十日乙未以母忌齋祭事與允穆往宿容舍

十一日丙申設祭○兵曹參判洪麟祥回自　大朝

十二日丁酉以　王世子急時移駐事入　啓○須日　鶴駕自安州回　駕不入鐵甕而來此者蓋以直向江都撫綏畿甸控制兩湖之計也今則江津不

逼既失此計而尚留于此甚非計之得也臣愚以爲
山城形勢逼窄凝沍苦寒士馬凍斃不可用武賊若
逼城則既不得守又無所避勢實狼狽眞兵家所忌
天獄之形必敗之地決不可留本縣客舍則雖藏風
向陽賊藪甚近夜襲可慮臣之愚計莫若亟往永柔
留駐大軍之後觀勢進退之爲得也或以爲山城天
險可守此誠不思之甚也臣竊悶焉伏願 下問大
臣及時移駐千萬幸甚

十三日戊戌

十四日己亥藥房問安

十五日庚子藥房問安○以移蹕事再 啓○移蹕
便否臣已略陳大槩臨此危迫不避煩瀆敢盡愚見
其策有三 鶴駕向海西入江都號令中外收復京
城掃盪大憝以迎 大駕策之上也而江津不通旣
失是策亟往永柔留駐大軍之後以觀 天兵之勢
順則由大路出迎 大駕于西復東向成川出遂安
海隅等地若不順則退保寧邊策之中也而如不速
行奉侍 嬪宮先移永柔 鶴駕姑留客舍明斥候
揀士馬聞變急避策之下也彊滯山城人馬凍斃士
卒怨苦脫有警急避守俱失坐待自敗誠爲無策事

藥圃先生文集卷之五 二十四

理甚明愚智皆知旣失上策復失中下策無所避難
識者寒心夫寧邊古稱鐵甕天險形勢城中寬濶人
馬足以周旋將士足以用武且雪寒氷嶺北賊無虞
譬諸此地霄壤不侔而猶欲彊坐危地淹延時日已
盈一朔恐賊若生心無所不至不勝煎悶計者事之
本聽者存亡之機計失聽過大事去矣伏願 快決
無疑但 徽體愆和不可輕動惟望 十分審裁千
萬幸甚
十六日辛丑雪藥房問安○是日 王世子癍疹始
形

十七日壬寅藥房問安
十八日癸卯藥房問安○是日又封狀 啓一道于
行在所○臘寒嚴沍不審 聖體安否若何無任
憂慮之至且中 東宮行次尙留龍岡山城而須患
欬嗽之症未幾平復自本月十二日復有未寧之候
而猶未廢書筵十四日詮次始聞一失攝問安則以
平安答之十五日問安請令醫官李公沂南應命金
仲孚入診則頭痛煩熱欬嗽不止六脈浮滑蓋以前
十二日夜寢房過暖開窓感冒仍致此症云且審
東宮未經瘢疹證涉疑似故與醫官等十分商議煎

進參蘇飮兼進生脈茶十七日早朝問安則症候一
樣云當日巳時末詮次聞之面上瘢疹始現箇數不
稀不密此症例爲煩熱故三豆飮陳米飮生脈茶幷
煎待候同日夕劑進荊防敗毒散十八日早朝問安
則頭痛熱勢幷似稍減額上所發稍覺先除大槩平
順前此閭閻大小瘡疹熾發醫官等告臣以稀痘兒
紅丸之妙臣言于領相令本道縣令申俔捉得生兒
一口令醫官李公沂南應命金仲孚及臘八日取血
一依方文劑入 王世子卽依法進服云但山城苦
寒居處踈冷深恐有妨調攝以此憫慮不已詮次善

啓
十九日甲辰藥房問安○是日又封狀 啓一道于
行在所○本月十九日於通遠堡道中逢李山甫
細聞李提督進軍曲折且知提督以當日到通遠堡
臣仍進同堡具呈文待候申時提督入堡臣即詣通
名提督先呼譯官入來問呈文事理譯官略陳則曰
我已知道即發牌文面勅夜不收催發遼東落後軍
馬矣仍召臣行禮即爲呈文則提督出立階上覽文
至半顧授其弟如栢答曰我已知道已令催發軍馬
矣臣告曰 國王不知老爺已到遼東不得具咨只

令陪臣來候行色卽仍行問安且令呈稟緊急事情
矣大軍旣不發去賊若知幾先發則安定老爺決難
抵當願老爺急速進兵答曰義州先到將官請欲先
進而我慮先耗糧草矣今聞爾言我當卽送三四千
兵馬且發已到義州南兵六千合一萬令進駐順安
臣答曰此正小邦所望不勝感激願聞何時發送如
栢在後眴之提督就聞其語仍下階答曰我初欲
送兵馬而不見 國王咨爾可先送一譯具咨進來
我當發兵爾則計開兵糧數目以俱來當偕往鳳凰
城送爾矣仍戒勿往宋爺所覩其意則李山甫進去

時提督以呈咨經略呈文於已有若以已左於經略
而不爲具咨故今有是語而慮臣仍往宋處故欲與
俱到鳳凰城矣臣答曰當依下教但小邦以賊之先
發西下爲慮更願先送兵馬提督辟左右就立臣前
語表廷老曰我非不欲先送兵馬而恐此賊聞奇先
遁且順安軍糧萬軍先往喫下則大軍後至儞國何
以接濟儞謂倭子如是無謙乎渠極畏 天兵必不
容易西向仍又細語曰吾聞沈游擊潛通軍機深恐
賊先遁去豈可先送偏師以泄其機耶且問黃海道
亦有把截者耶臣以李時彦金敬老李廷馣爲對又

問平壤賊盡遁云信否臣答曰小的在義州時則不
聞此語只聞添兵矣提督仍怒呼沈家旺來適佟參
將答應官押家旺來到家旺應聲來跪提督瞋睨曰
爾言平壤賊盡遁黃海道既有把截則賊安能遁去
耶仍問平壤賊數家旺答以八千則提督怒罵曰雖
有十萬我當盡勦我知汝詐矣我受 聖旨當還
國王于京都汝言講和何耶我當拿惟敬到順安入
送平壤觀其所爲依律處之令左右保授家旺無令
逸去仍戒臣攔截江口無令雜人偷去臣答曰願聞
老爺何日渡江兵數幾何宋爺幾日當來答曰我到

江沿臺就整軍馬整了卽渡軍馬今廿五六當畢至我過江在廿七過江則可卽向順安若到義州始爲整軍則恐費他糧料軍數則四萬宋爺則只到江沿臺運糧草通文書而已何用過江臣退具兵糧數明日依所命親呈後偕向鳳凰城計料而呈文草幷爲謄書小通事金德連處準授先爲上送伏望速將緊急事情具咨星夜馳送似爲便當 按是月是日先生在成川本無出使越江之事此狀啓明是他人事竊恐以傳聞謄錄於狀啓中那姑存之

二十日乙巳藥房問安○去夜 王世子寓所假家火○是日又封狀 啓二道于 行在所 東宮瘢

疹證候平順本月十八日所封書狀中已爲 啓達
而同日午後氣候猶覺煩熱咽喉似爲爛疼粥飮難
下云臣與醫官等十分商議隨症進藥以加減薄荷
煎元會化陳米飮三豆飮菉豆粥生梨汁連進下咽
是夜喉門暫開進羹和軟飯數匙又進元米陳米
飮二三度井花水頻頻嗽口十九日熱勢減三分之
二額頰先發處漸至消歇二十日朝氣候一樣二更
入睡四肢胷腹追發處亦至消歇煩熱太減喉症亦
歇但三更量 東宮依幕外新造三間失火而時適
睡覺故不至驚動矣○ 豐川府使黃允容巡察使李

廷稟 啓聞罷黜以南嶷假差允容罪犯輕重知不得而豐川乃沿海要衝之邑允容筋力不甚衰替且得本邑民心軍器城池繕葺已久而當此事變方急之時代以南嶷則其防備之事不無疎誤之弊而本邑民人等委來呈訴懇請仍任民情如此自 朝廷參酌處置似爲便當

二十一日丙午藥房問安

二十二日丁未藥房問安

二十三日戊申藥房問安○又封狀 啓一道于行在所○ 東宮症候本月十八日二十日兩度書狀

中已陳大槩自二十一日以後逐日三時問安則熱
勢似减四肢先發處已半消去而咽喉咳嗽如前未
快用加減薄荷煎元數度繼以龍腦末吹入喉門矣
二十二日寢睡安穩咽喉漸至差歇熱勢大減詮次
善啓
二十四日己酉藥房問安○ 王世子引見領相及
琢議定移向寧邊之計
二十五日庚戌陪 王世子發行宿咸從○又封狀
啓一道于 行在所○近未審 聖體若何無任伏
慮之至臣陪侍 東宮行次當日龍岡離發今到咸

從縣留宿 行次之後氣候平安明向甑山差復未
久冒寒登程極爲未安午時臣與領議政崔興源承
旨柳希霖史官李軫及醫官李公沂南應命金仲孚
入侍候察氣色則容顏暫瘦別無熱候語音如常瘢
疹消盡無痕當日 行次發向甑山矣
二十六日辛亥 王世子宿甑山
二十七日壬子 王世子宿永柔
二十八日癸丑 王世子宿安州○見西厓相公於
賓廳
二十九日甲寅 王世子至寧邊仍留

癸巳年

正月初一日乙卯封狀 啓一道于 行在所○

王世子證候已爲平復去十二月二十五日發行宿

咸從二十六日宿甑山二十七日宿永柔二十八日

宿安州二十九日到寧邊仍留駐但 嬪宮自前月

二十六日氣候未寧頭疼煩熱欬嗽兼發二十七八

日氣候一樣二十九日瘢疹始見而不至稠密進三

豆飮陳米飮元米稀痘兎紅丸則本月初一日氣候

煩困不至太熱間進元米陳米飮所經之地賊數不

遠 天兵且臨中路勢不得停行以致連日 行次

極爲憫慮
初二日丙辰藥房問安
初三日丁巳以李提督如松問安事承 東宮命往
安州于允穆從
初四日戊午復 命
初五日己未呈聞見錄于政院○臣昨日夜三更到
安州今日早朝使譯官秦孝男告李提督如松曰老
爺受 天朝之命爲下邦遠來討賊下邦臣民莫不
感泣儲君權摠兵馬來駐寧邊六十里之地今聞老
爺行至境上竊願起居道左而時未稟封於 皇朝

故事勢非便不敢爲茲遣陪臣問安於老爺下執事
矣提督答曰委遣重臣致辭多謝多謝本月初三日
提督李如松到安州卽招譯官秦孝男問於體察使
柳成龍曰賊勢如何成龍卽具冠帶詣提督幕外令
譯官告曰昏夜不敢請謁而事係軍機當進老爺前
隨問陳之提督曰昏夜何妨亟具冠帶求見坐交接
請成龍共坐交接成龍袖地圖以進提督展諸牀上
觀至平壤城外指點正陽門曰此隅形勢可以進兵
成龍答曰老爺之言是也成龍且曰我軍不習戰鬪
不識坐作進退之節若驅使爲先鋒則恐多有犯律

者願老爺三令五申後試用之提督曰平壤城外山
下當先伏我軍用倆國兵誘賊以出之仍縱擊殲滅
無遺賊若不出亦可進大軍崩之矣成龍且曰俺在
平壤城時常見此賊放砲於江邊丸入城裏丸氣甚
烈願老爺別加商量提督曰倭丸不過一馬塲遠則
氣弱不至斃人我丸至過五里之外而亦能斃人倭
丸不足患矣聞倆國人多有入賊者臨戰豎投降者
勿殺旗於一方則倆國人付賊者必盡奔還矣旣滅
平壤賊則倆國奔竄山林者莫不奮臂瞋目提兵以
起此所以不日殲滅者也會須殲滅此賊二月日當

還 國王于都城奏凱旋師矣前頭肅川府亦有元
帥云明日可偕往同議處之且曰我之先本朝鮮人
老父臨行戒之曰爾今往勉之亟滅賊復 國王於
都城而來云成龍退後提督用金扇題近體詩送贈
其詩曰提兵星夜渡江干爲說三韓國未安明主日
懸旌節報微臣夜釋酒杯歡春來殺氣心愈壯此去
妖氛骨已寒談笑敢言非勝事夢中常憶跨征鞍
初六日庚申藥房問安○是日又封狀 啓二道于
行在所○日候甚寒未審 聖體何如無任伏慮
之至臣陪侍 東宮去月二十九日到寧邊府 行

次之後氣候亦爲平安而 嬪宮癍疹之症今已五日症勢亦甚平順 行次自初陪行將官金友皐李時彥鄭希賢朴宗男等皆以防禦使分遣而其餘堂下將士如尹健李惟直金信元李弘輔朴震男申景福李尙閔等亦皆以守令差遣陪衛之中無一人可侍前在龍岡賊陣不遠而城守孤單事甚悶迫不得已甑山縣令趙誼招來委以中衛將之任本縣則以宣傳官金振先假將差送矣 行次移動之時整理行軍尤不可無主將仍以率來而本縣假將金振先爲人可堪守令之任故仍爲權差而本府判官李齊

人物昏劣尊未理職 嬪宮行次入府之時馳馬過
去事甚駭愕罪犯應罷而本府今以 行次支供及
守城節次事務方急不可累日曠官本府判官欲以
文官權差計料矣○日候尚寒不審 聖體若何無
任伏慮之至臣陪侍 東宮仍留寧邊 東宮氣候
平安已久 嬪宮症候亦已差復不勝喜幸前日
天將到安州去府只隔二程曾聞祖總兵問 東宮
所駐之地相距不遠而尊無致意之事似爲未安云
故臣進去安州通名只陳儲君欲起居途左而時未
受命於 天朝故事體未安俾臣問安于下執事云

則天將答曰委遣重臣致謝多謝多謝云云此府
城子寬廣軍卒不敷防守之事似爲虛疎知事申碟
以守城將留在本府經理有日已稟 東宮使之仍
前勾當而詮聞沿途儲峙芻糧不裕 天兵經過之
處頗有匱乏之憂不可不斯速措置故因 東宮下
教百官卜馬及有馬軍士馬匹抄出使刈取茭草於
肅川近境差官領納于都元帥而本府黃豆一千石
亦令判官搬運肅川府數日內期於畢納矣
初七日辛酉藥房問安
初八日壬戌藥房問安○是夜聞李提督以初七日

擧兵克復平壤城
初九日癸亥藥房問安○洗馬韓守謙來自定州○
夜直摠府○聞平壤大捷之奇
初十日甲子藥房問安○副率李德弘如 行在所
○是夜聞平壤窟賊出窟逃走○又封狀 啓二道
于 行在所○日候猶寒不審 聖候何如無任伏
慮之至臣陪侍 東宮仍留寧邊府伏聞平壤之賊
既已抵巢勦征殘盡殲滅諸賊聞之想必瓦解 國
家再造之策端在於此歡忭無已前者 大駕離發
平壤之時 宗廟各室之主及 永崇殿影幀使觀

察使宋言愼秘密埋置平壤今已收復而言愼之外
亦有識認之人急速搜出事自 朝廷處置何如平
壤今雖克復北賊猶在背後將來之患不可不慮
天將許撥出一枝兵馬分勦北賊云故因體察使柳
成龍狀達 東宮抄出陪衛精兵三百以軍器判官
趙信道爲將與助防將朴名賢和 上國兵馬前去
北路事都體察使處已爲分付而 天兵行師之際
不可無接應供頓之人以淸川君韓準權稱巡察使
使之句當一路到陽德地替付巡察使洪世恭而還
蓋世恭受北路把截之 命則似非本任而久在境

上備諸事勢且有管領將卒故不得已責於世恭而
平壤判官李應獬革職從軍本府收斂之事不可少
緩故因體察使狀 啓以前縣監申鴻漸假判官差
送自 朝廷亦爲處置何如○豐原府院君柳成龍
只任平安體察使與否臣詳知不得若受 命只在
平安道則自海西以東凡百措置恐有疎誤之患且
天將與柳成龍亦或有相議之事柳成龍似當仍
行自 朝廷商量處置亦爲便當
十一日乙丑藥房問安
十二日丙寅 東宮引見備邊司堂上

十三日丁卯藥房問安
十四日戊辰藥房問安○又封狀三啓一道于行
在所○日候甚寒未審 上體若何無任伏慮之至
臣陪侍 東宮仍留寧邊府本月初十日伏覩李元
翼所報則 天將多有未安之言 東宮留在近地
所當馳謝兼督芻糧云而 天將平壤離發今已有
日其行既遠勢所難及期於追去前進不已則日月
遲速未能預定 廟社主陪行便否議論不一自
朝廷指揮似合當吏曹參議沈忠謙上劄主意專在
於 東宮退在遠地只送 天將爲未安而其中又

有題本旋師之慮亦不可謂必無是理若或有後日
之悔則 東宮之行似不可已而不稟 大朝先行
未安茲將此間曲折敢此仰稟而李元翼所報沈忠
謙劄子同封政院上送伏惟 上裁何如
十五日己巳 東宮行望闕禮○藥房問安
十六日庚午藥房問安
十七日辛未以平壤大捷事將告祭 廟社○余以
社稷獻官致齋
十八日壬申行 祭○領相承召向 大朝 東宮
恩賜緜紬四端○藥房問安

十九日癸酉 王世子自寧邊發行從間路宿于嘉山地人家直路則唐兵塡塞故也

二十日甲戌 東宮會 大駕于定州○是日劉員外黃裳先入本州怒其支供太薄發向林畔路遇主上之行請留不聽而去領相崔興源追往謝罪慰解而還○藥房問安

二十一日乙亥唐官二員來

二十二日丙子

二十三日丁丑 上見黃指揮行茶禮○袁主事來上行酒

二十四日戊寅黃指揮發向安州○袁主事留○金
同知守顒伴接是日主事求見大典○夜大雪
二十五日己卯袁主事發向林畔
二十六日庚辰以宋經略迎慰使拜辭發行宿郭山
郡子允穆及書吏李自寬從之
二十七日辛巳過宣川宿車輦館
二十八日壬午朝到良策館柳永吉德純以檢察軍
糧事留本館已久○寓館軍徐仁貞家 此下日錄逸

藥圃先生文集卷之五

영인

피난행록 하

避難行錄 下

출처:《약포선생문집》 권5, 1760, 서울대학교 규장각한국학연구원 소장

여기서부터 영인본을 인쇄한 부분입니다. 이 부분부터 보시기 바랍니다.

역주자 신해진(申海鎭)

경북 의성 출생
고려대학교 국어국문학과 및 동대학원 석·박사과정 졸업(문학박사)
전남대학교 제23회 용봉학술상(2019) ; 제25회·제26회 용봉학술특별상(2021·2022)
현재 전남대학교 인문대학 국어국문학과 교수

저역서 『중호 윤탁연 북관일기(상·하)(보고사, 2022), 『취사 이여빈 용사록』(보고사, 2022)
『양건당 황대중 임진창의격왜일기』(보고사, 2022)
『농아당 박홍장 병신동사록』(보고사, 2022), 『청허재 손엽 용사일기』(보고사, 2022)
『추포 황신 일본왕환일기』(보고사, 2022), 『청강 조수성 병자거의일기』(보고사, 2021)
『만휴 황귀성 난중기사』(보고사, 2021), 『월파 류팽로 임진창의일기』(보고사, 2021)
『검간 임진일기』(보고사, 2021), 『검간 임진일기 자료집성』(보고사, 2021)
『가휴 진사일기』(보고사, 2021), 『성재 용사실기』(보고사, 2021)
『지헌 임진일록』(보고사, 2021), 『양대박 창의 종군일기』(보고사, 2021)
『선양정 진사일기』(보고사, 2020), 『북천일록』(보고사, 2020),
『괘일록』(보고사, 2020), 『토역일기』(보고사, 2020)
『후금 요양성 정탐서』(보고사, 2020), 『북행일기』(보고사, 2020)
『심행일기』(보고사, 2020), 『요해단충록 (1)~(8)』(보고사, 2019, 2020)
『무요부초건주이추왕고소략』(역락, 2018), 『건주기정도기』(보고사, 2017)
이외 다수의 저역서와 논문.

약포 정탁 피난행록 ⓗ
藥圃 鄭琢 避難行錄

2022년 11월 30일 초판 1쇄 펴냄

원저자 정탁
역주자 신해진
펴낸이 김흥국
펴낸곳 도서출판 보고사

책임편집 이경민
표지디자인 김규범

등록 제6-0429호
주소 경기도 파주시 회동길 337-15 보고사
전화 031-955-9797(대표)
팩스 02-922-6990
메일 bogosabooks@naver.com
http://www.bogosabooks.co.kr

ISBN 979-11-6587-413-1 94910
979-11-6587-411-7 (세트)
ⓒ 신해진, 2022

정가 23,000원
사전 동의 없는 무단 전재 및 복제를 금합니다.
잘못 만들어진 책은 바꾸어 드립니다.